JN044461

みんなの
家族法入門

本澤巳代子　　大杉麻美　編

石嶋　舞　　髙橋大輔　　生駒俊英　　付 月
冷水登紀代　　佐藤啓子　　田巻帝子

信山社

は し が き

　夫婦や親子といった家族に関する法律は，毎日の生活に欠かせないものといえるでしょう。ただ，誰にとっても身近でありながら，社会慣習や社会常識とはちょっと異なっているところもあります。そのため，民法を学ぶ法学部の学生だけでなく，教育や医療・福祉の現場などはもちろん，家族に関する基礎知識を必要とする専門職，そして一般の人たちにも，日常生活に必要な役に立つ家族法の入門書が必要だと思います。そのため，この本では，民法の条文に沿った説明や，非現実的な法律的な解説の構成ではなく，ライフサイクルに沿った構成にしました。例えば「好きな人と結婚できるか」「子どもができたら，子育てや教育費はどうなるか」「ひょっとして離婚したら，子どもや離婚後の生活はどうなるか」いずれにしても「親が歳をとったら，介護はどうするか」「親の預貯金管理はどうするか」「親を看取ったら，親の財産はどうなるか」「親の遺言書が見つかったら，どうするか」などは，誰でもぶつかる問題かもしれません。こうしたライフサイクルを通した具体的な法に関わることがらや，家族に関する法律について，わかりやすく体系的な学習をすることもできるようになっています。

　また，各項目の見出しも生活実感に近い表現にし，そして，何か困ったことやわからないことがあったら，すぐにこの本を開いてみることができるように，内容的には法的意味も解るように工夫しました。日常生活の中では使うことのない法律用語についても，その意味がわかるように，各ページの脚注でわかりやすく説明するとともに，クロスリファレンスによって関連する項目も一緒にみることができるようにしました。さらに，実際に使用されている婚姻届や出生届などの各項目に具体的な氏名や住所を記入し，これらの届出用紙と本文を合わせて読むことで，より具体的に法的意味を理解できるようにしました。

　さらに，この本の特色として，国際結婚における夫婦や親子の関係についても，国際家族法として独立の章を設けた点をあげることができます。グローバル化が進展する中で，日本国内でも外国人たちと接する機会が増えており，実際の社会生活の中でも，日本人と外国人の夫婦，あるいは外国人同士の夫婦など，外国人との家族関係が増加してきています。しかし，現在の家族法は日本人同士の結婚

を前提にしていますから，国際家族法は別の科目として学習する必要があります。ただ，日本人だけの家族関係であろうと，外国人の関わる家族関係であろうと，家族関係という意味では基本的に同じはずですが，では，「何が同じで，何が違うのか」，この本では，それらを一緒に学習することができるようにしました。

　この本を通して，読者のみなさんが，家族のもつ法的意味を正しく理解するとともに，今後の家族のあり方についても考えていただければと思っています。こうした執筆者の思いを理解した上で，出版事情の厳しいなか，本書の出版を快く引き受けてくださった稲葉文子氏を初めとする信山社の皆さんに，心より感謝いたします。

　2021 年 3 月

執筆者を代表して

本澤巳代子

目　次

本書に使われている判例集・法令等の略称

1 判例集等略称

　判例を引用する際にも一定の約束事がある。たとえば，最判昭和43年4月23日民集22巻4号964頁という記載は，この判例が，最高裁判所の昭和43年4月23日の判決であり，最高裁判所民事判例集第22巻第4号964頁以下に記載されている，ということを示している。

　① 裁判所の略称

大審院	大判，大決	高等裁判所	東京高判，名古屋高決，等
最高裁判所	最判，最決	地方裁判所	大阪地判，千葉地決，等
最大判(最高裁判所大法廷判決)		家庭裁判所	大阪家審，等

　② 判例集の略称

民　録	大審院民事判例録		
民　集	最高裁判所民事判例集・大審院民事判例集		
集　民	最高裁判所裁判集民事	刑　集	最高裁判所刑事判例集
高民集	高等裁判所民事裁判例集	下民集	下級裁判所民事裁判例集
裁　時	裁判所月報	訟　月	訟務月報
金　法	金融法務事情	家　月	家庭裁判月報
家　判	家庭の法と裁判	判　時	判例時報
判　タ	判例タイムズ		

2 本書で使用した法令の略称

介　保	介護保険法	人　保	人身保護法
家　事	家事事件手続法	精　保	精神保健及び精神障害者福祉に関する法律
旧　民	明治民法		
憲	日本国憲法	生　保	生活保護法
戸	戸籍法	臓器移植	臓器の移植に関する法律
後見登	後見登記等に関する法律	知　障	知的障害者福祉法
公　証	公証人法	入管法	出入国管理及び難民認定法
厚　年	厚生年金保険法	任意後見	任意後見契約に関する法律
高　虐	高齢者虐待の防止，高齢者の養護者に対する支援等に関する法律	配偶者暴力	配偶者からの暴力の防止及び被害者の保護等に関する法律
国　籍	国籍法	非　訟	非訟事件手続法
児　虐	児童虐待の防止等に関する法律	不　登	不動産登記法
		法適用	法の適用に関する通則法
児　福	児童福祉法	民	民法
借地借家	借地借家法	民　執	民事執行法
人　訴	人事訴訟法	老　福	老人福祉法
信　託	信託法		

みんなの 家族法入門

Ⅰ　総　則

1　家族法の歴史と基本理念

1　家族法とは何か

　「家族」と聞いて，何を思い浮かべるだろうか？　同じ屋根の下に住む夫婦と子どもであったり，同居する祖父母を含めた3世代家族であったりと，様々であろう。実際，家族のイメージ，家族像は，それぞれの経験や生活実態をベースに多様であり，またライフサイクルの変化にともなって変化するものでもある。そもそも家族を思い浮かべる際，そのベースとしての「夫婦」や「親子」といった人間関係については，何を基準に判断したであろうか？

　最も身近でありながら，日頃あまり深く考えたことのない家族の関係は，実際には多様なものであり，また国によっても時代によっても変化するものでもある。だからこそ，最もプライベートであり情緒的なものでもある「家族」の関係について，「夫婦」や「親子」に関する判断基準を定め（行為規範■），家族の間で問題が発生した場合のルールを予め定めておく（裁判規範■）ことが必要になる。そして，このような判断基準やルールを定めることについては，国家も公の秩序を維持するという観点から無関心ではいられない。それゆえ，家族に関する国家的ルールとしての家族法は，当事者の合意で勝手に異なる判断基準やルールを決めることを基本的に認めない性格（強行法規性■）を有している。

■ **行為規範**：社会生活において一定の行為義務を命じる規範である。たとえば，結婚式をして共同生活を始め，社会生活上夫婦と認められたとしても，法律上は夫婦とは認められない（内縁）。

■ **裁判規範**：裁判において法的判断を行うための基準となる規範である。たとえば，代金先払いで商品を購入したにもかかわらず，売主が商品を引き渡さない場合，買主は売主の義務違反（債務不履行）を裁判所に認定してもらった上で，強制的に義務を果たさせることができる。

■ **強行法規性**：当事者の意思にかかわらず，法として画一的に適用される規定が強行法規であり，刑法や行政法など公法関係の法規定がこれにあたる。夫婦や親子の身分関係の得喪に関わる家族法の規定は私法関係の法規定であるが，公の秩序維持のため強行法規性を有する。

2

2 家族法の歴史

　明治政府は徳川期からの諸慣習法を統一するため，1871(明治4)年から民法典の編纂事業を開始した。1890(明治23)年に草案が完成し公布された（旧民法）が，しかし民法典論争■により旧民法は施行延期となった。1893(明治26)年，日本人3名が起草委員となって旧民法の修正作業が開始され，1896(明治29)年に財産法部分，1898(明治31)年に家族法部分が公布された（明治民法）。

　明治民法の家族法の基本構造は「家」を軸とした家制度であった。この「家」を支えるものとして戸籍■があり，戸主の地位および家産は長男が単独で承継するものとされた。夫婦関係は親子関係に従属するものとされ，婚姻の際も離婚の際も，子どもは父母の同意を得なければならなかった(1)。妻は婚姻によって実家を出て夫の家に入ることになるため，夫の家の氏を名乗り，生んだ子どもは夫の家の子となり，離婚の際も子どもを連れて実家に戻ることは許されなかった（図1-1）。さらに，妻は婚姻によって行為無能力■になるとされ，社会的にも経済的にも自立した生活を営むことはできなかった注。

図1-1　明治民法の夫婦関係

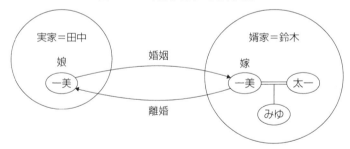

■民法典論争：旧民法の家族法部分をめぐって，賛成派（断行派）と反対派（延期派）が対立して，それぞれの立場から展開された論争である。論争の結果，延期派が勝利し，旧民法は1892(明治25)年に施行延期となった。

■戸籍➡I-2「家族法と戸籍」

(1)➡コラム-5「内縁関係と離死別」)

■行為無能力：契約のように法律上の権利義務を生じさせる行為（法律行為）を，自らの判断と責任で行う能力（行為能力）

がないことを意味する。民法の無能力者制度は2001(平成13)年に廃止され，新しい成年後見制度となった。➡Ⅸ-1「新しい成年後見制度」

参考文献：奥山恭子「明治民法の『妻の無能力』条項と商業登記たる『妻登記』」横浜法学27巻1号（2018年）35-59頁

3　家族法の基本理念

　1947(昭和22)年，「家」制度の廃止とともに，個人の尊厳と男女の平等を定めた日本国憲法および新しい家族法が施行された。婚姻は男女の合意により成立すること，婚姻関係において夫婦は平等であり，生まれた子どもは夫婦2人の子どもであるとされた（図1-2）。もっとも，家制度的性質を有する条文が残ったり，戸籍制度が形を変えてではあるが存続したりしたため，明治民法の残像が日本社会の慣習として生き残った。しかし，日本社会でも家族関係は着実に夫婦関係を中心とするものへと変化してきており，1976(昭和51)年には離婚後の**婚氏続称**▫が認められたり，1980(昭和55)年には**配偶者相続分**▫の引き上げ，2018(平成30)年には**配偶者の居住権保護**▫のための法改正が行われたりしている。また，子どもの最善の利益を守るため，1987(昭和62)年には新たな親子関係創設のための**特別養子**（2019(平成31)年一部改正），2011(平成23)年には子ども虐待に対応するための**親権停止**▫などに関する法改正も行われている。

図1-2　新民法の夫婦関係

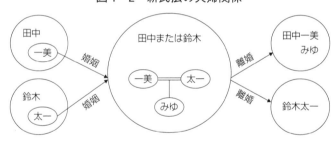

▫**婚氏続称**➡Ⅴ-2「離婚届の意味(2)」
▫**配偶者相続分**➡Ⅹ-3「配偶者はどれくらい
　相続できるのか？」
▫**配偶者の居住権保護**➡コラム13「配偶者保
　護のための方策」
▫**特別養子**➡Ⅲ-8「他人の子どもを養子にす
　る」
▫**親権停止**➡Ⅳ-6「子ども虐待(3)」

2　家族法と戸籍

1 戸籍制度の歴史

　明治民法の家制度では，戸籍は「家」の範囲を示す基準であり，戸籍に記載された者が，民法上の「家」の構成員であった。戸籍は「家」の名称である「氏」と「家」の所在地である「本籍地」を単位として編製されていた。戸籍の冒頭には本籍地の住所と戸籍筆頭者（戸主）の氏名が記載され，その後，戸主と「家」の氏を同じくする者として，「家」の構成員の名だけが順次記載されていた。たとえば妻が婚姻により夫の家（婚家）の戸籍に入る場合，まず実家の戸籍から当該娘が除籍▪され（娘の名が×で消される），その後，婚家である夫の家の戸籍に名が記載される（入籍▪）。

　戦後，家制度は廃止され，戸籍制度は改革された。しかし，現実の家族共同生活を規律するものとして氏が戸籍法とともに残されたため，氏は「家」を表すものではなくなったものの，複雑な性質を有することとなった。最近では，氏は名と共に個人を識別するための呼称であるとする説が有力であるが，それだけで氏制度全体を説明できるわけではない。また，本籍地も「家」の所在地ではなく，日本全国どこでも良いとされたため，その性質は不明確なものとなった。ところが現在も，戸籍は氏を基準に編製され（戸6条），戸籍の冒頭には本籍地の住所と氏を称する者の氏名が記載されている（戸9条）。たとえば婚姻により，夫も実家の戸籍から除籍され（資料①），新しく編纂された夫婦の新戸籍に入籍することになる（戸16条）。しかし，一見すると戦前の戸籍と類似しているように見えるため，婚姻による氏の変更と新戸籍の記載は「家」に関わる社会的因習を残す原因ともなっている。

▪ 除籍：戸籍に記載された家族共同体の構成員について，婚姻・離婚や養子縁組など身分関係に変動が生じた場合，新たな身分関係を他の戸籍に記載するためには，当該者を現在の戸籍から削除（除籍）しなければならない（資料①）。

▪ 入籍：明治民法の時代には，婚家の「嫁」として正式に認められるまで入籍してもらえなかったため，「入籍」は，女性が法律上の婚姻をすることと同義語として用いられていた。しかし，現在は婚姻により新戸籍に「入籍」するのは夫妻双方である（資料②）。

資料①　婚姻後の実家の戸籍の記載

裏					表				
籍 入出	出入籍 平成拾五年拾月七日東京都文京区大塚三丁目二九番田中一美と婚姻届出東京都千代田区一番に新戸籍編製につき除籍	昭和五拾年七月弐日東京都千代田区で出生同月五日父届	（出生事項省略）（婚姻事項省略）	（出生事項省略）（婚姻事項省略）		（出生事項省略）（婚姻事項省略）		昭和四拾八年拾月拾日編製	本籍 東京都千代田区隼町四番地
出生 昭和五拾年七月弐日	太〔×〕	母 鈴木 花子　父 鈴木 太郎　男長	妻 花子	母 山田 竹子　父 山田 松男　女二 出生 昭和五年四月拾日	夫 太郎	母 鈴木 梅子　父 鈴木 甲太郎　男長 出生 昭和弐拾壱年五月五日		氏名 鈴木 太郎

2 戸籍は実際の家族関係を反映しているか

　　戸籍は，日本人▪の身分上の事実や家族関係を登録し公証する制度である。したがって，日本人が外国人と結婚した場合，その身分上の事実や家族関係が反映されるのは，夫婦のうち日本人である一方だけということになる（戸6条

▪日本人：日本国民たる要件は，国籍法により定められている（憲10条，国籍1条）。

但書)⑴。戦後，戸籍制度を維持した目的が現実の家族共同生活を規律するということであるならば，国際結婚が増加の一途をたどっている現代日本社会において，戸籍制度に固執する理由はない。外国人も住民登録をしなければならなくなった現在では，外国人を含む現実の家族共同生活の規律には，むしろ住民登録制度の充実を図るほうが現実的である。外国人を排除し，「家」の社会的因習を引きずる戸籍は弊害の方がむしろ大きくなっているともいえる。

3　戸籍の届出と訂正

　戸籍の記載は，届出，報告，申請，請求等により行われる（戸15条）。届出により効果が生じる婚姻・協議離婚・養子縁組・協議離縁・任意認知の場合（創設的届出■），本人の意思に拠らない届出は無効である。それゆえ，届出のため市区町村に出頭した者が届出事件の本人であるかを確認するため，2007（平成19）年の戸籍法改正によって，氏名等の事項を示す運転免許証等の資料提供またはこれらの事項について説明を求めることとされた（戸27条の2）。これに対し，出生・死亡・失踪宣告・裁判離婚・調停離婚・裁判離縁・調停離縁・強制認知・遺言認知の場合，すでに法的効果が生じたことを報告するだけであるから（報告的届出■），市区町村に出頭した者の本人確認は要求されない。

　戸籍の記載が不適法であったり，記載に誤りや遺漏があったりした場合，戸籍の訂正が必要となる。戸籍の訂正は，家庭裁判所の許可を得て当事者や利害関係人の行う申請（戸113条〜116条）または職権によって（戸24条）行われる。ただし，身分関係に重大な影響を及ぼす事項については，確定判決または審判によらなければならない（戸116条）。

（本澤巳代子）

---

(1)➡Ⅶ−1「外国人と結婚する：国際結婚」資料⑩国際結婚した日本人の戸籍，Ⅶ−2「国際結婚から生まれた子どもの国籍」
■創設的届出：創設的届出は，届書に当事者として記載された者について，夫婦や親子といった重要な身分関係を生じさせるものである。
■報告的届出：出生や死亡の場合，事実の発生によって法的効果は確定しており，出生届や死亡届は報告的なものである。出生や死亡の事実は，添付された出生証明書や死亡診断書によって事実確認が行われる（資料④，資料⑫）。

3　家族法の現在と未来

1　日本の「家族」の傾向

　最近 50 年の欧米諸国においては，婚姻の同性間への拡大[(1)]，同棲，登録パートナー関係や**事実婚▪**など従来型の婚姻によらない関係の発展・増加，離婚の増加など，家族関係の変化が激しい。これと比較すれば，日本の家族状況は比較的安定しており，結婚志向も根強いと言える。一方で日本国内でも傾向に多少の変化は見られる。例えば 1950（昭和 25）年には男性 25.9 歳，女性 23 歳であった初婚の平均年齢は，2019（令和元）年で男性 31.2 歳，女性 29.6 歳と大きく変動し[(2)]，晩婚化の影響から未婚率が増加している。また**国際結婚▪**は，2005（平成 17）年前後の「在留管理」見直しや，同年の入国管理法改正や「興行」の在留資格の厳格化を受けて翌年から徐々に減っている[(3)]。離婚件数は 1950 年 8 万 3,689 件から急増し，2002（平成 14）年には 29 万件弱を記録した。2018（平成 30）年の離婚件数 20 万 8,333 件の内 20% 程度は，20 年以上の同居期間を経て離婚したいわゆる「熟年離婚」であるが，1950 年にはこのような例は 8% 程度に過ぎなかった。また，日本の離婚件数中の 6 割程度は子どもを持つ夫婦の離婚である。未成年の子の数で見れば，2018 年で 20 万 9,808 人が親の離婚に巻き込まれており，2002 年のピーク時から徐々に減少しているものの，1950 年と比較すれば 2.6 倍に増えている。

　2013（平成 25）年に女性同士のカップルが有名テーマパークで挙式[注]したり，メディアが LGBT という語を取り上げたりするようになったことで，同性カップルの存在も顕在化してきた。地方自治体での制度整備が行われる一方で，同性カップルの婚姻は認められておらず，相続や親子関係，配偶者の保護などの

(1) ➡ Ⅰ-4「LGBT と家族」
▪ **事実婚**：日本では婚姻の意思を有しながら何らかの理由で法律上の婚姻ができない男女の関係を「内縁」とし，婚姻に準ずるものとして保護してきた（➡コラム⑤「内縁関係と離死別」）。事実婚と呼ぶ場合，当事者が主体的に事実婚を選んでいる意味合いを含ませて内縁と区別する場合がある。
(2)　本稿内の数字は全て政府統計（https://www.e-stat.go.jp/ 2020 年 8 月 30 日アクセス）を参照した。

▪ **国際結婚**：Ⅶ-1「外国人と結婚する：国際婚姻」
(3)　日本国籍でない者を含む婚姻で最も多い組合せは，2018（平成 30）年で日本籍男性と中国籍女性 5030 件，日本籍男性とフィリピン籍女性 3676 件である。
注　ふらっと人権情報ネットワーク「【朝日新聞】女性同士，ドレス姿で結婚式　ディズニーシーで夢かなう」https://www.jinken.ne.jp/flat_topics/2013/04/post_1067.html（2020 年 11 月 18 日アクセス）

婚姻の法的効果のほか，病院での面会や福利厚生の利用など婚姻の社会的性格
も際立つ形で議論が進んでいる。また近年では法律上の性別を変更した人が生
殖補助医療▪を用いて子を設けた事例に司法判断があった注。性的少数者に限
らず生殖補助医療の利用者は少なくないが，代理母による出産は国内で認められ
ていないため，日本人夫婦がアメリカ合衆国の他，インド等の比較的安価な
地域で代理母を依頼する事例も相次ぐ(4)。代理母出産を認めることの是非を問
う一方，国をまたいだ親子関係の確定や子の出自の情報の確保などにおいて現
に生まれている子に不利益のない法整備が必要となる。

② パッチワーク・ファミリー

　子連れ離婚後に祖父母を頼ったり，新しいパートナーやその他の協力者たち
と子育てをしたりすることを考えれば，未成年の子と共同生活を送る大人が必
ずしも子の実親であるとは限らない。このように様々な背景を持つ大人と子ども
もが共同生活を営む家族をパッチワーク・ファミリーと呼ぶことがある。婚姻
件数中で夫・妻の双方または一方が再婚である割合も徐々に増加しており(5)，
離婚後に子を連れて再婚する例も増加していると考えられる。日本の離婚件数
の9割程度は協議離婚であり，協議離婚においては面会交流や養育費の取り決
めをしなくても離婚できるという問題がある。離婚届に面会交流や養育費につ
いて記入する蘭が記載されてから，離婚時にこれらの取決めをする元夫婦は増
えたものの，その記入自体に執行力はない(6)。また，配偶者の連れ子と養子縁
組をする場合は，子が未成年者であっても家庭裁判所の許可なく養子縁組でき
てしまうといった問題もある。

▪生殖補助医療➡Ⅲ-5「生殖補助医療と親子
関係(1)：人工授精と体外受精」，Ⅲ-6「生
殖補助医療と親子関係(2)：代理懐胎」
注➡コラム①「法的性別の取扱いの変更」
(4)　2008(平成20)年には，子の出産前に代
理母を依頼した日本人夫婦が離婚したため
に子が引き取られなかった事例がある。米
国で代理母を務める女性と，インドで代理
母を務める女性とでは依頼を受ける動機な
どでかなり様相が異なる。
(5)　1970(昭和45)年に11.1%だったものが，

2018(平成30)年には26.7%となり，その内
で夫婦双方再婚が9.8%，夫のみ再婚が9.9%，
妻のみ再婚が7.1%であった。
▪親権：Ⅳ-1「子どもと親の子育て義務と子
どもの権利：親権と扶養義務」
(6)　協議離婚の場合は取決めを公正証書にし
なければ強制執行できないので注意。➡Ⅵ
-7「離婚後の子どもの養育費(2)：養育費が
払われなかったら？」

③ 家族法と人権課題

　女性，子ども，高齢者，性的少数者などの人権問題に関しては国際的にも強い関心が寄せられており，日本の家族法もその流れの中にある。女性に関しては，就労など社会参加の場面での差別や経済的格差，また暴力や性被害などが主だった問題とされ，日本でも男女共同参画社会基本法や配偶者暴力防止法などを通して対策がなされてきた。確かに，日本国憲法が男女平等の理念を明記して以来，男女が平等に婚姻し，平等に子に対して責任を持つようになった[7]。また，妻が夫の親を介護する状況や，住んでいる自宅が亡くなった夫（配偶者）の名義であった場合に対応する相続法の改正もなされている。しかし，法の文言上は男女平等であっても，2018（平成 30）年には婚姻している夫婦の95.7% が夫の氏を名乗り，84.5% の離婚で母親が子全員の親権を行うなど，社会実践においては未だ性役割が根強く残っている。

　1989（平成元）年に採択された児童の権利に関する条約は，子どもが人権の主体であることを明確化した。自分の出自を知ることや自分の意見を述べること，親の双方と繋がりを持つことなどが子どもの権利として挙げられ，日本もこれを 1994（平成 6）年に批准している。いじめや自殺，差別，体罰や虐待など子どもを取り巻く問題に対応するため，家族法も**親権停止制度**◧の導入や面会交流の明記，手続への子どもの参加の機会の確保などで対応してきた。児童福祉法や児童虐待防止法の整備を受けて，親の懲戒権の是非についても議論が高まっている。また最高裁の判断を受け，非嫡出子に対する相続法や国籍，また戸籍の記載上の差別は撤廃されたが[8]，欧米諸国と比較すれば日本の非嫡出子の出生割合は 2018（平成 30）年でも 2.3% と低く（フランス 60.4%，ドイツ 33.9%）[9]，婚姻と出産を結びつける日本の傾向が見て取れる。

（石嶋　舞）

(7)➡Ⅰ-1「家族法の歴史と基本理念」
◧ 親権停止制度：Ⅳ-6「児童虐待(3)：親権の制限」
(8)　非嫡出子の相続分差別や国籍取得における差別が最高裁で違憲と判断され（最決平 25・9・4 民集 67 巻 6 号 1320 頁，最判平 20・6・4 集民 228 号 101 頁），戸籍の記載も嫡出子の場合と統一された（2004）。
(9)　欧州連合統計 Eurostat「Share of live births outside marriage」（https://ec.europa.eu/eurostat/databrowser/view/

tps00018/default/table?lang=en 2020 年 8 月 30 日アクセス）より。
参考文献：近藤敦「変わる移民政策：入管政策と多文化共生政策の新展開：日本を中心に」国立民族学博物館調査報告 83 巻（2009 年）171-184 頁。

4　LGBTと家族

1　LGBT とは

　LGBT とは，レズビアン，ゲイ，バイセクシュアル，トランスジェンダーの頭文字を取ったものである。近年，性的少数者を示す意味で代表的にこの語が使われることが増えたが，性の在り方は様々であり，例えばどの性にも性的興味を持たないアセクシュアルなど，個人の性の在り方を表す語は日々様々に模索されている。少数者だけを殊更に名付けることを防ぐために，同性愛をホモセクシュアルと言うのに対して異性愛をヘテロセクシュアル，出生時に指定された性別を越境する者をトランスジェンダーと言うのに対して性別越境の必要を感じない者をシスジェンダーと呼ぶことができる。また，このような線引きをせず，どの性に興味を持つかを表す性的指向（Sexual Orientation）と，どう自分の性を捉えるかを示す性自認（Gender Identity）の視点から，より包括的に性というテーマを扱うこともできる（SOGI）[1]。

2　同性間でのパートナーシップ関係

　2001（平成13）年にオランダで婚姻が同性間の関係にも広げられたことを皮切りに，現在では世界で29か国（2020（令和2）年6月現在）の国々で同性間での婚姻が認められている。その地域も西洋諸国だけに留まらず，アジアでも2019（令和元）年に台湾で同性間での婚姻ができるようになった。現在の日本の婚姻制度は異性間の関係に限られているが，2015（平成27）年に渋谷区・世田谷区が制度を導入したことに始まり，数多くの自治体が登録，宣誓，証明書の発行等の形で同性間のパートナーシップ関係を承認する動きを見せている。

(1)➡国外では，男女以外の性別の登録や，性別の欄を空欄としたまま身分登録を行う例もある。例えばオランダ・ドイツでは，新生児の性別が男女のいずれにも定まらない場合にこのような登録が可能とされている。なお，男女にあてはまらない性自認を持つことと，身体的に非典型的な性的発達／特徴を持つことは異なる問題であり，混同しないように注意されたい。

　こうした自治体の制度による承認が企業や病院などが2人の関係を尊重することを手助けすることはあっても，婚姻と同じ法律関係や権利義務を生じさせる訳ではない。例えば相続◘や子との法的な親子関係◘，配偶者としての日本での滞在資格の付与などにおいて，自治体の承認のみでは婚姻同様の保護は受けられない。そのため，同性間に婚姻の適用を広げる立法を促すための憲法判断を求め，2019年2月から「婚姻の自由をすべての人に」訴訟が始まった（2020年7月現在）。

▌3▐　トランスジェンダー

　1998（平成10）年に国内で公に性別適合手術が実施されたことを契機に，2003（平成15）年に「性同一性障害者の性別の取り扱いの特例に関する法律」が制定され，日本でも法律上の性別を変更することができるようになった。法律上の性別以外に名の変更を必要とする場合は，家庭裁判所に対して別途名の変更の許可を申し立てる（家事226条，戸107条の2）。近年では年間800〜900件程度の性別取扱変更の審判が出ている[2]。

　特例法は，特定の年齢に達していること，現に婚姻していないこと，現に未成年の子がいないこと，生殖能力を喪失していること，性器の外観を変更後の性のそれに近似させていること，という厳しい要件を課す（特例法3条）。これらの要件は法的な性別の変更を望む人の家族形成に大きく影響し，また後者2つは医療の介入を要し，社会的にも経済的にも非常に負担の重い手術を課す[3]。なお「性同一性障害」は医療上の疾患名であるが，自分の状態を病気と捉えない人々を含めて，出生時に指定された性を越境する人々を広義にトランスジェンダーと呼ぶことがある。

◘相続➡Ⅹ-4「子どもはどれくらい相続できるのか」
◘親子関係➡Ⅲ-2「結婚しないと子どもを生めないの？：婚姻と親子関係」
(2)➡司法統計（家事審判事件の受理，既済，未済手続別事件別件数——全家庭裁判所：性同一性障害者の性別の取扱いの特例に関する法律3条1項の事件より2014〜2019年の認容数を参照。
(3)➡コラム①「法的性別の取扱いの変更」

4 レインボーファミリー

　性的マイノリティと呼ばれる人々も，様々な形で家族を形成している。例えば，同性同士のパートナーとして何年も共に暮らしているカップルの中には，婚姻できないことによる不利益を防ぐために**普通養子縁組**▪を用いる者もいる。トランスジェンダーに関しては，性別の取扱いを変更した場合，変更後の性別から見て異性であれば婚姻できる。しかし生活を共にする相手は異性とは限らないし，さらに，自認する性別で既に生活していても，特例法の要件を満たして法的な性別を変更しなければ，本人の生活上の性別から見た異性との婚姻も，法的には同性同士となるため認められない。**国際結婚**▪の場合，日本国内で有効な婚姻関係にあり既に子もいる夫婦の一方が，自国で性別の取扱いを変更し，同性間での婚姻になった事例もある。

　親子関係においては，パートナー間での生殖が不可能であっても，パートナーの連れ子を共に育てたり[(4)]，精子提供などの**生殖補助医療**▪を通じて子を持つカップルもいる[(5)]。2016（平成28）年には大阪で初めて男性同士のカップルが**里親**▪に認定され，2020（令和2）年には愛知県の男性カップルがこれに続いた。しかし，法律上同性同士で婚姻できない場合，配偶者がいることを要件とする**特別養子縁組**▪は行えない。親ではなく子が性的マイノリティである場合，社会的・経済的に自立しない時期に親や学校から生活上必要な理解・援助等を得られるかが問題となり得る。男女で分けられた活動や施設，異性愛を前提とした発言等，子の生活空間で性的マイノリティの不在が前提とされることでの子の孤立も危惧される[(6)]。

（石嶋　舞）

▫ **普通養子縁組**➡Ⅲ-7「他人の子どもを養子にする(1)：普通養子」

▫ **国際結婚**➡Ⅶ-1「外国人と結婚する：国際結婚」

(4)➡Ⅰ-3「家族法の現在と未来」

▫ **生殖補助医療**➡Ⅲ-5「生殖補助医療と親子関係(1)：人工授精と体外受精」，Ⅲ-6「生殖補助医療と親子関係(2)：代理懐胎」

▫ **里親**➡Ⅳ-5「児童虐待(2)：早期発見と子もの保護」

▫ **特別養子縁組**➡Ⅲ-8「他人の子どもを養子にする(2)：特別養子」

(5)➡コラム①「法的性別の取扱いの変更」

(6)➡本などから当事者のニーズの受け取り方・発信の仕方が学べる他，性的マイノリティの子ども・若者・その家族等を対象とした交流会や子ども会で似た境遇の人々の存在を知り，交流や情報交換をすることも孤立を防ぐのに役立つ。

参考文献：わかりやすい本として，石田仁『はじめて学ぶLGBT　基礎からトレンドまで』（ナツメ社，2019年）など。

Column **1**

法的性別の取扱いの変更

　日本で法律上の性別を変更する場合，申立書と厚労省の指定する事項が記載された医師の診断書，及び出生時から今までの戸籍謄本を揃え，家庭裁判所で性別取扱変更の審判を求めることになる。性別取扱変更の審判が出された場合，本人の戸籍に他に記載されている者がいるときは，本人を筆頭者とする新戸籍が編成される（戸20条の4）。戸籍には性別を直接記載する欄はないので，長女，二男のように父母との関係を示す続柄欄の男女の記載が変更されることになる。審判を受けるためには，性同一性障害者特例法第3条の各要件を満たしている必要があるほか，2名以上の医師により特定の診断を受け，さらに診断書上で生活歴や治療歴などを開示することになる。特例法には「性同一性障害」の語が使われているが，これは法律が制定された当時の医学的な疾患名である。変更後の性から見て異性と婚姻し，生殖能力を喪失し，手術で外見を変えることを前提とする諸要件も，特例法の制定当時の諸外国の立法と，立法当時の当事者像を強く反映している。

　現在では，日本の医療現場でも性別に対する違和感を解消するのに最適な方法は人それぞれに異なることが知られており，手術は必須の治療ではなく，本人の取り得る選択肢の一つとして位置付けられている。性別に対する違和感を解消するためにカウンセリングやホルモン療法，手術等の医療介入は有効である。一方で，自分が何者かという考えそれ自体を病気として扱う必要はない。国際的には，2014（平成26）年に世界保健機関を中心とした7つの国際機関が法的な性別の承認において生殖能力を失うことを要件とすることに反対する共同声明を出したり，国際的な疾病の診断基準が診断の基準やカテゴリーを変更したりするなど，出生時に指定されたのと異なる性別を自認す

ること自体を病的に捉えることから脱する動きが見られる。また世界トランスジェンダー・ヘルス専門家協会（WPATH）は，出生時に指定された性に典型的とされるものとは異なる性自認や性表現を本質的な病理とみなしたり，否定的な見方をしたりすべきでないとの宣言を出している。

　日本での近年の事例を見てみると，まず要件とされる手術を受けずに法的な性別の取扱いの変更を申し立てた事例で，最高裁は，手術まで望まない者が性別の取扱いの変更の審判を受けるために手術を受ける場合があり，生殖不能を要件とする規定に本人の意思に反して身体への侵襲を受けない自由を制約する側面があることを認め，社会的状況の変化等に鑑みて当該規定の憲法適合性には不断の検討を要するとしながら，現時点では当該規定は憲法に反しないと判断した（最決平 31・1・23 集民 261 号 1 頁）。性別の取扱いを変更した人の家族関係に関しては，法律上の性別を男性に変更した人が，女性と婚姻して夫婦となり，後に他者から精子提供を受けて人工授精（AID）して子をもうけた事例がある。戸籍上に性別の取扱いを変更した経歴が記載されていたことから，法務省や下級審は父と子の間に遺伝的な父子関係がないことは明らかであるとし，子を嫡出子と認めないとする見解を示した。これに対し学説は，性別取扱いの変更がなかった場合であれば，婚姻中に夫婦の同意を得て人工受精（AID）によって生まれた子は嫡出子として扱われており，性別の取扱いを変更した夫についてだけ「妻が婚姻中に懐胎した子は，夫の嫡出子とする」とする民法 772 条の適用を排除することは不合理であると批判していた。最高裁は下級審の判断を覆し，こうした場合にも父子関係が成立し，子は夫の嫡出子であると判断した（最決平 25・12・10 民集 67 巻 9 号 1847 頁）。

（石嶋　舞）

II 夫 婦

1 夫婦になるために必要なこと：婚姻の成立要件

1 夫婦とは？

　法律で「夫婦」とは，社会制度として保障された男女の性的結合関係であり，国家の法規範が要求する方式に従った関係として国家の承認を受けたものである（法律婚主義■）。欧米諸国は身分登録官の面前で当事者が合意することで婚姻が成立する民事婚主義■を採用しているが，日本は市区町村に提出された婚姻届（資料③）が受理されることで婚姻が成立する届出婚主義を採用している。

2 婚姻の成立要件

　婚姻は，戸籍法の規定に従って，当事者双方および成年の証人2人以上が署名した書面または口頭により届け出ることによって，その効力を生ずる（民739条）。婚姻届は，法令違反がないことを確認した後でなければ，受理することができない（民740条）。すなわち，婚姻の成立のためには，実質的要件としての法令違反がないことが必要であり[1]，その確認後，形式的要件としての婚姻の届出が受理されることが必要ということになる。

　口頭による届出の場合には，市役所等に届出人が自ら出頭し陳述することが必要である（戸37条）。これに対し，書面による届出の場合には，原則として自署が要求される（戸29条）ものの，代署であっても，届書が受理されると届出は有効となる（民742条2号）。届書は届出人自らが持参することもできるが，第三者に委託したり郵送したりすることもできる。しかし，このような届

□ 法律婚主義：法律婚主義の対概念である「事実婚主義」は，宗教的儀式をあげた事実，当事者が婚姻の意思をもって夫婦共同生活を始めた事実をもって，法律上の婚姻が成立したとの国家の承認を受けるものである。しかし，これら社会的事実を国家が個別具体的に確認することは容易でないから，現在では，事実婚主義をとる国はほとんどない。
□ 民事婚主義：行政官である身分登録官の面前で合意することが，婚姻成立の要件と

されることである。西欧諸国に近代国家が成立したことで，キリスト教で「秘蹟」とされていた婚姻は，世俗的な国家法のもとにおかれることになった。「秘蹟」とは，神の愛を夫婦で分かち合う典礼であり，婚姻は神の前での誓約により成立させられ（宗教婚），神への誓いを破る離婚は認められていなかった。
(1)➡II-3「婚姻届が出せない(2)」，II-4「婚姻届けを出せない(3)」

書に関する取扱いは，婚姻意思の合致を確認するという意味では不十分である。それゆえ，2007（平成19）年の戸籍法改正によって，市役所等に届け出た者が婚姻当事者本人であるかを確認することになった（戸27条の2第1項）。婚姻当事者本人が届け出たことが確認できない場合，市区町村長は，届出受理後すぐに，届出受理を本人に通知しなければならない（戸27条のⅡ第2項）。

　外国にいる日本人同士が婚姻をする場合，取り寄せた婚姻届書を本籍地に送付することも，所在国に駐在する日本大使等に届け出ることもできる（民741条，戸40条）。所在国の法律で定められた方式で婚姻することもできる（通則法24条）が，3か月以内に婚姻証明書等の謄本を所在国に駐在する日本大使等に提出しなければならない（戸41条）。なお，日本人が外国人と日本で婚姻する場合には，日本法の定める婚姻の届出によることになる(2)。

3　婚姻意思の存在時期

　婚姻届は婚姻当事者の婚姻意思を確認するためのものであるが，当事者に婚姻意思がないにもかかわらず，婚姻届が誤って受理された場合には，婚姻無効である（民742条1号）。たとえば人違いをした場合，知らないうちに勝手に婚姻届を出された場合などである。もっとも，知らないうちに婚姻届を出されたが，事実上の夫婦共同生活関係がそのまま継続されていた場合，判例は追認があったものとして，当該婚姻は当初から有効であると判断した（最判47・7・25民集26巻6号1263頁）。また，届書作成時に婚姻意思は存在したが，届出の時点に婚姻当事者の一方が死亡または意識不明となった場合，判例は，当事者間に継続的な性関係や事実上の夫婦関係がある場合，翻意するなど婚姻の意思を失う特段の事情がない限り，届書受理により婚姻は有効に成立すると

---

(2)➡Ⅶ-1「外国人と結婚する」
■ **婚姻の無効**：無効な婚姻は当然に無効であり，利害関係人は他の訴訟の前提問題として無効を主張できるとするのが，通説の立場である（当然無効説）。これに対し，婚姻無効を宣言する判決や審判がなければ，何人も婚姻の無効を主張することはできないという見解がある（形成無効説）。
■ **追認**：契約などの法律行為が無効である場合，当該行為は効力を生じないが，しかし当事者が無効であることを知って追認

したときは，追認の時点に新しい行為があったものとみなされる（民119条）。これに対し，婚姻等の身分行為が無効である場合の追認に関する規定はない。したがって，事実上の夫婦関係がある場合，実質と形式が一致した婚姻届出の時点から婚姻を有効とする判断は可能である。

判断した（最判昭 44・4・3 民集 23 巻 4 号 709 頁, 最判昭 45・4・21 判時 596 号 43 頁）。

4　婚姻の届出意思と婚姻意思

　　法律上の婚姻の効果のうち特定の効果だけを目的として婚姻届を提出した場合, すなわち法律上の夫婦になる意思はあるが, 実際に夫婦共同生活をする意思はないといった仮想婚姻が問題となる。たとえば, 結婚していない男女の間に生まれた非嫡出子に嫡出子としての身分を取得させる目的で[3], 離婚を前提に婚姻の届出を行ったケースがある。婚姻の届出意思の合致があれば婚姻は成立するとする学説（形式的意思説）, 真に社会観念上夫婦であると認められる関係の設定を欲する意思が必要であるとする学説（実質的意思説）が対立した。判例は, 実質的意思説を採用し（最判昭 44・10・31 民集 23 巻 10 号 1894 頁）, 当該婚姻は無効であるとした。

　　近年は, 外国人が当事者となる仮想婚姻が増えてきている。たとえば, 外国人女性の在留資格取得のために, 暴力団がホームレスの男性の戸籍を利用して婚姻届を提出し, 日本人の配偶者として在留資格を取得させるというものである。最近では, 日本にいる外国人の男女の間に生まれた子どもに日本国籍を取得させる目的で, 日本人の知人男性と当該外国人女性との婚姻届を提出する仮想婚姻も出現してきている[4]。こうした仮想婚姻を防ぐために, 日本人と外国人の婚姻の場合, 婚姻当事者双方を出頭させて婚姻意思や交際関係等を確認することが行われている。しかし, 男性の未婚率の高い日本では, 日本人男性が外国人女性と婚姻するケースは増加しており, そのような中で仮想婚姻を防止することは容易ではない。

---

(3)➡Ⅲ-2「結婚しないと子どもを生めないの」
(4)➡Ⅶ-2「国際結婚から生まれた子どもの国籍」

2　婚姻届を出せない(1)：婚姻の形式的要件

1　婚姻届書と婚姻後の夫婦の氏

　夫婦は，婚姻の際に定める夫または妻の氏を称する（民750条）。この夫婦の氏は婚姻の効果として規定されており，婚姻の成立要件ではない。しかし，本籍を定める一の夫婦およびこれと氏を同じくする子ごとに，戸籍を編製するとされている（戸6条）ため（資料②），婚姻届書は夫婦が称する氏の記載を要求している（戸74条）。すなわち，婚姻意思を有する男女であっても，婚姻届書の「夫の氏」または「妻の氏」のいずれかにチェックを入れないと（資料③）届書は受理されず，法律上の婚姻をすることができないのである。この点について，婚姻届書の「夫の氏」「妻の氏」の両方に印をつけた届書を提出したが不受理とされた3組の事実婚の夫婦が，2018(平30)年2月3月，婚姻届の

資料②　戸籍の記載例

裏					表			
								本　籍
								東京都千代田区一番
出入籍 平成拾七年参月参日東京都千代田区で出生同月拾日父届		塚三丁目二九番田中一夫戸籍から入籍	届出入籍 平成五年拾月七日鈴木太一と婚姻届出東京都文京区大	昭和五拾参年壱月六日東京都文京区で出生同月拾参日父届	隼町四番鈴木太郎戸籍から入籍	出入籍 平成五年拾月七日田中一美と婚姻届出東京都千代田区	昭和五拾年七月弐日東京都千代田区で出生同月七日父届	平成拾五年拾月七日編製
生出　　　　　母		生出　　　　　父 母			生出　　　　　父 母			名　　氏
平成拾七年参月参日　みゆ　鈴木 一美		昭和五拾参年壱月六日　一美　田中一夫 一子			昭和五拾年七月弐日　太一　鈴木太郎 花子			鈴木太一
女長		女長			男長			

受理を求めて提訴した⁽¹⁾。

　日本人が外国人と婚姻する場合には，外国人に戸籍はないので，日本法に従って婚姻の届出をするときでも，外国人の姓⁽²⁾を選択する余地はなく，日本人である夫または妻の氏に変動はない。すなわち，日本人と外国人の婚姻の場合は，夫婦別姓が原則ということになる。外国人と婚姻した者が，外国人である配偶者の姓と同じ氏を称したいと思う場合には，婚姻の日から6か月以内に氏の変更の届出⁽³⁾をしなければならない（戸107条2項）。

　グローバル化の中で，日本はこのように国際結婚を例外視しており，実際の家族関係を反映しない戸籍制度（日本人を公証する制度）に固執することで，家族関係そのものを歪めてしまっている。戸籍と氏が相まって，明治民法の「家」制度の因習を現代社会に残しているといわれる所以でもある⁽⁴⁾。実際にも，日本人同士の婚姻の96％が夫の氏を称する婚姻であり，戦後75年以上が経つにもかかわらず，婚姻は妻が夫の氏を称することだと誤解している日本人が多い原因となっている。

2　夫婦同氏原則と選択的夫婦別姓問題

　婚姻当事者の双方が婚姻後も従来の氏を称したいと思った場合，一方が自己の意思に反して相手の氏を称する決断をしないかぎり，日本人同士が法律上の婚姻をすることはできない。その結果，婚姻届を提出することをやめて，事実婚に止まる男女も少なからず存在している。国家の基本原則である憲法は，男女の合意によってのみ婚姻は成立すると宣言しており，この基本原則が，日本人同士の婚姻の場合にだけ，婚姻届書の記載事項によって歪められている現状は，早急に改められるべきである。

---

(1)　家庭裁判所は後述の最高裁大法廷判決（最大判平27・12・16民集69巻8号2586頁）を引用して夫婦同氏は合理性があり，多くの夫婦が夫の氏を選択する現状は民法が生んだ差別とは言えないとして訴えを退け，高裁も即時抗告を棄却した。
(2)　日本の戸籍にいう氏は，日本人のみが有するものである。外国人の場合，氏に相当するものは「姓」として区別されている。
(3)　この氏の変更届出をしなければ，外国人配偶者の姓を称するためには，家庭裁判所

の許可を得なければならないことになる。日本人配偶者の氏は，婚姻前に称していた氏のまま変更がない。
(4)→Ⅰ-2「家族法と戸籍」

　夫婦同氏原則を維持すべしとする者の主張は，家族の一体感を維持するため，日本の伝統文化を維持するためなどである。しかし，いずれの理由も，国家が強行法規をもって例外を許さない程に強制する必要性があることを説明できるものではない。むしろ家族法の基本理念である個人の尊厳と男女の本質的平等の観点からすれば，夫婦が何らかの理由で婚姻後も従来の氏を名乗りつづけられる可能性を認めるのが自然ということになる（選択的夫婦別姓）。この選択的夫婦別姓は，1996（平成 8）年の民法改正要綱で改正案として採用されたが，立法には至っていない。

　この選択的夫婦別姓をめぐっては，夫婦同氏を強制する民法 750 条と戸籍法 74 条は憲法 13 条と 14 条に違反するとして争われた事案において，2015 年に最高裁判所は旧姓の通称使用の可能性を根拠に合憲と判断したが，女性裁判官 3 名は少数意見の中で違憲との判断を示した（最大判平 27・12・16 民集 69 巻 8 号 2586 頁）。ちなみに，職場での通称使用をめぐっては，2016 年に女性教師の請求を棄却する下級審判決が出たり（東京地判平 28・10・11 判時 2329 号 60 頁）[5]，戸籍上の氏と旧姓の通称使用による問題点も指摘されたりしている[6]。この点について，妻の氏を称する男性経営者が，通称使用による社会経済活動上の不利益を理由に，夫婦別姓を選択する規定のない戸籍法は違憲であると主張して損害賠償を請求した（東京地判平 31・3・25 訟月 65 巻 11 号 1555 頁）[7]。本件および既述の 3 件の事案は上告され，2020 年 12 月 9 日，最高裁は改めて大法廷で審理することとした。

---

(5)　職場での通称使用については，原審で請求棄却された（東京地判平 5・11・19 判時 1486 号 21 頁）が，1998 年に高裁で旧姓使用を認める和解が成立した事例がある。
(6)　注 4 の原告男性の主張の中で多くの問題点が指摘されている。企業における通称使用の実態については，平成 28 年度内閣府委託調査「旧姓使用の状況に関する調査報告書（概要版）」参照。
(7)　原告男性は夫婦別姓を選択する規定のない戸籍法は違憲であると主張したが，2020 年 2 月 26 日には，原審の合憲判断を維持する高裁判決が下された（上告）。

資料③ 婚姻届

婚 姻 届

平成 15 年 10 月 7 日届出

長 殿

受理 平成　　年　　月　　日		発送 平成　　年　　月　　日	
第　　　　　号			
送付 平成　　年　　月　　日			長印
第　　　　　号			
書類調査	戸籍記載	記載調査	調査票　附票　住民票　通知

		夫 に な る 人	妻 に な る 人
	（よみかた）	すずき　たいち	たなか　かずみ
(1)	氏　　名	氏 鈴木　名 太一	氏 田中　名 一美
	生 年 月 日	昭和 50 年 7 月 2 日	昭和 53 年 1 月 6 日
(2)	住　　所 （住民登録をしているところ）	東京都千代田区永田町 二丁目 3 番地 5 番 号	東京都文京区大塚 三丁目 29 番地 1 番 号
		世帯主の氏名 鈴木太一	世帯主の氏名 田中一夫
(3)	本　　籍 （外国人のときは国籍だけを書いてください）	東京都千代田区隼町 4 番地 番	東京都文京区大塚 三丁目 29 番地 番
		筆頭者の氏名 鈴木太郎	筆頭者の氏名 田中一夫
	父母の氏名 父母との続き柄 （他の養父母はその他の欄に書いてください）	父 鈴木太郎 続き柄	父 田中一夫 続き柄
		母 花子 長男	母 一子 長女
(4)	婚姻後の夫婦の氏・新しい本籍	☑夫の氏 □妻の氏 新本籍（左の☑の氏の人がすでに戸籍の筆頭者となっているときは書かないでください） 東京都千代田区 1 番地 番	
(5)	同居を始めたとき	平成 15 年 10 月 （結婚式をあげたとき、または、同居を始めたときのうち早いほうを書いてください）	
(6)	初婚・再婚の別	☑初婚 再婚（□死別 年月日 □離別）	☑初婚 再婚（□死別 年月日 □離別）
(7)	同居を始める前の夫妻のそれぞれの世帯のおもな仕事と	夫 妻 1.農業だけまたは農業とその他の仕事を持っている世帯 2.自由業・商工業・サービス業等を個人で経営している世帯 3.企業・個人商店等（官公庁は除く）の常用勤労者世帯で勤め先の従業者数が1人から99人までの世帯（日々または1年未満の契約の雇用者は5） 夫☑ 妻 4.3にあてはまらない常用勤労者世帯及び会社団体の役員の世帯（日々または1年未満の契約の雇用者は5） 5.1から4にあてはまらないその他の仕事をしている者のいる世帯 6.仕事をしている者のいない世帯	
(8)	夫妻の職業	（国勢調査の年…　年…の4月1日から翌年3月31日までに届出をするときだけ書いてください） 夫の職業	妻の職業
	そ の 他		
	届出人署名押印	夫 鈴木太一　　印	妻 田中一美　　印
	事件簿番号		

記　入　の　注　意

鉛筆や消えやすいインキで書かないでください。

この届は、あらかじめ用意して、結婚式をあげる日または同居を始める日に出すようにしてください。その日が日曜日や祝日でも届けることができます。

札幌市内の区役所に届け出る場合、届書は1通でけっこうです。（その他のところに届け出る場合は、直接、提出先にお確かめください）

	証	人
署　名 押　印	甲野大助　㊞	乙野ゆり　㊞
生年月日	昭和45年2月15日	昭和52年10月10日
住　所	東京都　港区 赤坂二丁目3番地番1号	東京都千代田区平河町 一丁目　5番地番5号
本　籍	東京都　港区 赤坂二丁目3番地番	東京都中央区 銀座一丁目　1番地番

「筆頭者の氏名」には、戸籍のはじめに記載されている人の氏名を書いてください。

父母がいま婚姻しているときは、母の氏は書かないで、名だけを書いてください。

養父母についても同じように書いてください。

□には、あてはまるものに☑のようにしるしをつけてください。

外国人と婚姻する人が、まだ戸籍の筆頭者となっていない場合には、新しい戸籍がつくられますので、希望する本籍を書いてください。

再婚のときは、直前の婚姻について書いてください。

内縁のものはふくまれません。

届け出られた事項は、人口動態調査（統計法に基づく基幹統計調査、厚生労働省所管）にも用いられます。

（筆者注）

1）署名は必ず本人が自著。

2）印は各自別々の印を押す。

3）届出のとき持参するもの

　①夫・妻の戸籍謄本または戸籍全部事項証明書　各1通

　　（婚姻前の本籍が届出する区内の場合，原則として不要）

　②夫・妻の印鑑

3　婚姻届を出せない(2)：婚姻の実質的要件①

1　未成年者が婚姻するとき

　20歳未満の未成年者が婚姻する場合，婚姻当事者の少なくとも一方が婚姻適齢（男18歳，女16歳）に達していること（民731条），未成年者の父母（親権者でなくても良い）の同意を得ていることが必要である（民737条）。社会のベースである家族関係の基礎となる婚姻関係に必要な肉体的・精神的・経済的な能力を要求し，早すぎる婚姻から生じる弊害を防止すること，判断能力の不十分な者 ▪ を保護することを目的としている。

　婚姻適齢に達していない場合には婚姻の届出は受理されず（民740条），婚姻の届出が誤って受理されたときは，各当事者・親族・検察官は婚姻の取消し ▪ を家庭裁判所に請求することができる（民744条1項）。ただし，不適齢者が適齢に達した後は，原則として上記の取消しを請求することはできなくなる（民745条）。これに対し，父母の同意のない婚姻の届出が誤って受理された場合には，上記の取消し請求をすることはできず，未成年者は婚姻の効果として成年に達したものとして扱われる（民753条）。

　このような取り扱いの違いや婚姻適齢の男女差が問題とされ，1996（平8）年の民法改正要綱では，男女の婚姻適齢を18歳にそろえる提案がなされていた。その後，国民投票法をきっかけに，2018年（平30）には民法の一部が改正され（2022年4月1日施行），成年年齢は20歳から18歳に引き下げられ（新民4条），婚姻適齢も18歳にそろえられた（新民731条）。その結果，父母の同意に関する規定（民737条）や成年擬制に関する規定（民753条）は削除されることになっている。

▪ 判断能力の不十分な者：知的障害や認知症などにより判断能力が不十分であるとして，本人保護の観点から後見開始の審判（➡Ⅸ-1「新しい後見制度」）を受けた成年被後見人が婚姻する場合，後見人の同意は必要でない（民738条）が，婚姻届書作成時および届出時，成年被後見人は意思能力を有していなければならない。

▪ 婚姻の取消し：婚姻は取り消されるまでは有効であり，婚姻の取消しの効果は，家庭裁判所の審判によって取消しが確定した時点から将来に向かってのみ生じる（民743条）。離婚の場合に類似しているため，離婚の効果に関する諸規定が判断基準とされている（民749条）。

2 近親者間の婚姻禁止

　直系血族または三親等内の傍系血族の間では，婚姻をすることができない（民734条1項本文）。婚姻が禁止される三親等内の傍系血族とは叔父叔母と甥姪であり[1]，いとこ同士の婚姻は四親等の傍系血族の婚姻であるから法律上問題はないことになる（図Ⅱ-1）。こうした近親者間の婚姻禁止は，優生学的および社会倫理的配慮に拠ると説明されており，特別養子縁組[2]によって養子と実方の父母およびその血族との親族関係が終了した場合（民817条の9）にも，

図Ⅱ-1　親族関係図

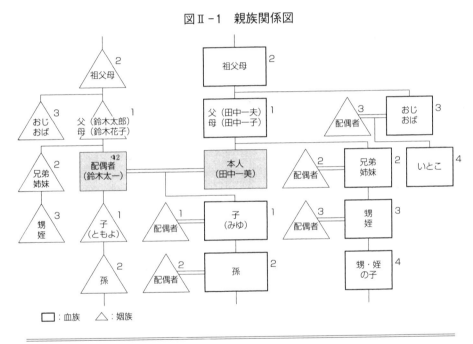

□：血族　△：姻族

---

(1)　婚姻を禁止された叔父・姪間の事実上の夫婦関係（内縁関係）を前提に，最高裁は，内縁の妻の遺族年金受給権を認めた（最判平19・3・8民集61巻2号518頁）。➡コラム⑤内縁関係と離死別
(2)➡Ⅲ-8「他人の子どもを養子にする」

婚姻禁止は残ることになる（民734条2項）。

　普通養子(3)の場合，養子縁組の日から，養子と養親およびその血族との間に血族関係と同一の親族関係（法定血族関係）が生じる（民727条）ため，養子とその配偶者または養子の直系卑属（縁組前に生まれた子は含まれない）とその配偶者は，養親またはその直系尊属と婚姻することはできない（民736条）。離縁によって，養子とその配偶者，養子の直系卑属とその配偶者，養親およびその血族との親族関係が終了した（民729条）後も，同様である（民736条）。なお，養子と養方の傍系血族（養子からみて兄弟姉妹など）との間の婚姻(4)は許されている（民734条1項ただし書）。

　直系姻族の間では，婚姻をすることはできない（民735条）。すなわち，配偶者の父母（いわゆる舅・姑）や子ども（連れ子），父母の再婚相手や子どもの配偶者（いわゆる嫁や婿）とは婚姻できないことになる（図Ⅱ-1）。離婚により婚姻関係が終了した（民728条1項）後も，夫婦の一方が死亡した後に姻族関係終了の意思表示をしたことにより，姻族関係が終了した（同2項）後も，かつての直系姻族と婚姻することはできない（民735条）。さらに，特別養子縁組によって，養子と実方の父母およびその血族との親族関係が終了した結果（民817条の9），姻族関係が終了した後も，同様に婚姻は禁じられている（民735条）。

　これらの婚姻禁止は，専ら社会倫理的配慮による禁止ということになる。しかし，普通養子の離縁や離婚による姻族関係終了の場合，一律に婚姻を禁止することは，必ずしも合理的理由があるとは言えず，見直しを検討してもよいのではないだろうか。

---

(3)➡Ⅲ-7「親の再婚と子ども」
(4)　明治民法では，「家」の継承者は長男とされていたため，娘しかいない場合には，養子縁組と同時に養子と娘を結婚させる「婿養子縁組」が行われていた。現行民法においても，養親の娘と養子の婚姻は禁止されていないから，結果的に婿養子縁組と同様の効果を得ることができる。

4　婚姻届を出せない(3)：婚姻の実質的要件②

1　重婚禁止と重婚的内縁

　配偶者のある者は，重ねて婚姻をすることができない（民732条）。通常は，婚姻届を受理する際に婚姻当事者の戸籍がチェックされるので，婚姻が二重に成立する事態はほとんど発生しない。もし重婚が発生したときは，当事者・当事者の配偶者・前配偶者・親族または検察官は，婚姻の取消しを請求することができる（民744条）。たとえば重婚が生じる場合としては，誤って婚姻届が受理された場合のほか，協議離婚して再婚したが，離婚が無効または取消しとなった場合（人訴2条1号）[1]，失踪宣告（民30条）や認定死亡（戸89条）により配偶者が死亡したものとみなされ[2]再婚したが，失踪者や認定死亡者が生存していた場合などがある。

　配偶者のある者が，他の男女と重ねて事実上の夫婦生活を営む場合（重婚的内縁）は，当該内縁関係は戸籍に表れないので，ここにいう重婚禁止の対象とはならない。もっとも，重婚的内縁も，一夫一婦制をベースとした婚姻秩序に反するものであるから，原則として公序良俗に反し無効と考えられる（民90条）。しかし，法律上の婚姻が長年にわたって形骸化し，内縁関係の方が社会的に安定して営まれている場合もある。例えば，法律上の婚姻関係にある男性が継続的に共同生活をしている他女と婚姻したいと思っても，有責配偶者から離婚請求[3]として離婚が認められない場合，夫からの暴力から逃れるため妻が居場所を隠している間に他男と共同生活を始めたが，夫に居場所を知られることを恐れて離婚できずにいる場合[4]などがある。それゆえ，判例は，法律婚の破綻と内縁関係成立との関係性，法律婚と内縁関係の継続期間と安定性，法律婚配偶

---

(1) ➡Ⅴ-1「離婚届の意味(1)」
(2) ➡Ⅸ-5「老親を看取る」
(3) ➡Ⅴ-5「離婚届を出せない(3)」
(4) ➡コラム②家庭内暴力と無戸籍児

者と内縁配偶者の社会的・経済的状態などを比較検討し，法律婚が形骸化している場合には，重婚的内縁にも婚姻に準じる効果を与えている（準婚理論▪）。

2 再婚禁止期間（待婚期間）

　女性は，前婚が死亡または離婚により解消され，または前婚が取消された日から 100 日を経過した後でなければ，再婚をすることができない（民 733 条 1 項）。男性の場合には，再婚禁止期間の定めはないから，離婚して直ぐに再婚することも可能である。女性だけに課された再婚禁止期間は男女不平等であるとの批判もあるが，早期の再婚により生まれた子どもの父性推定が重複することを避けるための制度とされている（最判平 7・12・5 判時 1563 号 81 頁）。しかし，2016(平成 28)年に法改正されるまでは，再婚禁止期間は 6 か月とされていたのであり，道徳的な意味合いも含まれていたものと思われる。

　嫡出推定・父性推定の規定（民 772 条）によれば，婚姻成立の日から 200 日を経過した後，婚姻の解消・取消しの日から 300 日以内に生まれた子は，妻が

図Ⅱ-2　再婚禁止期間

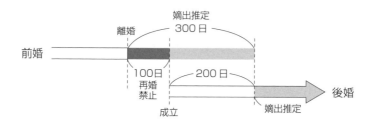

▪ **準婚理論**：社会的には夫婦として生活しながら法律上は夫婦でない男女の共同生活（内縁）は，明治民法時代に多く存在していたため，内縁配偶者保護の観点から，学説・判例は婚姻に準ずるものとして，婚姻の効果の多くを認めてきた。➡コラム⑤「内縁関係と離死別」

婚姻中に懐胎したものと推定され，同時に父親は夫と推定される[5]。この前婚の解消・取消しから300日と後婚の成立から200日の期間が重複しないようにする（図Ⅱ-2）ためには，再婚禁止期間は100日間で足りることになり，6か月という期間には合理的理由はない。それゆえ，最高裁判所は，2015(平成28)年の大法廷判決で，100日を越える部分の再婚禁止は違憲であると判断した（最大判平27・12・16民集69巻8号2427頁）。この違憲判決を受けて，2016年の法改正が行われたのである。

　再婚禁止期間が父性推定の重複を避けるために設けられたものであるがゆえに，女性が前婚の解消・取消しのときに懐胎していなかった場合，前婚の解消・取消しの後に出産した場合には，再婚禁止規定は適用されず（民733条2項），100日の経過を待たなくても再婚することができる。このほか，父性推定が重複しない場合としては，前夫と再婚する場合，夫の3年以上の生死不明を理由に離婚判決を得た場合（昭和25年1月6日民事甲2号回答），女性が生理的に妊娠の可能性がない年齢（67歳以上。昭和39年5月27日民事甲1951号回答）に達した場合がある。

　女性が再婚禁止規定に違反して再婚した場合，当事者・当事者の配偶者・前配偶者・親族または検察官は当該婚姻の取消しを請求することができる（民744条）。また，父性の重複する期間に生まれた子どもがいるときは，当該子の父は裁判所が定めるものとされている（民773条）。しかし，再婚禁止期間中に妻が事実上の夫婦関係を開始して子どもが生まれた場合，前婚の夫の嫡出推定がはたらくことになる。それゆえ，再婚禁止期間を廃止し，子どもの父親は後婚の夫と推定すべきとの意見もある。2021(令和3)年2月9日の法制審議会民法（親子法制）部会の中間報告も同様の方針を示している[6]。　（本澤巳代子）

---

(5)➡Ⅲ-3「できちゃった結婚と子ども」
(6)➡最新情報

Column **2**

家庭内暴力と無戸籍児

　夫からの家庭内暴力から逃れ，別の男性との間に子どもが生まれたが，出生届を出せずに子どもが無戸籍になってしまうことがある。

　家庭内暴力（ドメスティック・バイオレンス，以下 DV という）とは，夫婦や恋人といった親密な関係において，多くは男性から女性へふるわれる身体的，性的，心理的な暴力のことをいう。「配偶者からの暴力の防止及び被害者の保護に関する法律」（DV 防止法）は，配偶者からの暴力（事実婚の場合やデート DV を含む）は重大な人権侵害であるとし，DV の防止および被害者の保護は国の責務と明記した（同法前文，2 条）。同法ではまず，DV 被害者への社会的支援として，各都道府県の婦人相談所等に配偶者暴力相談支援センターを設置して，被害者のための相談や緊急時に逃げ込むためのシェルター，医学的・心理的なケア，就業の促進や住宅の確保といった自立支援を提供している（3 条。国や地方自治体によるさまざまな支援の詳細については，内閣府男女共同参画局ウェブサイト「配偶者からの暴力被害者支援情報」参照）。また，加害者に対して，被害者への接近禁止や住居からの退去など，裁判所による罰則付保護命令制度が設けられた（同法 12 条）。暴力の制止や被害の発生防止について，警察による介入についても規定されている（同法 8 条）。

　夫婦間 DV の場合，妻が暴力的環境から離脱する方法として，上記の警察による介入や裁判所への保護命令申立て，社会的支援を受けるなどのほか，夫との婚姻関係を解消する離婚がある。しかし，DV は民法 770 条 1 項の離婚原因に明示されておらず，離婚の可否は「婚姻を継続し難い重大な事由」（同項 5 号）に該当するかどうかの判断による。そこで，夫の暴力から物理的に逃れることができた場合でも，夫が離婚を望まない場合，恐怖心を植えつけられた妻にとって離婚手続を進めるのは困難がともなう。離婚できなければ，新しく共同生活を始めた男性との婚姻届を出すことはできない。

　離婚できないまま，新しいパートナーとの間に子が生まれた場合，下記の

戸籍制度および嫡出推定（民772条）の結果，子どもの出生届が出されず，当該子が無戸籍児になってしまうことがある。子どもが日本で生まれたら，14日以内に出生の届出をしなければならず（戸49条1項），子が日本国籍であれば戸籍に記載される（▶Ⅶ-2 国際結婚から生まれた子どもの国籍）。戸籍は，日本国民を登録し公証する制度とされており，「夫婦及びこれと氏を同じくする子ごとに」編製される（戸6条）。そして，民法第772条では，「妻が婚姻中に懐胎した子は，夫の子と推定」し，婚姻成立から200日後または離婚から300日以内に生まれた子は，婚姻中に懐胎したものと推定すると定められている。これらのことから，DVにより夫と離婚できず，重婚的内縁関係に生まれた子どもについては，実際の父親（生物学上の父）がわかっているとしても，法律上の父は夫と推定される（いわゆる300日問題，▶Ⅱ-4 婚姻届を出せない③）。出生届（▶資料④）の「父」欄に実際の父の氏名等を書いても受理されないわけである。夫婦の嫡出子として出生届を出せば受理されるが，子は夫婦と同じ氏を称し（民790条），夫婦の戸籍に記載されるため，出生届を出すのに躊躇するのである。また，夫の暴力から逃れて隠れている場合，出生届を出して戸籍に子が記載されることで，子どもが生まれたことおよび母子の所在が夫に知られることを恐れて，出生届を出せないでいることもある。子の実際の父を法律上の父にするための方法はいくつかある。法務省ウェブサイト（http://www.moj.go.jp/MINJI/minji04_00034.html）では，戸籍に記載されるための手続および相談窓口の案内がなされている。

　上述のように，DVから生じる問題として，妻の心身に危険をもたらすことに加えて，離婚を困難にし，新しくスタートした共同生活について婚姻届が出せず，その結果子どもが無戸籍になることもある。すべての子どもには，出生後直ちに登録される権利がある（児童約7条）。現在審議中の民法等の改正（▶41頁〈最新情報〉参照）が実現されれば，嫡出推定ないし300日問題から生じる無戸籍の解消が期待できるが，DVの場合はなお課題が残ることが懸念される。

（付　月）

5　夫婦の役割分担

1　夫婦の協力・扶助義務

　婚姻は，夫婦の精神的・肉体的・経済的な結合である。この婚姻の本質について，憲法は，婚姻は夫婦が平等の権利を有することを基本として，相互の協力により，維持されなければならないとする（憲24条1項）。この憲法規定を受けて，家族法では，夫婦は同居し，互いに協力し扶助しなければならないと規定されている（民752条）。この規定は，独立・平等な人格者である夫婦が，婚姻生活の維持に協力する義務を負うことを定めると同時に，それに対応する権利を平等に有することを定めたものである。婚姻の本質的義務に関する強行法規性を有する規定であり，婚姻当事者の合意により，本条の義務を免れることはできないとされている。

　協力義務は，精神的・事実的な援助（日常生活の維持，子育てなど）を意味し，扶助義務は経済的な援助（夫婦間の扶養義務）を意味する。すなわち，夫婦の扶助義務は，夫婦が子どもを含めた生活共同体を形成し，一体としての婚姻共同体の維持が婚姻の本質的義務として要請されていることに基づく経済的な義務である。夫婦は，相互に相手方に対して，自己と同一水準の生活を保障すべき生活保持義務▫を負うと解するのが，通説・判例の立場であり，一般親族間の扶養義務とは区別されている。もっとも，実際に，夫婦の一方が他方に対して生活費を請求する場合には，婚姻の本質的義務である夫婦の扶助義務に関する規定ではなく，後述する婚姻費用の分担請求に関する規定が利用されている。

▫生活保持義務：明治民法では，年長者・親に対する孝養が重視されていたため，直系尊属に対する扶養が優先されていた。しかし，夫婦間と子どもに対する扶養義務は，一般親族に対する扶養義務とは本質的に異なるとして，スイス民法の用語を参考にして，中川善之助博士が提唱し，戦後も引き続き学説・判例により支持されてきた。➡Ⅷ−1「家族間の扶養⑴：生活保持義務」

2 婚姻費用の分担

　夫婦は，その資産，収入その他一切の事情を考慮して，婚姻から生ずる費用を分担する（民760条）。婚姻費用とは，夫婦および**未成熟子**◘を含む婚姻共同生活を営む上で必要な一切の費用のことである。具体的には，衣食住の費用，医療費，教養・娯楽費，未成熟子の養育費や教育費，交際費などの日常生活費が含まれる。さらに，子ども出産費用や進学・入学費用，将来に備えるための生命保険や学資保険なども婚姻費用に含まれる。また，夫婦の一方の連れ子や親の生活費も，夫婦がこれらの者と共同生活をしてきた事実がある場合には，婚姻費用に含まれるとされる。

　婚姻費用の分担方法は，夫婦の一方が金銭を出し，他方が家事労働を負担するという形態でもいいし，夫婦双方が金銭を出しあうという形態でもよい。あるいは，夫婦の一方が所有する不動産を住居に提供するといった現物での分担でもよい。具体的な分担方法や金額については，夫婦の合意により決められることになる。もし夫婦の間で合意ができない場合には，家庭裁判所が，夫婦の資産，収入その他一切の事情を考慮して，調停または審判により決定されることになる。なお，婚姻費用の分担が実際に問題となるのは，一般に夫婦が別居している場合である(1)。

3 日常家事債務の連帯責任

　夫婦共同生活から生じる日常家事債務について，**夫婦の連帯責任**◘とした（民761条）。夫婦の一方と取引をした第三者の保護を目的としたものといわれている。夫婦内部における婚姻費用の分担義務とともに，第三者との対外関係において夫婦の連帯責任を規定したものであり，婚姻生活の経済的共同性を

◘ 未成熟子：経済的に独立して自己の生活費を獲得することを期待できない子どものことである。一般には，高校卒業までと考えられており，大学生も含まれるかについては見解が分かれている。➡Ⅷ-1「家族間の扶養(1)」

(1)➡Ⅱ-7「夫婦が別居したら」

◘ 夫婦の連帯責任：夫婦共同の事務である家事処理にともなう債務は，夫婦いずれの名で契約されたものであっても，実質的には夫婦共同の債務となる。たとえば，

夫婦の一方が共同生活に必要な物を購入した場合，契約の相手方は，夫婦の一方または他方，あるいは夫婦双方に対し，代金の支払いを請求できる。

示すものである。日常家事債務の連帯責任の法的根拠について，学説は分かれているが，判例は，夫婦相互に他方を代理する権限があると解している（最判昭44・12・18民集23巻12号2476頁）。

　日常家事の範囲に含まれるのは，夫婦および未成熟子の共同生活に通常必要とされる一切の事務である。家族の食料や衣服の購入，光熱利用，医療，教養・娯楽，子の養育・教育などが含まれる[2]。学説は，夫婦の職業・資産・収入・社会的地位および地域社会の平均的生活慣行を判断基準とするものが多く，共同生活に必要な資金調達のための財産処分や借財も，日常家事に含まれると解するものもある。これに対し，判例は，夫婦の内部的な事情や当該行為の個別的な目的のみを重視すべきではなく，当該行為の種類や性質などの客観的な要素を考慮して判断すべきであるとする（前掲最判昭44・12・18）。一般に，共同生活に必要な資金調達のための借財については，金額の多寡，実際に日常の家事に属する目的に充当されたかどうかを基準に判断され，他方名義の不動産の処分は，日常家事に含まれないと判断される傾向にある。

　このように，日常家事の範囲については，一応は客観的要素を考慮して判断されるとしても，実際には，第三者からみた日常家事の範囲と当該夫婦の日常家事の範囲にずれが生じることもある。そのような場合には，第三者保護を図りつつ，当該夫婦の財産的独立の保護にも配慮する必要が出てくる。判例は，第三者が当該行為を日常家事の範囲内と信じ，かつ，信じるについて正当な事由がある場合にかぎり，**表見代理**▪の趣旨を類推適用するとしている（前掲最判昭44・12・18）。

---

(2)　妻が夫名義で締結したNHKの放送受信契約も，日常家事行為に含まれるとされた（札幌高判平22・11・5判時2101号61頁）。

▪ 表見代理：本人に代わって契約などの法律行為を行う権限（代理権）を他人に与えた場合，代理人が第三者と行った契約は，本人が第三者と直接契約したのと同じ法的効果をもつ（民99条）。代理人が与えられた権限の範囲外の契約をした場合でも，第三者が代理人に権限があると信じるにつき正当な理由があるときは，本人に法的効果が発生する（民110条）。

6　マイホームの購入：夫婦の財産関係

1　夫婦財産契約

　婚姻当事者は，婚姻前に契約することによって，婚姻後の財産関係を定めることができる（民755条）。しかし，婚姻前に夫婦財産契約をしている夫婦は極めて少なく（全国で年間1〜2件程度），ほぼ全ての夫婦が法定財産制（民760条〜762条）のもとで共同生活を営んでいる。

　夫婦財産契約は，夫婦の財産の所有・管理・処分，債務負担，婚姻解消の際の財産清算などについて定めるものである。契約自由の原則のもと，契約内容は原則として自由であるが，家族法の理念である個人の尊厳と男女の本質的平等に反したり，**公序良俗違反**■，強行法規違反したりすることはできない。夫婦財産契約が結ばれた場合，婚姻届出前に登記しなければ，夫婦の**承継人**■および第三者に対抗することができない（民756条）。また，婚姻届出の後は，夫婦の財産関係を変更することはできない（民758条1項）。

　夫婦財産契約は，登記制度とも相まって利用しにくい現状にあるが，多様な夫婦関係に対応できる利点もある。それゆえ，1996（平成8）年の民法改正要綱は，契約モデルを定めるなど利用しやすいものとするための方策の検討が今後の課題であるとした。例えば，家族〈社会と法〉学会も，2016（平成28）年の学術大会で，契約モデルや法定財産制の改正提案を議論している。

2　夫婦財産の所有関係

　夫婦の一方が婚姻前から所有している財産，婚姻中に自己の名で得た財産は，その者の特有財産（個人財産）となる（民762条1項）。これに対し，婚姻中に

■**公序良俗違反**：公の秩序または善良の風俗に反する事項を目的とする法律行為は，無効である（民90条）。典型的な例として挙げられるのは，夫婦の貞操義務に反する愛人関係の維持のための贈与契約などであるが，多くの場合には強行法規で禁止されていることが多く，その場合には強行法規違反として無効となる（殺人依頼の契約，売春・買春契約など）。

■**承継人**：売買や相続などのように，他人の持っていた権利に基づいて，ある権利を

取得した者のことである。たとえば，夫婦の一方の財産について他方が管理権を有するという内容の夫婦財産契約が登記されていた場合，一方の財産を売買や相続で取得した者は，他方の管理権を否定して自ら当該財産を管理することができないことになる。

Ⅱ　夫婦

夫婦の得た財産で，いずれに属するか明らかでない財産は，夫婦の共有■に属するものと推定される（同2項）。いわゆる別産制の原則を定めたものと解されている。すなわち，婚姻は当事者の財産関係に特別な効果を持たず，夫も妻も法主体として独立・平等な存在ということになる。しかし，夫婦は他人間の関係と異なり，相互の協力により婚姻共同生活の経済的基盤を維持形成していくものであるから，夫婦間の経済的共同性を財産の帰属に反映させるべきではないかとの見解も生じてくる。

　現実には専業主婦や出産・育児で仕事を辞める既婚女性も多く，また既婚女性労働者の平均賃金水準も低いため，別産制は，妻に不利な結果をもたらしやすい。判例は，民法には別に財産分与請求権，配偶者相続権ないし扶養請求権等の権利が規定されており，夫婦相互の協力・寄与に対しては，これらの権利を行使することにより，実質上の不平等が生じないよう立法上の配慮がなされているので，憲法24条に反しないとした（最大判昭36・9・6民集15巻8号2047頁）。しかし，財産分与は現実には不十分であり[2]，また子と共同相続する際の妻の相続分が3分の1であった時代でもあり，学説は，解釈により妻の財産権を保護しようと試みた。多様な学説が展開されてきたが，最近では，夫婦の内部関係においては，民法762条2項の規定をできるだけ適用し，共有財産を広く認めようとしている。

　しかし，学説は共有制を原則とすることには消極的である。その理由は，財産の管理・清算の仕組みや運用が複雑になる，財産には債務も含まれるため妻の経済状態が悪化する可能性がある，共有制を採用する国でも，女性の社会進出が進むにつれて，別産制的要素を取り入れているからである。1996年の民法改正要綱でも，別産制を当面維持すること，夫婦財産の清算を含む財産分与

■ 共有：一の物を複数人が共同で所有する関係のことである。共有者は，共有物の全部について，その持分の割合に従って使用することができる（民249条）。この持分は所有権の性格を失わないので，持分の譲渡は自由である。もっとも，夫婦財産は婚姻共同生活に必要だとして取得された物であるから，上記をそのまま適用することに疑問がないわけではない。しかし，家族法には夫婦財産の共有に関する固有の規定はない。

(2)➡Ⅴ-6「離婚後の生活はどうなる(1)」Ⅴ-7「離婚後の生活はどうなる(2)」

の額の決定に際して，財産取得に対する各当事者の寄与の程度を原則として平等とすることを明文化することが示されている。

③ マイホームの購入と住宅ローン

　夫婦が協力してマイホームを購入する場合，頭金を用意したり，購入代金の大半を住宅ローンとして勤務先や銀行から借り入れたりすることになる。頭金を用意する場合，夫婦それぞれが親や親戚からの資金供与を受けたり，婚姻前に働いて蓄えていた預貯金を拠出したり，婚姻後に計画的に夫婦が預貯金を蓄えたりするであろう。それぞれの親や親戚からの資金供与や婚姻前からの預貯金は，夫婦各自の特有財産ということになり，拠出した金額が購入代金全体に占める割合が共有持分ということになる。ただし，この共有持分が不動産登記簿上明記されていなければ，第三者に対して共有を主張することは難しくなる。

　婚姻後に夫婦が蓄えた預貯金については，夫婦の一方のみが給与所得を得ているような場合，他方のやり繰り上手ゆえの成果であったとしても，また他方の名義になっていたとしても，一方の特有財産とみなされる。住宅ローンとして勤務先や銀行から借り入れをする場合も，夫婦の一方のみが給与所得を得ているときは，その者の借金（特有財産）であり，他方が月々の返済等のために家計のやり繰りを頑張ったとしても，一方の特有財産とみなされてしまう。このような場合，マイホームを夫婦の共有財産とする方法としては，**贈与税の配偶者控除**▫を活用することが考えられる。なお，2018（平成30）年の相続法改正は，夫婦の一方が死亡した場合，他方がマイホームに住み続けられるように配偶者居住権を新たに導入した[(3)]。

▫ 贈与税の配偶者控除：夫婦の婚姻期間が20年以上ある場合，夫婦間で居住用不動産の贈与を行うとき，最高2000万円まで配偶者控除を受けることができる（基礎控除110万円との合計で2110万円）。これによって，収入のない夫婦の他の一方も，購入したマイホームに対する共有持分を登記し，第三者に対して権利を主張できるようになる。

(3) ➡ X-3「配偶者はどれくらい相続できるのか」

参考文献：日本家族〈社会と法〉学会「家族法改正──その課題と立法提案」家族〈社会と法〉33号（日本加除出版，2017年）

7 夫婦が別居したら

1 単身赴任と別居

　夫婦は同居し，互いに協力し扶助しなければならない（民752条）。すなわち，夫婦の同居義務は，夫婦が一緒に協力し合って円満な家庭生活を営んで行くために必要な前提条件であり，婚姻の本質的な義務である。したがって，これに反する夫婦の約定は，その効力を主張することはできない。しかし，夫婦の同居といっても，単に場所的同一性があれば良いということではなく，夫婦2人が協議して決めた場所に夫婦として同居しなければならない（最決昭40・6・30民集19巻4号1089頁）。したがって，物理的に同じ家に住んでいたとしても，実質的に夫婦としての生活実態のない状態，いわゆる家庭内別居の状態にある場合は，夫婦としての同居とはいえない。

　夫婦の一方の単身赴任や入院加療などのために，夫婦が場所的に離れて生活する場合，裁判所は，単身赴任の原因となる企業の転勤命令について，企業の裁量権を広く認める立場をとってきた[1]。このような単身赴任を是とする労働市場の事情もあって，夫婦の同居の意味は柔軟に拡大して解釈されてきた。すなわち，夫婦が場所的に隔たっているとしても，夫婦生活の維持向上という目的から判断すべきであり，単身赴任のような場合には同居義務違反はない。しかし，当初は同居義務違反がなくても，その後に夫婦関係がうまくいかなくなったりすると，同居義務違反と解される可能性が出てくることになる。

2 別居と同居請求

　夫婦間で同居をめぐる紛争が発生した場合，従来の家事審判法（同9条1項

---

(1)　転勤拒否を理由とする懲戒解雇が争われた事案で，最高裁は，転勤が労働者に与える家庭生活上の不利益も「転勤に伴い通常甘受すべき程度のもの」であるとした（最判昭61・7・14集民148号281頁）。ただし，近年は育児介護休業法の規定を根拠に，単身赴任となる配転命令の業務上の必要性を否定する事例も散見されるようになっている。

乙類1号）では，家庭裁判所に対し同居の審判を申し立てることができた[2]。しかし，夫婦の同居義務のように，人間の自由な意思が尊重されなければならない場合には，任意に義務が果たされないからといって，強制的に同居させることはできない（大審決昭5・9・30民集9巻11号926頁）。そのため，2011（平成23）年に制定された**家事事件手続法**■では，夫婦の同居に関する処分は審判事項に含まれなかった（家事別表第二の1の項）。

❸ 別居と婚姻費用分担

　学説・判例は，夫婦が別居中で破綻状態にあるとしても，婚姻が継続している限りは，原則として夫婦間の協力・扶助義務は消滅せず，したがって婚姻費用の分担義務を負う者は，その義務を免れないと解している。ただし，夫婦関係が破綻している場合には，破綻責任がどちらにあるかを考慮して，婚姻費用の分担額を決定する裁判例も散見される。例えば，婚姻費用の分担義務者に婚姻破綻の責任があるときは，生活保持義務を負う（大阪高決昭42・4・14家月19巻9号47頁）が，分担請求者側に責任がある場合には，有責者本人の生活費請求は認められず（東京高決昭58・12・16家月37巻3号69頁），または最低生活を維持するに必要な程度に義務は軽減される（札幌高決昭50・6・30判時809号59頁）。

　いずれにしても，配偶者に対する協力・扶助請求（民752条）であっても，子どもの養育費を含む婚姻費用の分担請求（民760条）であっても，月々の支払金額が確定していれば，その一部が履行されない場合，毎月支給される給与等から当該金額を天引きすることができる（民執151条の2）。また，必要生計費を勘案して4分の3が差し押さえ禁止とされている毎月の給与等であっても，

---

(2)　最高裁は同居審判を同居義務の具体的内容等を定める形成的な内容をもつものと解した（前掲最決昭40・6・30）ため，具体的な同居義務形成の相当性については，婚姻の破綻状況，離婚意思の有無や強弱などを基準に判断されてきた。

■　家事事件手続法：家庭裁判所が管轄する家事審判事件および家事調停事件の手続きについて定めた法律である。2013（平25）年1月1日の施行に伴い，従来の家事審判法は廃止された。

婚姻費用の分担義務に関しては，原則として2分の1まで差し押さえできるとされている（民執152条3項）。

　夫婦の婚姻費用分担義務は，離婚により婚姻が終了するとともに消滅する。ただし，婚姻費用分担審判の申立て後に当事者が離婚したとしても，離婚により婚姻費用分担請求権は消滅しない（最決令2・1・23裁時1740号1頁）。また，過去に未払いの婚姻費用があった場合，最高裁は，財産分与の決定[3]において，未払いの過去の婚姻費用の清算を含めることができるとした（最判昭53・11・14民集32巻8号1529頁）。したがって，離婚後，過去の婚姻費用の分担請求を財産分与請求に含めて行うことができる。しかし，財産分与の決定の際，過去の婚姻費用の分担が考慮されなかった場合には，別個に過去の婚姻費用分担について審判を申し立てることができる。

4　別居中の夫婦財産関係

　夫婦の財産関係は別産制を原則としているから，夫婦が別居したとしても，原則として夫婦各人の財産関係に影響することはない。しかし，婚姻中に夫婦の得た財産で，いずれに属するか明らかでない財産は夫婦の共有と推定され[4]，離婚の際に財産分与の対象とされることになる。この財産分与の対象財産を特定する基準時について，学説・判例は，夫婦の財産形成に対する相互協力が終了する別居時であると解している[5]。したがって，別居後に財産分与の対象となる財産の価値が経済情勢により高騰したり，別居後に夫婦の一方によって破壊されたり浪費されたりした場合，財産分与の額は別居時の価額を基準に算定すべきことになる。

（本澤巳代子）

(3)➡Ⅴ-6「離婚後の生活はどうなる(1)」
(4)➡Ⅱ-6「マイホームの購入」
(5)➡Ⅴ-7「離婚後の生活はどうなる(2)」

最新情報

「民法（親子法制）等の改正に関する中間試案（案）」について

　現在，親子法に関する改正作業が進められている。2021(令和3)年2月9日には，法務大臣の諮問機関である「法制審議会民法（親子法制）部会」が「民法（親子法制）等の改正に関する中間試案（以下，単に「中間試案」という）」を公表した。本稿執筆段階（2021年2月24日）で，筆者（髙橋）の手元に「中間試案」はないため，「民法（親子法制）等の改正に関する中間試案（案）（以下，単に「中間試案（案）」という）（http://www.moj.go.jp/content/001341376.pdf において閲覧可能，2021年2月24日，筆者アクセス）」について説明する。

　中間試案（案）で示された改正案は以下のようなものである。まず，「懲戒権」については，甲・乙・丙案が出されているけれども，親権者の体罰を禁止しようという方針は同じである。次に，「嫡出推定」については，母親が婚姻前に懐胎した子どもであっても，現在婚姻している夫を子どもの父親と推定する規定が提案されている。母親が再婚した場合にも，元夫ではなく，再婚後の夫を父親と推定することが提案されている。再婚後の夫を父親と推定するのであれば，女性にのみ「再婚禁止期間」を設ける意味は失われる。そのため，「再婚禁止期間」の削除も提案さている。そして，「嫡出否認」については，新たに未成年の子どもに否認権を与えることが提案されている。母親については，未成年の子どもの否認権を子どものために代わって行使する案と，母親自身の否認権も認める案が提案されている。また，子どもが成年になった後にも，否認権を認めるかどうかについては，「認めない」案と「認める」案が提案されている。さらに，母の再婚後に生まれた子どもが再婚後の夫を父親として推定することが提案されているため，それに合わせ，前夫に否認権を与えることが提案されている。

（髙橋大輔）

Ⅲ　親　子

1　子どもの出生と名前

1　子どもが生まれたら

　子どもが生まれたら，出生届（資料④。戸籍については資料②を参照）を届け出ることが義務付けられている。この出生届に基づいて子どもが戸籍へ記載される。届出義務者について，父母が婚姻関係にある場合，原則として父親または母親が出生届を届け出る義務を負っている（戸52条1項）。父母が婚姻関係にない場合，母親が出生届を届け出なければならない（同条2項）。父母が届出をすることができない場合には，第一に同居者，第二に出産に立ち会った医師，助産師またはその他の者が届出をしなければならない（同条3項）。さらに，父母が届出をすることができない場合には，父母以外の法定代理人も届出をすることができる（同条4項）。出生届は，子どもが生まれた日から14日以内にしなければならないとされている（戸49条1項，43条）。ただし，外国で子どもを出産した場合には，3か月以内に出生届を届け出ればよい（戸49条1項）。また，出生届は，①出生届を届け出る者の本籍地，②届出人の所在地，③子どもの出生地に届け出ることができる（戸25条1項，51条1項）。出生届には，医師や助産師などが出産に立ち会った場合には，それらの者が作成した出生証明書も添付しなければならない（戸49条3項）。

　棄児については，棄児を発見した者または棄児発見の申告を受けた警察官は，24時間以内にその旨を市区町村長に申し出なければならないとされている（戸57条1項，4条）。この申出があったときは，市区町村長が，子どもに氏名を付

---

(1)➡Ⅲ-2「結婚しないと子どもを生めないの？：婚姻と親子関係」

け，本籍を定める。その上で，発見の場所や年月日時などの状況，子どもの氏名，性別，出生の推定年月日などを調書に記載しなければならず，その調書によって戸籍への記載をなすことができる（戸57条2項，4条）。

2　子どもの氏名

　子どもの氏については，子どもが嫡出子か，非嫡出子かによって扱いが違ってくる。もし，嫡出子であれば，生まれてきた子どもは原則として父母の氏を称する（民790条1項）。もし，非嫡出子であれば，生まれてきた子どもは母親の氏を称する（同条2項）。

　子どもの名については，常用平易な文字を用いなければならない（戸50条1項）。そして，「常用平易な文字」の範囲については，法務省令で定めることとされている（同条2項）。したがって，子どもの名前について用いることのできる文字は，常用漢字表（平成22年内閣告示第2号）に掲げる漢字，戸籍法施行規則別表第二にある漢字，カタカナ，ひらがなということになる（戸籍法施行規則60条）。ただし，最高裁判所は，「市町村長が施行規則60条に定める文字以外の文字を用いて子の名を記載したことを理由として出生届の不受理処分をし，これに対し，届出人が家庭裁判所に不服を申し立てた場合において，家庭裁判所及びその抗告裁判所は，審判，決定手続に提出された資料，公知の事実等に照らし，当該文字が社会通念上明らかに常用平易な文字と認められるときには，当該市町村長に対し，当該出生届の受理を命ずることができるというべきである。」としている（最決平15・12・25民集57巻11号2562頁■）。このため，常用漢字表などに記載されていない漢字であっても，裁判手続きを通し，その中で「社会通念上明らかに常用平易な文字」と認められば子どもの名

■最決平15・12・25民集57巻11号2562
　頁：子どもの名前に「曽」の字を用いた
　ところ，当時「曽」の字が戸籍法施行規
　則60条に定める文字でないために，争わ
　れた事案である。なお，「曽」の字は現在
　では人名用漢字に追加されている。

資料④　出生届

出　生　届

平成 17年 3月 5日届出

東京都千代田区 長 殿

受理 平成　年　月　日	発送 平成　年　月　日
第　　　　　号	
送付 平成　年　月　日	長印
第　　　　　号	
書類調査	戸籍記載	記載調査	調査票	附票	住民票	通知

(1)	生まれた子	子の氏名 (よみかた) 外国人のときはローマ字を付記してください	(氏) すずき　(名) みゆ 鈴木　みゆ	父母との続き柄	☑嫡出子 □嫡出でない子（長）□男 ☑女
(2)		生まれたとき	☑平成 17年 3月 3日　☑午前 □午後　11時 00分		
(3)		生まれたところ	東京都千代田区　2番地 号		
(4)		住所 (住民登録をするところ)	東京都千代田区永田町二丁目 3番地 番 5号　世帯主の氏名 鈴木太一　世帯主との続き柄 子		
(5)	生まれた子の父と母	父母の氏名 生年月日 (子が生まれたときの年齢)	父 鈴木太一　昭和50年 7月 2日（満29歳）　母 鈴木一美　昭和53年 1月 6日（満27歳）		
(6)		本籍 (外国人のときは国籍を書いてください)	東京都千代田区 1番地 番　筆頭者の氏名 鈴木太一		
(7)		同居を始めたとき	平成 15年 10月（結婚式をあげたとき、または、同居を始めたときのうち早いほうを書いてください）		
(8)		子が生まれたときの世帯のおもな仕事と	□1.農業だけまたは農業とその他の仕事を持っている世帯 □2.自由業・商工業・サービス業等を個人で経営している世帯 □3.企業・個人商店等（官公庁は除く）の常用勤労者世帯で勤め先の従業者数が1人から99人までの世帯（日々または1年未満の契約の雇用者は5） ☑4.3にあてはまらない常用勤労者世帯及び会社団体の役員の世帯（日々または1年未満の契約の雇用者は5） □5.1から4にあてはまらないその他の仕事をしている者のいる世帯 □6.仕事をしている者のいない世帯		
(9)		父母の職業	（国勢調査の年…　年…の4月1日から翌年3月31日までに子が生まれたときだけ書いてください） 父の職業　　　　　母の職業		
	その他				

届出人	☑1.父 □母　□2.法定代理人（　）　□3.同居者　□4.医師　□5.助産師　□6.その他の立会者 □7.公設所の長
	住所 東京都千代田区永田町二丁目 3番地 番 5号
	本籍 東京都千代田区 1番地 番　筆頭者の氏名 鈴木太一
	署名 鈴木太一　　印　昭和50年 7月 2日生

事件簿番号		日中連絡のとれるところ 電話（　） 自宅 勤務先 呼出（　方）

記入の注意

鉛筆や消えやすいインキで書かないでください。

子供が生まれた日からかぞえて14日以内に出してください。

子の本籍地でない役場に出すときは、2通出してください。（札幌市内に提出する場合は、1通で結構です。）。2通の場合でも、出生証明書は、原本1通と写し1通でさしつかえありません。

子の名は、常用漢字、人名用漢字、かたかな、ひらがなで書いてください。子が外国人のときは、原則かたかなで書くとともに、住民票の処理上必要ですから、ローマ字を付記してください。

よみかたは、戸籍には記載されません。住民票の処理上必要ですから書いてください。

□には、あてはまるものに■のようにしるしをつけてください。

筆頭者の氏名には、戸籍のはじめに記載されている人の氏名を書いてください。

子の父または母が、まだ戸籍の筆頭者となっていない場合は、新しい戸籍がつくられますので、この欄に希望する本籍を書いてください。

届け出られた事項は、人口動態調査（統計法に基づく基幹統計調査、厚生労働省所管）にも用いられます。

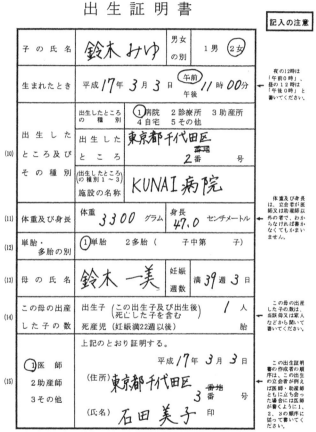

出 生 証 明 書

記入の注意

| 子 の 氏 名 | 鈴木 みゆ | 男女の別 | 1男 ②女 |

夜の12時は「午前0時」、昼の12時は「午後0時」と書いてください。

| 生まれたとき | 平成 17 年 3 月 3 日 | 午前 午後 | 11 時 00 分 |

(10)	出生したところ及びその種別	出生したところの種別	①病院 2診療所 3助産所 4自宅 5その他
		出生したところ	東京都千代田区 桜理 2番 号
		（出生したところの種別1～3）施設の名称	KUNAI 病院

| (11) | 体重及び身長 | 体重 3300 グラム | 身長 47.0 センチメートル |

体重及び身長は、立会者が医師又は助産師以外の者で、わからなければ書かなくてもかまいません。

| (12) | 単胎・多胎の別 | ①単胎 2多胎（ 子中第 子） |

| (13) | 母の氏名 | 鈴木 一美 | 妊娠週数 | 満 39 週 3 日 |

| (14) | この母の出産した子の数 | 出生子（この出生子及び出生後死亡した子を含む） | 1 人 |
| | | 死産児（妊娠満22週以後） | 胎 |

この母の出産した子の数は、当該母又は家人などから聞いて書いてください。

| (15) | ①医師 2助産師 3その他 | 上記のとおり証明する。 平成 17 年 3 月 3 日 (住所) 東京都千代田区 3番地 番 号 (氏名) 石田 美子 印 |

この出生証明書の作成者の順序は、この出生の立会者が例えば医師・助産師ともに立ち会った場合には医師が書くように1、2、3の順序に従って書いてください。

（筆者注）
1) 届出人の署名は届出義務者が自署する。
2) 届出義務者は、嫡出子の場合は父または母。非嫡出子の場合は母。
3) 届出人が署名した書面を窓口に提出する者は、親族その他の者でも可。
4) 窓口へは母子手帳と届出人の印を持参する。

に用いることができる[2]。

　ただし，子どもが外国人である場合には，子どもの氏名をカタカナで表記し，その下にローマ字を付記しなければならない。しかし，ローマ字を付記していなくても届出は受理され得る。

3 命名権とその限界

　それでは，このような文字の条件を満たせば，子どもにどんな名前をつけてもいいのであろうか。たしかに，親には命名権▪があるといわれている。しかし，この親の命名権は無制限のものではなく，その限界が問題となる。この点について，参考になる判例として東京家裁八王子支審平6・1・31判時1486号56頁がある。この事件は，子どもの名前を「悪魔」として，出生届をすることができるかが争われたものである。裁判所は，「社会通念に照らして明白に不適当な名や一般の常識から著しく逸脱したと思われる名は，戸籍法上使用を許されない場合がある」とした。その上で，①父親のいう「悪魔」という名による刺激（プレッシャー）をプラスに跳ね返すには，世間通常求められる以上の並々ならぬ気力が必要とされると思われるが，子どもにそれが備わっている保証がない，むしろ，②いじめの対象となり，ひいては子どもの社会不適応を引き起こす可能性も十分あり得るという理由から，「『悪魔』の命名は，本件出生子の立場から見れば，命名権の濫用である」るとして，戸籍法上使用が許されないとし，受理を拒否されてもやむを得ないとした。ただし，本件については，誤っていったん出生届を受理しており，その訂正や抹消のためには，法定の手続きを経なければならないとした。したがって，法定の手続きを経ないで抹消した行為については，違法無効なものとされた。

---

(2)➡その後，たとえば，「巫」の文字（名古屋高決平26・8・8裁判所ウェブサイト掲載判例）や「渾」の文字（東京高決平29・5・16判時2362号16頁）については，社会通念上明らかに常用平易な文字であると認められた。これに対して，「舸」の文字は社会通念に照らして明らかに常用平易な文字とまでは認められないとされた（さいたま家裁川越支審平28・4・1判時2342号39頁）。
▪命名権：命名権とは，子どもに名前を付ける権利である。ただし，その根拠につい

ては説が分かれる。大きく分ければ，①親権者の権利や権限と考えるものと，②子ども固有の権利や子どもの人格権を親権者が代行していると考えるものがある。

2　結婚しないと子どもを生めないの？：婚姻と親子関係

1　嫡出推定

　民法によれば，もし，父母が婚姻していれば，原則として子は「嫡出子」になる。もし，父母が婚姻していない場合には，子は「非嫡出子」または「嫡出でない子」と呼ばれる。このような差異が存在するのは，一般的には母が婚姻しているのであれば，生まれてきた子どもを夫の子として考えることができるからである。民法もこのような前提に立ち，原則として，妻が婚姻中に懐胎した子は，夫の子であると推定している（民772条1項）。さらに，婚姻の成立の日から200日を経過した後，または離婚などによって婚姻を解消した日から300日以内に生まれた子は，婚姻中に懐胎したものと推定している（同条2項）[1]。

　以前は，嫡出子の法定相続分[2]に比べ，非嫡出子のそれは半分とされていた（改正前民900条4項ただし書）。しかし，最高裁判所が違憲と判断し（最決平25・9・4民集67巻6号1320頁），2013（平成25）年12月に民法が改正された。現在では非嫡出子の法定相続分も，嫡出子の相続分と平等になっている。

2　嫡出推定を受けない嫡出子

　現実には，婚姻後200日を経過する前に子どもが生まれることがある。明治民法の時代には，婚姻生活を営み，地域社会でも夫婦として認識されているにもかかわらず，婚姻届を出さない場合が少なくなかった。婚姻した女性が「嫁」として，男性の家の家風に合うかどうか，妊娠・出産して家の後継ぎを残すことができるかどうかを試すためである。そして，妻が妊娠して，子がで

---

(1)➡最新情報
(2)➡Ⅹ-4「子どもはどれくらい相続できるのか」

きることがはっきりしてから，正式に婚姻届を出す場合が少なくなかった。裁判所は，内縁関係が先行して，子どもの生まれる前日に婚姻届を出した事例について，たとえ民法が定める婚姻後200日の期間を経過せずに，子どもが生まれてきたとしても，認知の手続きをすることなく出生と同時に嫡出子の身分を有するものとした（大判昭15・1・23民集19巻54頁）。

　このような場合には，嫡出子の身分は取得することができるけれども，そもそも200日以内に生まれているために，民法上の条件は満たしておらず嫡出推定は受けられない。これが，「嫡出推定を受けない嫡出子▪」である。

　ところで，婚姻後200日の期間を経過せずに，子どもが生まれた場合において，父母が内縁関係になく，妊娠または婚姻を契機に同居生活を始める場合も考えられる。しかし，役所の窓口には，出生届の際に内縁関係の有無を審査するなどの実質的審査権▪はない。そのため，父母が婚姻した後に生まれた子は，父母の内縁関係の有無によって区別されず，嫡出子として届け出ることが可能になった。

３ 嫡出推定の及ばない嫡出子

　以上のような嫡出推定を受けない嫡出子とは別の概念として，嫡出推定の及ばない嫡出子▪という概念がある。すなわち，そもそも嫡出推定は夫婦間で性交渉が行われ，その結果子どもを妊娠することを前提として成立している。しかし，たとえば夫が行方不明であるとか，服役中であるなどという場合には，その夫と性交渉できないことは客観的に明らかである。このような場合にまで嫡出推定を及ぼし，真実に反する親子関係を法律上の親子関係とする必要はないとされ，「嫡出推定の及ばない嫡出子」という概念が考え出されたのである。

▪嫡出推定を受けない嫡出子：婚姻成立の日から200日以内に生まれたために，民法772条の嫡出推定を受けないけれども，判例によって出生と同時に嫡出子の身分を有することを認められた子どものこと。嫡出推定を受けられないため，子どもの地位は不安定になってしまう。

▪実質的審査権➡Ⅴ-1「離婚届の意味(1)：協議離婚」

▪嫡出推定の及ばない嫡出子：夫の子でないことが明白であるために，嫡出推定が及ばない子どものこと。

すなわち，嫡出推定の及ばない嫡出子は，本来であれば民法772条の嫡出推定を受けるはずだったにもかかわらず，様々な事情により嫡出推定が及ばないことになる。具体的に，どのような場合に嫡出推定が及ばないかについては，学説上見解が分かれている。判例・通説は，外観上夫の子どもでないことが明らかな場合に限られるという外観説をとっている（最判平10・8・31家月51巻4号33頁，最判平10・8・31家月51巻4号75頁，最判平12・3・14家月52巻9号85頁など）[3]。

「嫡出推定の及ばない嫡出子」は，前述の「嫡出推定を受けない嫡出子」と名称が似ており，混同されやすい。両者の大きな違いは，①「嫡出推定の及ばない嫡出子」は夫の子ではないと基本的に考えられるのに対して，「嫡出推定を受けない嫡出子」は夫の子であると基本的に考えられる点である。そのため，②「嫡出推定の及ばない嫡出子」に対しては，嫡出推定が及ぶのを制限しようとするのに対して，「嫡出推定を受けない嫡出子」に対しては，嫡出推定を受けないにもかかわらず，嫡出子の身分を取得させようとすることになる。

このように両者は異なる概念ではあるけれども，共に戸籍に嫡出子として記載されても嫡出推定の対象から外れる点では一致している。もし，嫡出推定を受ける嫡出子の父子関係を否定しようとする場合には，嫡出否認の訴え■によることになる（民774条）。しかし，嫡出推定を受けない嫡出子，嫡出推定の及ばない嫡出子については，嫡出否認の訴えではなく，親子関係不存在確認の訴え■によるというのが判例の立場である（大判昭15・9・20民集19巻1596頁）。親子関係不存在確認の訴えは，嫡出否認の訴えと異なり，原則として，出訴権者や出訴期間を制限するような規定がないので，母親や子どもに限らず利害関係を有する者は誰でも訴えを提起でき，期間についても制限なく提起できる。

---

(3)➡最高裁判所は，単にDNA鑑定など科学的証拠によって実親子関係が存在しないことが明らかなだけでは，嫡出推定が及ばなくなるものとは言えないとしており，外観説を維持している（最判平26・7・17民集68巻6号547頁）。

■嫡出否認の訴え➡Ⅲ-4「子どもが夫の子ではないとき」

■親子関係不存在確認の訴え：親子関係を否定する訴え。嫡出否認の訴えと異なり，原則として，母親や子どもに限らず利害関係を有する者は誰でも訴えを提起でき，期間についても制限がない。

Column **3**

望まない子どもと赤ちゃんポスト

　日本は，刑法 212 条以下で堕胎罪などを定めているけれども，一定の条件
を満たせば，人工妊娠中絶を認めている。すなわち，母体保護法 14 条 1 項
によれば，医師会の指定する医師は，次の①②に該当する者に対して，「本
人」および「配偶者」の同意を得て，人工妊娠中絶を行うことができる。す
なわち，①妊娠の継続または分娩が，身体的または経済的理由により母体の
健康を著しく害するおそれのある者，②暴行や脅迫によって，または，抵抗
や拒絶することができない間に姦淫されて妊娠した者である。母体保護法
14 条 1 項では，妊娠している女性本人だけではなく，その配偶者の同意も
求められている。しかし，例外的に，同条 2 項によれば，配偶者が分からな
いとき，配偶者が意思を表示することができないとき，妊娠後に配偶者がな
くなったときには本人の同意だけで足りるとされている。その他の条件とし
て，人工妊娠中絶手術が受けられるのは妊娠 22 週未満までである。2018（平
成 30）年度の人工妊娠中絶件数は 161,741 件である（厚生労働省「平成 30 年
度衛生行政報告例の概況　6 母体保護関係」https://www.mhlw.go.jp/toukei/
saikin/hw/eisei_houkoku/18/dl/kekka6.pdf，2020 年 8 月 31 日アクセス）。

　このように，人工妊娠中絶は一定の条件のもと可能なのであり，それを望
んだ全ての女性が行えるわけではない。また，様々な理由から人工妊娠中絶
を望まない女性も存在する。このため，子どもを分娩したものの，育てられ
ない場合のための手当てが社会的に必要である。たとえば，養子縁組なども
そういった選択肢の 1 つとなる。しかし，女性の中には自分が子どもを産ん
だことを秘匿しておきたいと望む者もいる。このような女性を非難する声は
少なくない。しかし，もし，そのような場合に社会が手当てを行わないので

あれば，生まれてきた子どもが殺される危険も存在する。そのため，生まれ
きた子どもの命を救うためにも，匿名で赤ちゃんを預けることのできる，い
わゆる「赤ちゃんポスト」の存在が重要になってくる。

　このような試みとして，医療法人聖粒会慈恵病院（以下，「慈恵病院」とい
う）の「こうのとりのゆりかご」がよく知られている。「こうのとりのゆり
かご」とは「小さないのちを救いたい」という思いから産まれ，妊振・出
産・育児などについてさまざまな悩みを抱えるお母さんや，その周辺の方々
の悩みごとを聞き，一結に考え，解決することを目的としているとされる
(http://jikei-hp.or.jp/cradle-of-the-stork1/，2020年8月31日アクセス)。熊
本市要保護児童対策地域協議会こうのとりのゆりかご専門部会「「こうのと
りのゆりかご」第4期検証報告書　平成29年9月」(https://www.city.
kumamoto.jp/common/UploadFileDsp.aspx?c_id=5&id=17021&sub_
id=1&flid=116004，2020年8月31日アクセス) 3頁によれば，「こうのとりの
ゆりかご」の施設として，慈恵病院の産科・小児科棟（マリア館）に子ども
を受け入れるための窓口が設置されている。屋内の保育器内は一定の温度に
保たれており，そこに子どもが預け入れられると，子どもの安全確保のため，
扉が自動的にロックされる。同時に，ナースステーションおよび新生児室2
か所のブザーが作動し，そこにいる職員が直ちに子どもを保護することと
なっている。

　ただし，慈恵病院は子どもを預け入れる前に相談を促しており，「SOS
赤ちゃんとお母さんの妊娠相談 (http://ninshin-sos.jp/yurikago_top/，
2020年9月2日アクセス)」という相談窓口のホームページなども用意されて
いる。

（髙橋大輔）

3　未婚の母と子ども：認知しますか，させますか

1　非嫡出子の親子関係の成立

　婚姻関係にない父母の間より生まれた子は，親子関係が成立するためには，認知▪が必要になる。民法779条によれば，父親だけではなく，母親も認知ができる。しかし，最高裁判所は，母親とその非嫡出子との間の親子関係については，原則として，母親が認知をしなくても，分娩の事実によって当然発生するとしている（最判昭37・4・27民集16巻7号1247頁）[1]。この判決によって，認知は子どもと父親との関係で問題となることとなった[2]。

　認知には，①任意認知と②強制認知がある。共通点として，認知を行うためには，原則として他の法律上の父子関係が存在しないことが前提となる。すなわち，すでに父親のいる子を，別の男性が認知することはできない。ただし，嫡出推定▪の及ばない嫡出子の場合には，戸籍上の父がいても可能であるとされている（最判昭44・5・29民集23巻6号1064頁）。

　認知の効力は，出生の時点にまでさかのぼって発生する（民784条）。

2　任 意 認 知

　任意認知は，認知届▪を市区町村に提出する方法が一般的である（民781条1項，戸60条〜62条）。その他にも遺言▪（民781条2項）によって認知を行うこともできる。なお，一度認知をしてしまうと，原則として認知を取り消すことは許されない（民785条）。子どもの身分を不安定なものにしないためである。任意認知は父親が行うものであり，原則として子どもや母親の承諾は不要である。しかし，もし認知を受ける子どもがすでに成年に達している場合には，子

▫ 認知：婚姻関係にないカップルから生まれた子とその親との間に，法律上の親子関係を発生させる制度。任意認知と強制認知がある。

(1)➡母子関係の認定の問題について，Ⅲ-6「生殖補助医療と親子関係(2)：代理懐胎」参照。

(2)➡認知と子どもの国籍について，Ⅶ-2「国際結婚から生まれた子どもの国籍」およびコラム⑦「非嫡出子の認知と日本国籍の取得：国籍法違憲判決」参照。

▫ 嫡出推定➡Ⅲ-2「結婚しないと子どもを生めないの？：婚姻と親子関係」

▫ 認知届➡資料⑤-1，⑤-2，⑤-3参照。

▫ 遺言➡Ⅻ-1「遺言のスタイル：意義・性質」

どもの承諾が必要になる（民782条）。これは，子どもが教育などでお金がかかる間はほっておいて，収入を得るようになったら認知し，自分を養ってもらおうなどという父親の身勝手を防ぐためである。また，子どもが胎児のときにも，父親は認知をすることができるけれども，この場合には，母親の承諾が必要になる（民783条1項）。これは，誤った認知を防ぎ，母親の名誉・利害を考慮したためといわれる。さらに，子どもが死亡した場合でも，その子どもに子（認知をする親からすれば「孫」）など直系卑属がいるときに限り，認知をすることができる。この場合においても，もしその直系卑属がすでに成年に達しているのであれば，その承諾を得なければならない（民783条2項）。もし，父親ではない者が認知をした場合には，子どもやその他の利害関係人は，認知が事実に反し無効であることを主張できる（民786条）。

③ 強制認知

　父親自ら認知をしない場合，子どもやその母親などは「認知の訴え」を提起できる（民787条本文）。しかし，父親の死亡から3年を経過したときは，認知の訴えはできなくなる（同条ただし書）。ただし，最高裁判所は，例外的にやむを得ない事情がある場合には，出訴期間は，父の死亡が客観的に明らかになった時点から起算することが許されるとしている（最判昭57・3・19民集36巻3号432頁）[3]。

　判例は父子関係の証明について，①母親が，子を懐胎したと認められる時期に，父親と思われる男性と継続的に情交を結んだ事実があり，②その男性以外の男性と情交関係にあった事情が認められず，③その男性と子どもとの間に血液型の上で背馳（相違）がないときは，その男性が父親であるとの事実が証明

---

(3) ➡ 最判昭57・3・19民集36巻3号432頁の事実の概要は以下のようなものである。すなわち，父母は内縁関係にあった。父親が1975（昭和50）年11月初めに出奔して行方不明となり，母親は翌年2月10日に子どもを出産した。母親は，同月23日に，保管していた父親の署名，捺印のある婚姻届と子どもの出生届を提出し，その後，父親の親族の了解を得て協議離婚届を提出した。ところが，1978（昭和53）年12月に，父親が既に1975（昭和50）年11月頃には死亡し

ていたことが確認された。このため，婚姻届，出生届，協議離婚届など子どもに関する全ての届出が無効となり，子どもと父親は戸籍上父子関係が存在しないこととなった。

されたものと認めることができるとしている（最判昭 32・6・21 民集 11 巻 6 号 1125 頁）。ところで近時，DNA 鑑定が発達している。DNA 鑑定を用いれば，かなりの確率で親子関係を確認することができる。しかし，いくら真実を明らかにするためとはいえ，父子鑑定の場面で強制していいのかなど法的問題は多く，今後の課題である。特に，父子関係を認める場合ではなく，父子関係を否定する場合には，子どもの福祉に反することになりかねない。そのため，親子関係を確認する方向で用いる場合と否定する方向で用いる場合については，DNA 鑑定の取り扱いを分けるべきとの意見もある（二宮周平『家族法第 5 版』新世社，2019 年，193 頁）。

　ところで，父親が己の社会的信用のことを考えたり，婚姻している場合にはその婚姻家庭への影響を考え，ある程度の金銭を母親に渡すなどして認知の請求をしないことを約束させることがある。しかし，判例によれば，子どもの父親に対する認知請求権は，その身分法上の権利たる性質およびこれを認めた民法上の意義からして，放棄することはできないものとされている（最判昭 37・4・10 民集 16 巻 4 号 693 頁）。

4 準　　正

　非嫡出子は，準正によって嫡出子の身分を取得する。準正には婚姻準正と認知準正がある。婚姻準正とは，認知を受けていた非嫡出子が父母の婚姻によって嫡出子となることである（民 789 条 1 項）。認知準正とは，父母の婚姻の後で認知を受けて，嫡出子になることである（同条 2 項）。準正は，子どもが死亡していた場合にも準用される（同条 3 項）。

資料⑤−1　認知届

認 知 届

平成 23 年 12 月 24 日届出

東京都千代田区　長 殿

受理 平成　年　月　日	発送 平成　年　月　日
第　　　　号	長印
送付 平成　年　月　日	
第　　　　号	

書類調査	戸籍記載	記載調査	附　票	住民票	通　知

◎ 届出人の印を御持参下さい

	認 知 さ れ る 子	認 知 す る 父
（よみかた）	たかはし　ともよ	すずき　たいち
氏　　名	高橋 とも(氏)よ　父母との続き柄	鈴 木(氏) 太 一(名)
生 年 月 日	平成 23 年 12 月 10 日　☑男 □女　長	昭和 50 年 7 月 2 日
住　　所（住民登録をしているところ）	茨城県 阿見町 中央　3 番地 号	東京都千代田区永田町二丁目　3 番地 5 号
	世帯主の氏名 高橋 みゆき	世帯主の氏名 鈴木太一
本　　籍（外国人のときは国籍だけを書いてください）	茨城県 阿見町 中央　3 番地	東京都 千代田区　1 番地
	筆頭者の氏名 高橋 みゆき	筆頭者の氏名 鈴木太一
認 知 の 種 別	☑任意認知　□審判　年　月　日確定　□判決　年　月　日確定　□遺言認知（遺言執行者　年　月　日　就職）	
子　　の　　母	氏名 高橋 みゆき　平成 3 年 6 月 11 日生	
	本籍 子と同じ　番地 番	
	筆頭者の氏名	
そ の 他	☑未成年の子を認知する　□成年の子を認知する　□死亡した子を認知する　□胎児を認知する	
届 出 人	☑父　□その他（　　　　　　　　　）	
	住所 東京都千代田区永田町二丁目　3 番地 5 号	
	本籍 東京都千代田区 1　番地 番　筆頭者の氏名 鈴木太一	
	署名 鈴木太一　印　昭和50年 7 月 2 日生	

資料⑤-2　認知した父（鈴木太一）の戸籍

裏				表		

裏（左）・表（右）

- 籍本　東京都千代田区一番
- 氏名　鈴木　太一

表側（右から）
- （編製事項省略）
- （出生事項省略）　父 鈴木太郎　母 花子　長男　出生 昭和五拾年七月弐日　太一
- （婚姻事項省略）　平成弐拾参年拾弐月拾四日茨城県阿見町中央三番高橋みゆき同籍ともよを認知届出㊞

裏側
- （出生事項省略）　父 田中一夫　母 一子　長女　出生 昭和五拾参年壱月六日　一美
- （婚姻事項省略）　父 鈴木太一　母 一美　長女　出生 平成拾七年参月参日　みゆ

資料⑤-3　認知された子（高橋ともよ）の戸籍

裏（左）・表（右）

- 籍本　茨城県阿見町中央三番
- 氏名　高橋　みゆき

表側（右から）
- （編製事項（省略））
- 出生事項（省略）　子の出生届出平成弐拾参年拾弐月拾六日茨城県阿見町中央三番高橋雪男戸籍から入籍㊞
- 父 高橋雪男　母 道子　長女　出生 平成参年六月拾一日　みゆき

裏側
- 出生事項（省略）　平成弐拾参年拾弐月拾四日東京都千代田区一番鈴木太一認知届出同月弐拾七日同区長から送付㊞
- 父 鈴木太一　母 高橋みゆき　長男　出生 平成弐拾参年拾月拾日　ともよ

56

4　子どもが夫の子どもではないとき

1　嫡出否認の訴え

民法772条2項は，婚姻成立の日から200日を経過した後，または離婚などによって婚姻を解消した日から300日以内に子どもが生まれた場合は，母親が婚姻中にその子を懐胎したと推定している(1)。しかし，母親が夫以外の男性と性交渉をもち，その結果として子どもを妊娠する場合もある。また，たとえば，妻が夫の暴力から逃れるために別居を始め，様々な理由でなかなか離婚できない場合もある。そして，長引く別居の間に，妻が夫以外の男性の子を妊娠することもある。このように様々な理由によって，妻が生んだ子どもが，その夫の子ではない場合があり得る。そのため，民法774条は嫡出推定が事実に反する場合には，**嫡出否認の訴え**◘ができる旨定めている(2)。ただし，この嫡出否認の訴えができるのは，原則として夫のみである(3)。なぜならば，誰でも訴えが可能であるとすると，嫡出子の親子関係が極めて不安定なものになってしまい，子どもの福祉に反するからである。

嫡出否認の訴えは，子どもまたは親権を行う母親に対して行う。もし，母親が親権を行使していない場合やそもそも母親が生存していない場合には，家庭裁判所が特別代理人を選任する（民775条）。

ところで，夫が無制限に嫡出否認の訴えを提起できると，子どもの身分が不安定になり，子どもの福祉に反するおそれがある。そのため，夫が嫡出否認の訴えを提起できる期間は，子が生まれたことを知ったときから1年以内に制限されている（民777条）。さらに，子が生まれたことを知ったときから1年以内であっても，夫が子の出生後に嫡出子であることを承認した場合には，嫡出

---

(1) ➡Ⅲ－2「結婚しないと子どもを生めないの？：婚姻と親子関係」

◘ 嫡出否認の訴え：嫡出推定が事実に反する場合に，父親とされた夫が嫡出推定を争うことができる。

(2) ➡嫡出否認の訴えは，嫡出推定を否定するものである。そのため，嫡出推定を受けない嫡出子や嫡出推定の及ばない嫡出子の父子関係を否定する場合には，親子関係不存在確認の訴えによることになる（Ⅲ－2「結婚しないと子どもを生めないの？：婚姻と親子関係」参照）。

(3) ➡2021（令和3）年2月9日の法制審議会民法（親子法制）部会の中間試案では，子どもや母親にも否認権を認めることが検討されている。41頁〈最新情報〉も参照。

否認の訴えを提起できなくなる（民776条）。これを，「嫡出性の承認」と呼んでいる。ただし，嫡出性の承認とは，その子どもが自分の嫡出子であるという積極的な承認でなければならないとされている。単に，**命名**ᵇしたり，**出生届**ᵇを出しただけでは嫡出性の承認にはならないとされる。

② 「300日問題」

　2007(平成19)年初頭から，離婚後に生まれた子が前夫の子として扱われることに対してマスコミを中心に議論になった。いわゆる「300日問題」である。マスコミによって，様々なタイプのケースが報道されており，簡単に法的問題を特定して論じることは難しい。ただ，概ね共通している問題意識として，このような問題が生じる原因として，離婚後300日もたって生まれた子どもを前夫の嫡出子とする民法772条があげられるようになり，「300日問題」といわれるようになった。前夫の子どもにされることを嫌い，そもそも子どもが生まれても，出生届を提出しないケースもある。その結果，子どもが戸籍に記載されないなどの無戸籍児の問題にもつながっている⁽⁴⁾。

　300日問題に関するメディアによる一連の報道を通して，子どもの懐胎時期も大きく分けて2種類あることが指摘されるようになっている。①離婚後に子どもを懐胎したにもかかわらず，早産などで離婚後300日以内に生まれてしまった場合，②離婚に至る前，多くは別居段階で妊娠し，離婚後300日以内に子どもが生まれた場合，あるいは，そもそも離婚しておらず別居中に夫以外の男性の子どもを出産した場合である。①の場合については，法務省民事局長名で「婚姻の解消又は取消し後300日以内に生まれた子の出生の届出の取扱いについて（通達）」が出された。この通達によって，子の懐胎時期が婚姻の解消

ᵇ 成年被後見人➡Ⅸ-1「新しい成年後見制度」
ᵇ 命名➡Ⅲ-1「子どもの出生と名前」
ᵇ 出生届➡Ⅲ-1「子どもの出生と名前」
(4)➡コラム②「家庭内暴力と無戸籍児」

後であることを医師が証明し，その証明書を提出することによって民法772条の推定が及ばないものとして，出生届を提出することができるようになった。その結果，たとえば母が再婚しているのであれば再婚相手の嫡出子として届け出ることが可能になったのである。しかし，②の場合には婚姻中の貞操義務に反しているとして，批判も強く，未だ解決していない。

③ 親子法改正議論

　300日問題などもあり，現在親子法の改正議論が盛んである。300日問題では民法772条が槍玉にあげられた。確かに，現状の嫡出推定を改正する必要性は存在する。立法論として，婚姻後に生まれた子は夫の子と推定するという規定を置くべきであるという意見もある（二宮周平『家族法〔第5版〕』新世社，2019年，182頁）[5]。ただし，このとき注意しなければいけないのは，民法772条は「離婚」ではなく，「婚姻の解消」から300日以内に生まれた子に対して適用される。その結果，離婚だけではなく，夫の死亡によって婚姻が解消された場合にも適用されるのである。たとえば，交通事故で突如夫が死亡した場合も含まれるのであり，そのような場合には夫の死亡後300日以内に生まれた子を死んだ夫の嫡出子とすることができるのである。このため，単純に民法772条を削除すれば，別の問題が発生する点は注意を要する。

　また，嫡出否認の訴えについても問題がある。現行法では「夫のみ」が嫡出否認の訴えを提起できる。したがって，前夫の子どもではないのに，前夫の子どもとして嫡出推定されてしまったときに，母親や子どもが嫡出否認の訴えを提起し，父子関係を正すことができない。このため，母親や子どもにも嫡出否認の訴えを提起できるように改正すべきことが主張されている。

---

(5) ➡ 2021（令和3）年2月9日の法制審議会民法（親子法制）部会の中間試案も同様の方針を示している。「最新情報」も参照。

参考文献：300日問題に関する初学者にもわかりやすい文献として，大村敦志「『300日問題』とは何か」ジュリスト1342号（2007年）2-9頁，本山敦「いわゆる『300日問題』とは何か──その背景と対応」法学教室325号（2007年）6-11頁などがある。

5　生殖補助医療と親子関係⑴：人工授精と体外受精

1　生殖補助医療の発達と民法特例法

　生殖補助医療が現在も発達し続けている。このような現状を鑑み，「生殖補助医療の提供等及びこれにより出生した子の親子関係に関する民法の特例に関する法律（以下，単に「民法特例法」という）」が2020年に成立した。

　民法特例法において「生殖補助医療」とは，人工授精，体外受精，体外受精胚移植を用いた医療をいうものとされる（民法特例法2条1項）。そして，「人工授精」とは，男性から提供され，処置された精子を，女性の生殖器に注入することをいい，「体外受精」とは，女性の卵巣から採取され，処置された未受精卵を，男性から提供され，処置された精子により受精させることをいい，「体外受精胚移植」とは，体外受精により生じた胚を女性の子宮に移植することをいうものとされる（同条2項）。民法特例法によれば，生殖補助医療は，不妊治療として，その提供を受ける者の心身の状況等に応じて，適切に行われるようにするとともに，これにより懐胎および出産をすることとなる女性の健康の保護が図られなければならないとされる（民法特例法3条1項）。また，生殖補助医療の実施に当たっては，必要かつ適切な説明が行われ，各当事者の十分な理解を得た上で，その意思に基づいて行われるようにしなければならない（同条2項）。そして，生殖補助医療の問題は，今いる当事者だけの問題ではなく，将来生まれてくる子どもをも巻き込む問題である。そのため，民法特例法も基本理念として，生殖補助医療により生まれる子どもについては，心身ともに健やかに生まれ，かつ，育つことができるよう必要な配慮がなされるものと定めている（同条4項）。ただし，障害者団体から「優生思想につながりかね

ない」と条文の削除を求める要望書が出されていた[1]。

2　人工授精と親子関係

　人工授精には，夫の精子を用いる配偶者間人工授精（AIH）と夫以外の精子を用いる非配偶者間人工授精（AID）がある。夫の精子を用いて人工授精を行い出産した場合，基本的に生まれてきた子どもは民法 772 条の**嫡出推定**▪を受け，嫡出子となる。しかし，精子は冷凍保存することが可能であるため，夫の死亡後にそれを用いて，妊娠・出産することができる。この場合，夫の死亡後 300 日以内に子どもが生まれなければ，嫡出推定を受けることができない（民 772 条 2 項）。そのため，死んだ夫に対して認知請求をすることが考えられる。しかし，最高裁は，以下のような理由を述べ，親子関係の成立は認められないとしている（最判平 18・9・4 民集 60 巻 7 号 2563 頁）[2]。すなわち，①死後懐胎子と死亡した親との間に，法律上の親子関係を形成させるかどうかの問題は，本来的には，人工生殖に関する生命倫理，生まれてくる子の福祉，親子関係や親族関係を形成されることになる関係者の意識，さらには社会一般の考え方など多角的な観点からの検討を行う必要がある。そのため，②死後懐胎子と死亡した親との間に親子関係を認めるかどうかは，立法によって解決されるべき問題であるといわなければならず，そのような立法がない以上，死後懐胎子と死亡した父との間の法律上の親子関係の形成は認められない，とした。

　夫以外の男性の精子を使用して人工授精を行う場合について，判例においては，夫の「同意」を得ていたかで判断が分かれてきた。夫の同意を得て，人工授精が行われた場合には，子どもに嫡出推定が及ぶとされ，親子関係が存在しないことを主張できないとされた（東京高決平 10・9・16 家月 51 巻 3 号 165 頁）[3]。

---

(1)➡朝日新聞 2020 年 12 月 3 日朝刊 13 版 3 頁〔三輪さち子〕。

▪ 嫡出推定➡Ⅲ-2「結婚しないと子どもを生めないの？：婚姻と親子関係」

(2)➡最判平 18・9・4 民集 60 巻 7 号 2563 頁：夫が大量の放射線治療を受けるため精子を冷凍保存した後，死亡した。妻は医師に夫の死亡を伝えずに，保存した精子を用いて体外受精によって妊娠・出産した。その後，妻が死後認知の訴えを起こしたものである。

(3)➡東京高決平 10・9・16 家月 51 巻 3 号 165

頁：夫の同意を得て，他人の精子を用いて人工授精を行い，妻は妊娠・出産した。しかし，その後離婚することになり，子どもの離婚後の親権をどちらがもつかで問題となった。その際，夫と子どもとの間には遺伝上の親子関係がないため，親権者になる余地はないと，妻側が主張した事案である。

これに対して，夫の同意を得ずに行われた場合には，夫から嫡出否認の訴えを起こすことができ，子どもの嫡出性が否定されている（大阪地判平 10・12・18 家月 51 巻 9 号 71 頁）[4]。そもそも，婚姻中の父母から生まれた子どもは嫡出推定を受ける（民 772 条）ため，他人の精子を用いて人工授精を行い生まれた子にも，嫡出推定が及ぶ。ただ，夫の子ではないため，夫は嫡出否認の訴えを起こし得る。しかし，夫が「同意」していた場合には，夫は子どもの嫡出性を承認したとして否認権を失うことになる（民 776 条）か，または，**信義則**▪によって，もはや夫は嫡出否認の権利を行使できないとされる[5]。民法特例法においても，妻が，夫の同意を得て，夫以外の男性の精子（その精子に由来する胚を含む。）を用いた生殖補助医療により懐胎した子どもについては，夫は嫡出否認をすることができないとされている（民法特例法 10 条）。

　ところで，「性同一性障害者の性別の取扱いの特例に関する法律」3 条 1 項によれば，家庭裁判所は，一定の条件を満たした性同一性障がい者の請求により，性別の取扱いの変更の審判をすることができる。性別の取扱いの変更の審判を受けた者は，民法その他の法令の適用について，原則として，その性別につき他の性別に変わったものとみなされる（性同一性障害者の性別の取扱いの特例に関する法律 4 条 1 項）[6]。そのため，性別の取扱いの変更の審判を受け男性へ変わった者であれば，女性と婚姻できる。このとき，夫以外の男性の精子を使用して人工授精を行うのであれば，その妻が懐胎し，出産することも可能である。この場合，生まれてきた子どもは，戸籍上も夫の子どもではないことは明らかである。しかし，判例によれば，原則として民法 772 条の嫡出推定が及び，生まれてきた子どもは夫の嫡出子になる（最決平 25・12・10 民集 67 巻 9 号 1847 頁）。

---

[4]➡大阪地判平 10・12・18 家月 51 巻 9 号 71 頁：妻が第三者の精子を用いた人工授精を行った結果，子どもが生まれた。しかし，夫が子どもの嫡出性の否認を求めた事案である。妻側は，夫が事前に第三者の精子を用いた人工授精について承認していたと主張したが，裁判所はそのような承認はなかったと判断した。

▪**信義則**➡「信義誠実の原則」のことである。権利の行使および義務の履行は，信義に従い誠実に行わなければならないとされてい

る（民 1 条 2 項）。

[5]➡高橋朋子・床谷文雄・棚村政行『民法 7 親族・相続（第 6 版）』（有斐閣，2020 年）156 頁，〔床谷文雄〕。

▪**嫡出推定の及ばない嫡出子**➡Ⅲ-2「結婚しないと子どもを生めないの？：婚姻と親子関係」

[6]➡コラム①「法的性別の取扱いの変更と戸籍」

6　生殖補助医療と親子関係⑵：代理懐胎

1　代理懐胎による出産の抱える問題

　　代理懐胎・代理出産には，多くのタイプが存在する。ここでは，ひとまず２つのタイプを紹介しておきたい。①依頼したカップルの卵子と精子を体外で受精した後，受精卵をカップルの女性とは異なる女性の体内に移し，妊娠・出産をしてもらう場合がある。一般的なイメージの「代理母」として語られるのはこのタイプであろう。②依頼したカップルの男性の精子をカップルの女性とは異なる女性の卵子に人工授精させることもできる。そして，卵子を提供した女性が妊娠し，出産する場合もある。①では，カップルの女性が遺伝上の母になり，妊娠・出産する女性が代理母であり，分娩上の母となる。②では，子どもを出産した女性が遺伝上の母親でもある。この他に，カップルの女性とは異なる女性の卵子を用いた上で，カップルの女性でもなく，卵子を提供した女性でもない３人目の女性が妊娠，出産することも可能である。

2　日本における状況

　　「生殖補助医療の提供等及びこれにより出生した子の親子関係に関する民法の特例に関する法律（以下，単に「民法特例法」という）⁽¹⁾」においては，代理懐胎については特に明文で禁止していない。しかし，同法９条において，女性が他人の卵子を用いた生殖補助医療により子どもを懐胎し，出産したときは，その出産をした女性がその子どもの母となることを定めている。そのため，これに従えば，代理懐胎を行った場合には，子どもを欲した女性や卵子を提供した女性ではなく，子どもを産んだ女性が母親となる。また，そもそも以下に説

(1)➡Ⅲ−5「生殖補助医療と親子関係⑴：人
　工授精と体外受精」

明するように日本において代理懐胎を行うことは基本的にできない。

　代理懐胎について，**厚生労働省の報告書**においては，まず夫の精子を妻以外の第三者に人工授精し妊娠・出産してもらう代理母と夫の精子と妻の卵子を体外受精して得た胚を妻以外の第三者の子宮に入れて，妊娠・出産してもらう借り腹の2種類をあわせて代理懐胎としている。その上で，代理懐胎は，人を専ら生殖の手段として扱い，また，第三者に多大な危険性を負わせるものであり，さらには，生まれてくる子の福祉の観点からも望ましいとは言えないものであることから，これを禁止するべきとの結論に達したとしている（なお，代理懐胎を禁止することに反対であるとし，将来再度検討するべきだとする少数意見も記述されている）。**日本産科婦人科学会の会告**も出されている。同会告においても，対価の有無を問わず代理懐胎は禁止されている。その理由については，①生まれてくる子の福祉を最優先するべきであること，②代理懐胎は身体的危険性・精神的負担をともなうこと，③家族関係を複雑にすること，④代理懐胎契約は倫理的に社会全体が許容していると認められないことがあげられている。会告に付されている解説によれば，理由①について，代理懐胎においては，依頼されて妊娠し子を産んだ代理母が，出産後に子を依頼者に引き渡すこと自体，妊娠と出産により育まれる母と子の絆を無視するものであり子どもの福祉に反するとされ，また，出産した女性が子どもの引渡しを拒否したりする場合などには，子どもの生活環境が著しく不安定になるだけでなく，子どもの精神発達過程において自己受容やアイデンティティの確立が困難となり，子ども本人に深い苦悩をもたらし得るとされる。

▫ 厚生科学審議会生殖補助医療部会「精子・卵子・胚の提供等による生殖補助医療制度の整備に関する報告書」（平成15年4月28日）（https://www.mhlw.go.jp/shingi/2003/04/s0428-5a.html#1，2021年1月31日アクセス）。
▫ 日本産婦人科学会の会告：第55回日本産科婦人科学会総会（平成15年4月12日）において承認されている。日本産婦人科学会のホームページにおいて閲覧可能である（http://www.jsog.or.jp/modules/statement/index.php?content_id=34，2021年1月31日アクセス）。

3 外国で代理懐胎した場合の親子関係

　日本では代理懐胎は行うことができないため，外国に行き代理懐胎を行う日本人夫婦も存在する。しかし，最決平 19・3・23 民集 61 巻 2 号 619 頁は母子関係の成立を否定している[2]。その理由は，①民法において，母子関係は懐胎，出産という客観的事実により当然に成立することが前提とされている。これに対して，②民法には，子どもを懐胎，出産していない女性を，子どもの母親とすべき趣旨をうかがわせる規定は見あたらない。③実親子関係は，公益および子の福祉に深くかかわるものであり，一義的に明確な基準によって一律に決せられるべきである。そのため，④現行民法の解釈としては，子を懐胎し，出産した女性を母親と解さなければならないとする。その結果として，子を懐胎，出産していない女性がたとえ卵子を提供していたとしても，その女性と子との間に母子関係の成立を認めることはできないとしたのである。なお，最高裁判所は，今後も代理出産の利用が予想される以上，代理出産を法制度上どのように取り扱うか検討されるべきであるとしている。その検討の際には，医学的な観点からの問題，関係者間に生ずることが予想される問題，生まれてくる子の福祉など諸問題につき，遺伝的なつながりのある子をもちたいという真摯な希望，他の女性に出産を依頼することについての社会一般の倫理感情を踏まえて，医療法制，親子法制の両面にわたる検討が必要であり，立法による速やかな対応が望まれるとした。さらに，最高裁判所は，補足意見として**特別養子縁組**◨を成立させる余地は十分にあるとしている。実際，夫が父親となるため，生まれてきた子どもを「非嫡出子」として扱うことに異論はないものと思われる。自己の非嫡出子を養子縁組することは可能であるから，生まれてきた子どもを養子縁組することで，妻との間に親子関係を成立させることは可能である。

---

(2)➡最決平 19・3・23 民集 61 巻 2 号 619 頁：日本人夫婦が，アメリカ合衆国において代理出産を行い，双子が生まれた。夫婦は，生まれた子どもたちを連れて帰国し，自分たちの嫡出子として出生届を提出した。しかし，代理出産であるため，夫婦の妻による出産の事実が認められず，夫婦と子どもたちの間には嫡出親子関係は認められないとして，出生届は受理されなかった。そのため，夫婦が出生届の受理を命ずることを申立てた事案である。

◨ **特別養子縁組**➡Ⅲ-8「他人の子どもを養子にする②：特別養子」

参考文献：石井美智子「代理母——何を議論すべきか」ジュリスト 1342 号（2007 年）10〜22 頁。

7　他人の子どもを養子にする(1)：普通養子

1 養 子 縁 組

　もし，子どもを連れて再婚した場合，その子どもと再婚相手との関係は法律上は親子にならない。なぜならば，離婚は婚姻関係の解消ではあっても，親子関係の解消ではないからである。したがって，親子関係は継続する。また，再婚しても，それは親とその配偶者の問題であり，親子関係にはそれだけでは影響しない。そのため，自動的に再婚相手と子どもとの間に親子関係を作り出すことはない。もし，子どもと再婚相手を法律上の親子にしたいのであれば，養子縁組[1]をする必要がある。

　日本の養子法は，家の後継者を得るという目的（家のための養子法）から，子どもを欲する者の希望をかなえるという目的（親のための養子法）へ変化した。そして，現在は，何らかの事情により，実親がいない子どもや，実親に問題などがあり実親の家庭で生活できない子どもに実親に代わる養育者を保障するという目的（子どものための養子法）へ変化することが目指されている。ただし，現実には，なお家の後継者を得ることを目的として養子制度が使われることも少なくない。

　また，養子縁組の多目的化も指摘されている。現在日本においては同性婚が認められていないため，同性カップルが養子縁組を利用することがある。この場合，当事者には一般的な親子になる意思はないのであり，本来の養子縁組制度の目的からは外れることになる。しかし，同性カップルであることをことさら取り上げて縁組意思を否定することは行き過ぎた介入であるとされる（二宮周平『家族法　第5版』新世社，2019年，208〜209頁）[2]。

---

(1)➡国際的な養子縁組について，Ⅶ-3「外国の子どもを養子にする：国際養子縁組」。
(2)➡養子縁組の多目的利用の他の例として，性的関係をもった姪を叔父が養子にした事案もある。最高裁判所は，この縁組を有効としている（最判昭46・10・22民集25巻7号985頁）。

2 普通養子

　法律上養子には，2種類ある。**普通養子**■と**特別養子**■である。以下では，ま
ず普通養子について説明する。普通養子は，養親となる者と養子となる者の間
で養子縁組をする意思が合致し，その縁組の意思を届け出ることによって成立
する（民799条, 739条）。養親になれる者は，成人でなければならず（民792
条），かつ養子となる者より年長者でなければならない（民793条）。「成人」で
あればよいので，婚姻による**成年擬制**■によって成年になった者も養親になれ
る。2018(平成30)年の民法改正（施行日は2022(令和4)年4月1日）により成年
年齢は18歳になる（新民4条）。しかし，2018(平成30)年の民法改正により民
法792条も改正されたため，養親については今後は「20歳に達した者」であ
ることが求められる。養親に対して，養子となる者は，未成年者である必要は
なく，成年者であってもよい。実際，日本における養子縁組の多くが成年者を
養子にする「**成年養子**■」である。

　普通養子縁組が成立すると，養子は，養親の**嫡出子**■の身分を取得する（民
809条）。また，養子の氏は，養親の氏になる（民810条本文）。ただし，養子が
婚姻によって氏を改めていた場合には，婚姻中は婚姻の際に定めた氏を称する
（同条ただし書）。そして，養子が未成年者であれば，養親の**親権**■に服すること
になる（民818条2項）。

　養子縁組は，離縁によって解消される。普通養子縁組の場合には，養親と養
子の協議によって，離縁をすることができる（民811条1項）。養子が15歳未
満であるときは，離縁後に養子の法定代理人となるべき者と養親との間の協議
によって離縁をすることになる（同条2項）。協議離縁が成立しないときには，
調停離縁，審判離縁，そして最終的には裁判離縁によることになる。裁判で離

■ **特別養子**➡Ⅲ-8「他人の子どもを養子にす
る(2)：特別養子」

■ **成年擬制**➡Ⅱ-3「婚姻届を出せない(2)：婚
姻の実質的要件①」

■ **成年養子**：成人後に普通養子縁組によって，
養親の嫡出子になった者のこと。理由は
様々だが，日本においては「家」を残す
ために行われることが多い。現在の養子
制度が未成年の子どものための制度を目
指しているのに対して，そのような制度
理解に反する使われ方である。また，家

意識を残存させることからも批判されて
いる。

■ **嫡出子**➡Ⅲ-2「結婚しないと子どもを生め
ないの？：婚姻と親子関係」

■ **親権**➡Ⅳ-1「親の子育て義務と子どもの権
利：親権と扶養義務」

縁が認められるためには，離縁原因が必要である。離縁原因は，①他の一方からの悪意の遺棄，②他の一方の3年以上の生死不明，③その他縁組を継続し難い重大な事由，である（民814条1項）。

③ 未成年者の養子縁組

　普通養子は養親となる者と養子となる者との間での意思の合致が必要である。しかし，養子となる者が15歳未満の未成年者であれば，親権者などの法定代理人が，未成年者に代わって縁組の承諾をすることができる（民797条1項）。これが，**代諾縁組**▫である。このため，15歳以上の未成年者であれば，自分で養子縁組をすることができる。もし，離婚に際して，親権者の他に**監護者**▫を定めた場合には，代諾縁組をする場合には，監護者の同意も必要である（同条2項）。これは，現に子どもを監護している監護者に無断で，親権者が勝手に養子縁組を行うことを防ぐためである。ただし，逆をいえば，離婚の際に親権者にもなれず，監護者にもなれなかった親の場合には，知らない間に自分の子どもが養子縁組される危険がある[3]。

　未成年者自ら養子縁組する場合にも，親権者などが代諾縁組する場合にも，原則は家庭裁判所の許可が必要である（民798条本文）。これは，家庭裁判所がチェックすることで，子の福祉に反するような養子縁組を防ぐ目的がある。ところが，自分の子や配偶者の子を養子にする場合には，家庭裁判所の許可はいらない（同条ただし書）。条文上は，「子」ではなく，「直系卑属」となっているため，祖父母が孫を養子にする場合も家庭裁判所の許可は不要である。

▫ 代諾縁組：15歳未満の未成年者が養子となるときには，未成年者自身ではなく，親権者などの法定代理人が，未成年者に代わって縁組の承諾をする（民797条）。

▫ 監護者➡Ⅵ-1「父母共同親権から単独親権へ」

(3)➡虐待が疑われ保護された子どもの親権者を離婚した実父へ変更するのを妨害するため，実母が再婚相手と養子縁組させた事件もある（名古屋高決平17・3・25家月57巻12号87頁）。

8 他人の子どもを養子にする(2)：特別養子

1 特別養子制度の成立と展開

　特別養子▪が導入される大きなきっかけは，1973（昭和48）年の菊田医師事件▪である。普通養子▪のみしかなかった当時は，戸籍に養子縁組の事実を記載せず，自分の子として育てたいという希望をかなえられないなどという事情があった。そして，「子どものための養子法」を目指して，1987（昭和62）年に「特別養子制度」が導入された。

　2019（令和元）年に特別養子制度の改正が行われた（2020（令和2）年4月1日施行）。2019年改正の背景として，児童養護施設などに，保護者がいないことや虐待を受けていることなどが原因で，多数の子どもが入所しており，その中には，特別養子縁組を成立させることにより，家庭において養育することが適切な子もいる。そのため，特別養子縁組の成立要件を緩和することなどにより，この制度をより利用しやすいものとする必要があった(1)。

2 特別養子をするための条件

　2019年改正前は，特別養子縁組をするためには，まず養子となる者が6歳未満でなければならなかった（旧民817条の5本文）。例外として，里子や連れ子のように，養子となる者が6歳になる前から養親となる者によって監護されていた場合，子どもが6歳以上8歳未満の場合でも縁組できた（同条ただし書）。実親との関係を断ち，新しく親子関係を形成するには，就学前の方がよいという考えによるものであった。しかし，児童福祉の現場などからは，年長の児童について，特別養子制度を利用することができないという問題が指摘され(2)，

▪特別養子：普通養子と異なり，特別養子縁組が成立した場合，実親との親子関係は終了し，養親と養子との離縁は原則として認められない。その他，普通養子縁組に比べ，多くの制限が存在する。
▪菊田医師事件：宮城県石巻市の菊田昇医師は，中絶を希望するものの，中絶の時期を逸してしまった女性に出産を勧め，生まれてきた子どもを，自分の子として育てたい人にあっせんしていた。その際，自分の子として育てたい女性がその子ど

もを出産したように出生証明書を偽造した。これによって，戸籍上もその女性の実子となるようにしたのである。
▪普通養子➡Ⅲ-7「他人の子どもを養子にする(1)：普通養子」
(1) 法務省「民法等の一部を改正する法律（特別養子関係）について」（http://www.moj.go.jp/MINJI/minji07_00248.html，2020年9月1日アクセス）。
(2) 法務省民事局「民法等の一部を改正する法律の概要」1頁（http://www.moj.go.jp/

2019 年改正により原則として 15 歳未満の者まで特別養子とすることが可能となった（民 817 条の 5 第 1 項前段）。例外として，15 歳に達する前から養親候補者が引き続き養育しており，かつ，15 歳に達するまでに特別養子縁組の請求がされなかったことについてやむを得ない事由があるときには，15 歳以上でも特別養子縁組の請求ができる（同条 2 項）。ただし，いずれにしても，特別養子縁組が成立するまでに 18 歳に達した者については特別養子縁組をすることはできない（同条 1 項後段）。また，養子となる者が 15 歳に達している場合には，特別養子縁組の成立には，その者の同意が必要である（同条 3 項）。

　養親となる者は，配偶者のある者でなければならない（民 817 条の 3 第 1 項）。そして，養親となる者は夫婦共同で縁組をしなければならない。ただし，夫婦の一方が他の一方の嫡出子（実子に限る）の養親となる場合には，夫婦の一方と子どもとの間で縁組できる（同条 2 項）。

　養親は夫婦のうちどちらか一方が 25 歳に達している必要がある。もし，養親となる夫婦の一方が 25 歳以上で，他方が 25 歳未満である場合には，25 歳未満のほうが 20 歳以上であれば，縁組できる（民 817 条の 4）。そして，特別養子縁組には実親の同意が必要である。ただし，実親がその意思を表示できない場合や実親による虐待などがある場合については，実親の同意は不要となる（民 817 条の 6）。同意が求められる父母が親権を有しているかどうかは問われず，親権が無くともその同意が必要である。これは，特別養子縁組が成立すれば，実親との親子関係が終了するという効果の大きさによるものである。

　家庭裁判所の審判も必要である（民 817 条の 2 第 1 項）。家庭裁判所は，養子となる子どもに対する父母の監護が著しく困難または不適当であることその他特別の事情がある場合に，子どもの利益のため特に必要があると認めるときに，

content/001310720.pdf，2020 年 9 月 1 日アクセス）。

特別養子縁組を成立させる（民 817 条の 7）。2019 年改正によって，特別養子縁組が成立するまでの審判が，特別養子適格の確認の審判（第 1 段階）と特別養子縁組の成立の審判（第 2 段階）の 2 段階になった（新家事 164 条，164 条の 2）。第 1 段階の特別養子適格の確認の審判は，実親による養育状況および実親の同意の有無等を判断する審判であり，第 2 段階の特別養子縁組の成立の審判は，養親子のマッチングを判断する審判である。特別養子縁組を成立させる際，家庭裁判所は養親となる者が養子となる者を 6 か月以上の期間監護した状況を考慮しなければならない（民 817 条の 8 第 1 項）。なお，家庭裁判所は，特別養子適格の確認の審判と特別養子縁組の成立の審判を同時にすることもできる（新家事 164 条 11 項）。

3　特別養子の効果

　普通養子と共通する点として，特別養子においても，養子は養親の嫡出子■の身分を取得できる（民 809 条）。養子は，養親の氏を称することになる（民 810 条）。養子は養親の親権■に服する（民 818 条 2 項）。普通養子縁組と異なる点として，養子と実親およびその血族■との親族■関係は，特別養子縁組によって終了する。ただし，夫婦の一方が他の一方の嫡出子（実子に限る）と特別養子縁組をする場合には，夫婦の他方は実親であるが，その実親およびその血族との親族関係は終了しない（民 817 条の 9）。

　特別養子縁組は，原則として離縁ができない。例外的に，①養親による虐待，悪意の遺棄その他養子の利益を著しく害する事由があり，かつ，②実親が相当の監護をすることができる場合に，養子の利益のため特に必要があると認められるときに，家庭裁判所は離縁させることができる（民 817 条の 10）。（髙橋大輔）

□ 嫡出子➡Ⅲ-2「結婚しないと子どもを生めないの？：婚姻と親子関係」
□ 親権➡Ⅳ-1「親の子育て義務と子どもの権利：親権と扶養義務」
□ 血族➡Ⅱ-3「婚姻届を出せない(2)：婚姻の実質的要件①」
□ 親族➡Ⅱ-3「婚姻届を出せない(2)：婚姻の実質的要件①」

Ⅳ 親子間の権利義務

1 親の子育て義務と子どもの権利：親権と扶養義務

1 親に育てられる子どもの権利

　児童の権利に関する条約7条1項によれば，児童には「できる限りその父母によって養育される権利」がある。同条約5条は，締約国に，父母等による児童への指示や指導を与える権利や義務を尊重することを求める。ただし，同条約5条によって締約国によって尊重される「指示や指導」とは，その児童の発達しつつある能力に適合する方法で適当なものであることが必要である。

　日本に目をむければ，民法は父母に「親権」という子どもを育てる権利を認め，同時に子どもを育てる義務を課している。親権の対象になるのは未成年の子どもである（民818条1項）。親権は権利であるだけではなく，同時に義務でもあるため，親権者が勝手に親権を放棄することは許されない。また，親権は権利の側面があるけれども，それは親のための権利ではなく，あくまでも「子の利益」のために存在する。このことは，民法820条が「親権を行う者は，子の利益のために子の監護及び教育をする権利を有し，義務を負う。」と規定していることからも明らかである。しかし，国家や社会が「子どものため」を理由に親権を安易に制限し，親子を分断するが如きは許されるべきではなく，慎重な態度が求められる。ところで，親権は親子の権利義務の重要な部分ではあるけれども，親子の権利義務は親権のみではない。そのため，離婚などによって親権者になれなかった親[(1)]も，**養育費**の義務など親権以外の親子間の権利義務を有している。子どもと一緒に生活していない親が子どもに会うこと

□ 児童：児童の権利に関する条約にいう「児童」とは，原則として18歳未満のすべての者をいうものとされる（児童の権利に関する条約1条）。
□ 親権：子どもを育てる親の権利義務のこと。大きく身上監護権と財産管理権に分けられる。
(1)➡ Ⅵ–1「父母共同親権から単独親権へ」
□ 養育費➡ Ⅵ–6「離婚後の子どもの養育費(1)：養育費っていくらぐらい？」，Ⅵ–7「離婚後の子どもの養育費(2)：養育費が払われ

なかったら？」

や電話などで連絡を取り合うことを請求できる**面会交流**▪については，筆者（高橋）は親権とは別個の権利義務と考えているため，親権の有無によって影響されないと考えている。しかし，学説上は面会交流と親権の関係だけではなく，そもそも面会交流の法的性質について議論がある。

2 身上監護権と財産管理権

　親権は，①身上監護権と②**財産管理権**▪に分けることができる。身上監護権とは，子どもの心身に関する権利義務であり，財産管理権とは子どもの財産を管理する権利義務である。身上監護権には，監護教育権（民 820 条），居所指定権（民 821 条），**懲戒権**▪（民 822 条），職業許可権（民 823 条）がある。職業許可権の「職業」には，他人に雇われることも含まれる。そのため，未成年の子どもがバイトをするのにも，親権者の許可を得なければならない。ただし，現在では労働基準法によって，親権者が子どもを代理して労働契約を締結したり，子どもの賃金を代わりに受け取ることは禁じられている（労基 58 条 1 項，59 条）。また，財産管理の中には，子どもの財産を管理することだけではなく，子どもを代理することも含まれる（民 824 条）。このとき親権者が子どもを代理できるのは，財産に関する行為に原則として限られる。

　親権は子どもの利益のために存在する。しかし，親権者の中には，懲戒権などを理由にして，子どもに対して暴力を振るったり，暴言を浴びせるなど，子どもの心身を著しく害する者もいる。**児童虐待**▪である。そのため，もし親の親権行使が子どものためにならないのであれば，場合によってはそのような親から親権を剥奪や制限する必要がある。民法は，そのような場合のために，「親権喪失制度」と「親権停止制度」などを用意している[(2)]。親権喪失が認め

- ▪**面会交流**➡Ⅵ-4「別れて暮らす家族に会いたい(1)：面会交流とは？」Ⅵ-5「別れて暮らす家族に会いたい(2)：それでも会わせてくれないとき」
- ▪**財産管理権**➡Ⅳ-3「子どものものは親のもの？」
- ▪**懲戒権**➡Ⅳ-4「児童虐待(1)：親の懲戒権と体罰」
- ▪**児童虐待**➡Ⅳ-4「児童虐待(1)：親の懲戒権と体罰」，Ⅳ-5「児童虐待(2)：早期発見と子どもの保護」，Ⅳ-6「児童虐待(3)：親権

の制限」
(2)➡Ⅳ-6「児童虐待(3)：親権の制限」

られれば，親権を特に期間を定めることなく失うことになる。これに対して，親権停止が認められれば，2年を超えない範囲で親権の行使ができなくなる。

2 養 育 費

　民法は，親子間での**扶養義務**▪を定めており（民877条1項），子どもから親に**養育費**▪を請求する場合にはこの規定が根拠となる。もし，子どもを具体的に養育している親から，他の一方へ養育費を請求するときには，父母が婚姻しているか，離婚しているかで違ってくる。まず，父母が婚姻している場合には，**婚姻費用分担**▪請求を行うことになる。なぜならば，そもそも婚姻している夫婦には，その資産，収入その他一切の事情を考慮して，婚姻から生じる費用を分担する義務がある（民760条）。そして，子どもの出産の費用，養育費，そして教育費なども，この婚姻費用の一環であると考えられているからである。これに対して，父母がすでに離婚している場合には，親子関係は消滅していないけれども，婚姻は解消されているので，婚姻による義務は存在しない。しかし，子どもと一緒に生活していない親にも，子どもを扶養する義務がある。まず離婚する段階であれば，協議離婚の場合，「子の監護に要する費用の分担」について父母の協議で定めることができる（民766条1項）。もし，協議が調わない場合や協議ができない場合には，家庭裁判所が定めることになる（民766条2項）。また，裁判離婚の場合には，裁判所が子の養育費について定めることができる（民771条，766条2項）。もし，離婚後に子どもを養育している親が，他方に請求していく場合には，子の監護に関する処分（民766条，家事39条，別表第二3項）として請求することができる。

▪**扶養義務**➡ Ⅷ-1「家族間の扶養(1)：生活保持義務」
▪**養育費**➡ Ⅵ-6「離婚後の子どもの養育費(1)：養育費っていくらぐらい？」，Ⅵ-7「離婚後の子どもの養育費(2)：養育費が払われなかったら？」
▪**婚姻費用分担**➡ Ⅱ-5「夫婦の役割分担」

2　誰が親権者になるの？

❶ 親権の当事者

　民法818条1項によれば，親権▪に服するのは未成年者である。ただし，未成年者が婚姻した場合には，成年擬制▪により成年として扱われ（民753条），もはや親権に服しない。2018(平成30)年の民法改正（施行日は2022(令和4)年4月1日）により成年年齢は18歳になる（新民4条）。このため，今後は親権に服するのは18歳未満の者になる。また，2018(平成30)年の民法改正により女性の婚姻年齢も16歳から18歳に引き上げられ（新民731条），未成年が婚姻することは法律上不可能となった。このため，成年擬制を定める民法753条も必要がなくなり，削除される。

　父母が婚姻していれば，父母が共同して親権を行使することになる（民818条3項）。もし，父母が婚姻していなければ，父母のどちらかが単独で親権を行使することになる。まず，子どもが生まれた後に父母が協議離婚した場合には，父母どちらかの単独親権になる。具体的にどちらにするかについては，まず父母間で父母どちらにするかを話し合いで決めることになる（民819条1項）。もし，父母の話し合いで合意できない場合には，裁判所が決める（同条5項）。裁判離婚の場合には，裁判所が父母の一方を親権者と定める（同条2項）。子どもが生まれる前に父母が離婚した場合，原則として母の単独親権になる。ただし，子どもが生まれた後で，父母間の協議で父親を親権者にすることもできる（同条3項）。非嫡出子の場合，原則として母の単独親権となる。ただし，父が認知していれば，父母の協議で父を親権者とすることもできる（同条4項）。単独親権者が定まったとしても，家庭裁判所は子どもの利益のために必要があ

▫ **親権**➡Ⅳ-1「親の子育て義務と子どもの権
利：親権と扶養義務」
▫ **成年擬制**➡Ⅱ-3「婚姻届を出せない⑵：婚
姻の実質的要件①」

れば，親権者を他の一方に変更することができる（同条 6 項）。

2　共同親権の原則

　父母が婚姻している場合には，父母が共同して親権を行使するのが原則である（民 818 条 3 項）。このとき問題となるのは，父母間で意見が分かれた場合である。この点について，法律は特に規定していない。父母間で合意できる場合はよいが，一緒に住んでいても意見が激しく対立している場合などは合意することが期待できない。そのため，法律上の規定を新たに制定することが求められている。解釈としては，子どもの人生において継続的な影響をもたらす重要事項については，家庭裁判所が父母の一方に親権行使を認める旨の審判ができるものと解すべきであり（民 819 条 5 項類推適用），また，親権行使をめぐって父母間に不和が生じたときは，夫婦間の協力扶助に関する処分（家事別表第二 1 項）の一環として，親権行使を一方に委ねる審判も考えられるとする見解も存在する（高橋朋子・床谷文雄・棚村政行『民法 7 親族・相続（第 6 版）』有斐閣，2020 年，190～191 頁，〔床谷文雄〕）。

　このように婚姻中は父母の共同親権とされるが，例外も認められる。たとえば病気などで父母の一方が親権を行使できない場合について，民法は他方による単独親権行使を認めている（民 818 条 3 項ただし書）。病気による場合以外にも，父母の一方が死んでしまった場合や親権を喪失・停止された場合，さらには行方不明になっている場合なども，単独親権になる。

3　例外的な場合

　親権者が未成年者である場合，未成年者の親が代わって親権を行使する（民

833条)。ただし，婚姻をした未成年者は，成年に達したものとみなされる(成年擬制，民753条)ため，自身で親権を行使することが可能であった。しかし，2018年の民法改正により成年擬制も廃止されたため，婚姻の有無によって親権行使の可否が変わることはなくなった。

　児童福祉施設に入所している児童 ￭ については，児童に親権者または未成年後見人がいないときは，親権者または未成年後見人が就任するまでの間，児童福祉施設の長が親権を行う(児福47条1項)。また，児童虐待などのために，一時保護 ￭ されている児童や里親などに委託中の児童で，親権者または未成年後見人がいない者に対しては，親権者または未成年後見人 ￭ が就任するまでの間，児童相談所長が親権を行う(児福33条の2第1項，47条2項)。これに対して，児童福祉施設に入所している児童や里親などに委託されている児童に，親権者または未成年後見人がいるときにも，児童などに関する監護，教育および懲戒に関し，児童福祉施設の長や里親などは，その児童等の福祉のため必要な措置をとることができる(児福47条3項)。また，一時保護が行われた児童に親権者や未成年後見人がいるときにも，児童相談所長は監護，教育及び懲戒に関し，その児童の福祉のため必要な措置を採ることができる(児福33の2第2項)。このとき，親権者や未成年後見人は，児童福祉施設長や里親，児童相談所長などによって，児童の福祉のためにとられた必要な措置を不当に妨げてはならないとされる(児福33の2第3項，47条4項)。

　養子縁組 ￭ の場合，養子は養親の親権に服するものとされている(民818条2項)。ただし，連れ子養子の場合など，養親が養子の実親の配偶者であるときには，養親と，その養親と婚姻している実親の共同親権になると考えられている。もし，子どもが未成年の間に離縁したときは，実親の親権に服する。

￭ 児童：児童福祉法における「児童」とは，満18歳に満たない者をいう(児福4条)。
￭ 一時保護➡Ⅳ-5「児童虐待(2)：早期発見と子どもの保護」
￭ 未成年後見人➡Ⅳ-7「親権者がいなくなったら：未成年後見」
￭ 養子縁組➡Ⅲ-7「他人の子どもを養子にする(1)：普通養子」，Ⅲ-8「他人の子どもを養子にする(2)：特別養子」

3　子どものものは親のもの？

1　未成年者の行為能力

　民法は，未成年者を「制限行為能力者」として一定の保護を与えている。このとき，「行為能力」とは一人で確定的に契約などを有効に結ぶことができる能力のことである。このような「行為能力」を制限されている者が「制限行為能力者」である。ただし，未成年者も婚姻すると「成年者」とみなされる（成年擬制▪）ため，制限行為能力者ではなくなる。未成年者が契約などを有効に結ぶためには，「法定代理人」の同意が必要である（民5条1項本文）。ただし，利益を受けるだけの場合や未成年者が義務を免れるような場合については，法定代理人の同意は不要である（民5条1項ただし書）。未成年者の「法定代理人」とは，多くの場合において親権者▪である父母である（民818条，819条）。なぜならば，子どもの財産を管理する権利が親権に含まれるからである（民824条）。もし，親権者がいないか，親権者が未成年者の財産管理権をもたない場合には，未成年後見人▪が未成年者の法定代理人になる（民838条）。

2　財産管理権

　親権は，身上監護権と財産管理権▪に分けられる。そのため，親権者は子どもの財産を管理し，その財産に関係する契約などを締結する際には，その子どもを「代表」するものとされている（民824条本文）。財産の管理には，単に子どもの財産が減ったり，価値が下がったりしないように保存するだけではなく，財産を利用することも含まれる。さらに，必要な場合には財産を処分することもできる。民法824条の「代表」とは「代理」の意味である。

▪成年擬制➡Ⅱ-3「婚姻届を出せない(2)：婚姻の実質的要件①」
▪親権者➡Ⅳ-2「誰が親権者になるの？」
▪未成年後見人➡Ⅳ-7「親権者がいなくなったら：未成年後見」
▪財産管理権：親権の一環として，親権者が子どもの財産を管理し，子どもの財産に関係する契約などを締結する際には，その子どもを代理する権利である。

子どもが成年に達したときは，親権者は遅滞なく管理の計算をする義務がある（民828条本文）。ただし，もし，子どもの財産から収益があった場合には，その収益は子どもの養育やその財産の管理費用と相殺したものとみなされる（同条ただし書）。このとき，子どもの養育や財産の管理に使っても，なお余るほどの収益があったとして，それを親権者が自分のものにするというのは，親の「収益権」を認めることになる。現在の「子どものための家族法」という理念からすれば，このような親の「収益権」は当然には認められず，学説を中心に批判されている。

親権者は，子どもの財産を管理する際には，「自己のためにするのと同一の注意」をしなければならない（民827条）。このような親権者の注意義務に対して，未成年後見人は「善良な管理者の注意」をしなければならない（善管注意義務，民869条，644条）。法学においては「自己のためにするのと同一の注意」よりは「善良な管理者の注意」の方が，より高い注意を求められる。親権者の注意義務が，未成年後見人の注意義務よりも軽減されているのは，「親」ということでより信頼されているためである。しかしながら，中には財産の管理を任せるのが不適当な親も少なくない。財産管理権を悪用する場合には，親権喪失や親権停止の原因になる（民834条，834条の2）。さらに，親権の中の財産管理権のみを喪失させることもできる（民835条）[1]。

3 利益相反行為

親権者と子どもとの間で利益が相反する行為（利益相反行為■）を行う場合には，親権者は子どものために特別代理人を選任することを家庭裁判所に請求しなければならない（民826条1項）。また，親権者が数人の子どもに対して親権

---

(1)➡Ⅳ-6「児童虐待(3)：親権の制限」
■利益相反行為：民法は，親権者の利益相反行為とは別に，代理人の自己契約と双方代理を禁止している（民108条）。自己契約とは，代理人がある人の代理をしながら，自分自身と契約することである。双方代理とは，ある人の代理人となって，双方の代理をして契約してしまうことである。民法826条は，民法108条が禁止している自己契約，双方代理に限定されることなく，親権者のために利益であって，子どもにとって不利益となる行為を禁止していると解されている。

を行使している場合において，子どものうちの一人と他の子どもの利益が相反する場合も，利益相反行為となる。このような場合にも，親権者はその一方のために特別代理人を選任することを家庭裁判所に請求しなければならない（民826条2項）。利益相反行為を親権者が特別代理人を選任せずに行った場合，その行為は無権代理行為となる（最判昭46・4・20家月24巻2号106頁）。そのため，子どもが成人してから，その追認をしなければ，子ども本人に対してその効力を生じない（民113条1項）。

　利益相反行為となるかどうかは，その行為の外形によって判断するという「外形説（形式的判断説）」が判例の立場である（最判昭37・10・2民集16巻10号2059頁など）。そのため，親権者と子どもとの間の契約は，原則として利益相反行為になる。ただ，親権者が子どもに財産を贈与する場合には，子どもに負担がともなわないのであれば，利益相反行為にはならない。

　親子間だけではなく，それ以外の者が関わってくる場合もある。たとえば，親権者が自分の借金のために子どもを連帯債務者や保証人とする場合には利益相反行為になる。また，親権者の借金のために，子どもの不動産を担保にするのも利益相反行為になる。しかし，親権者が子どもを代理して，子どもの所有する不動産を第三者の債務の担保にあてる行為は，外形的には親権者自身の利益を図るわけではないので利益相反行為にはならないとされた（最判平4・12・10民集46巻9号2727頁）。このような判例の立場に対して，親権者がそのような行為を行った動機や目的，その結果など一切の事情を考慮して判断するべきであるという「実質説（実質的判断説）」も有力に主張されている。

4　児童虐待⑴：親の懲戒権と体罰

1　児童虐待とは

　児童相談所での児童虐待の相談対応件数は，1990(平成 2)年度は 1,101 件だったのに対して，2019(令和元)年度は 193,780 件（速報値）に増加している（資料「児童虐待相談対応件数の推移」参照）。

　「児童虐待の防止等に関する法律（以下，「児童虐待防止法」という）」2 条によれば，児童虐待には，①身体的虐待，②性的虐待，③ネグレクト，④心理的虐待がある。①身体的虐待とは，児童▫の身体を傷つけたり，傷つけるおそれのある暴力を振るうことである（児虐 2 条 1 号）。②性的虐待とは，児童にわいせつな行為をしたり，わいせつな行為をさせることである（同条 2 号）。児童を強姦することが性的虐待にあたるのはいうまでもないが，アダルトビデオを見せるなどの行為も性的虐待である。③ネグレクトとは，児童に必要な監護を怠ることや，親以外の同居人（親の恋人など）による児童に対する身体的虐待，性的虐待や心理的虐待を親が放置することである（同条 3 号）。たとえば，成長するのに必要な食事を与えなかったり，生きていくのに必要な世話（おむつを換えるなど）をしないことである。児童だけをアパートにおいて，長時間家を離れるなどの「放置」もネグレクトになる。④心理的虐待とは，児童に著しい心理的外傷を与える言動を行うことや，夫から妻へ，あるいは妻から夫への暴力であるドメスティック・バイオレンス(DV)▫を行うことである（同条 4 号）。たとえば，児童を傷つける暴言を吐いたり，児童を無視することである。また，DV は児童に対して直接暴力を振るっているわけではない。しかし，児童は他者に対する暴力を経験することでも，その心が傷つくために，このような行為

▫ 児童：児童虐待防止法にいう「児童」とは，
　18 歳に満たない者をいう（児虐 2 条）。
▫ ドメスティック・バイオレンス（DV）➡ コ
　ラム②「家庭内暴力と無戸籍児」

も心理的虐待として定義されている。

2 親の懲戒権

　児童虐待について問題になるとき，よく聞かれるのは「これは躾であって，虐待ではない!!」という主張である。たしかに，これまでは日本に限らず世界的にも，親の体罰に対しては寛容であった。日本の民法においても，**親権者**◘は，子どもの監護・教育に必要な範囲内で，その子どもを懲戒することができると規定している（民822条）。2011（平成23）年の民法改正前は，単に「必要な範囲内で」懲戒することができるとされていたのに対して，改正後は「監護及び教育に必要な範囲内で」懲戒することができるとされている。これによって，

資料　児童虐待相談対応件数の推移

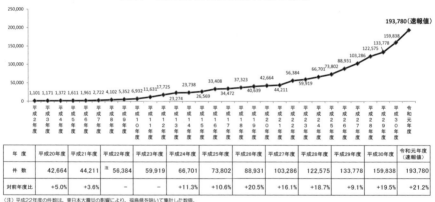

年　度	平成20年度	平成21年度	平成22年度	平成23年度	平成24年度	平成25年度	平成26年度	平成27年度	平成28年度	平成29年度	平成30年度	令和元年度 （速報値）
件　数	42,664	44,211	注 56,384	59,919	66,701	73,802	88,931	103,286	122,575	133,778	159,838	193,780
対前年度比	+5.0%	+3.6%	－	－	+11.3%	+10.6%	+20.5%	+16.1%	+18.7%	+9.1%	+19.5%	+21.2%

（注）平成22年度の件数は、東日本大震災の影響により、福島県を除いて集計した数値。

出所：厚生労働省「令和元年度 児童相談所での児童虐待相談対応件数〈速報値〉」1頁より[1]

◘ 親権者➡Ⅳ-2「誰が親権者になるの？」
(1)　https://www.mhlw.go.jp/content/000
696156.pdf，2020年12月29日アクセス。

「何に」必要な範囲内で懲戒することができるのかが，明確にされた。

これまで，この「懲戒」には体罰を加えることも含まれると解され，体罰を禁止する規定もなかったため，親による体罰は許されてきた。しかし，子どもの人権意識の高まりや児童虐待に対する問題意識の高まりを受け，親の体罰に否定的な見解が強くなってきた。さらに，児童の権利に関する条約19条1項は，締約国に，児童に対する父母などによる身体的・精神的な暴力，傷害，虐待などからその児童を保護するため，すべての適当な立法上，行政上，社会上および教育上の措置をとることを求めている。

3 体罰の禁止

このような社会的な動きの中で，2019(令和元)年に「児童虐待防止対策の強化を図るための児童福祉法等の一部を改正する法律」が成立し，それにより児童虐待防止法も改正された。改正された児童虐待防止法14条1項は，親権者が児童のしつけに際して，体罰を加えることを禁止している（2020(令和2)年4月1日施行）。2021(令和3)年2月9日の法制審議会民法（親子法制）部会の中間試案において，民法上も体罰を禁止することが提案されている(2)。しかし，そもそも体罰の範囲はあいまいである。教師の懲戒権に関して最高裁判所は，単に有形力の行使があったかどうかによって判断するのではなく，そのような行為の目的など諸事情を考慮して判断するとした（最判平21・4・28民集63巻4号904頁■）。このような基準で「体罰」が判断されるのであれば，自分の行為がいつ虐待になるかわからず，多くの親権者は自らの懲戒や教育を萎縮してしまう危険がある。

---

(2)➡41頁〈最新情報〉。

■最判平21・4・28民集63巻4号904頁：小学校6年生の児童数人に対して，じゃれつくように蹴るなどの悪ふざけをした小学校2年生の児童を，小学校教員が制止した。その後，この教員が職員室へ向かおうとしたところ，その2年生の児童は教員の臀部付近を2回蹴って，逃げ出した。教員は，児童を追いかけて捕まえ，その胸元をつかんで壁に押し当て，大声で「もう，すんなよ。」と叱った。この行為が，体罰にあたるのかについて争われた。最高裁判所は，この行為が，児童への罰としてではなく，悪ふざけをしないように指導をするために有形力を行使していることを踏まえ，行為の目的，態様，継続時間等から判断して，教員が児童に対して行うことが許される教育的指導の範囲を逸脱するものではないとして，学校教育法11条ただし書の体罰にはあたらないとした。

5　児童虐待⑵：早期発見と子どもの保護

1　児童虐待の通告「189」

　児童虐待は，家庭内で行われることが多いため，外部から把握することが難しい。そのため，社会が児童虐待に関心をもつことが重要である。厚生労働省では，毎年11月を「児童虐待防止推進月間」と定め，児童虐待防止のための広報・啓発活動などを集中的に実施している（資料「令和2年度「児童虐待防止推進月間」ポスター」参照）。

　また，児童虐待から子どもを救うためには，児童相談所を中心とする関係機関が虐待の事実を迅速に把握することが重要である。法的には，虐待を受けたと思われる子どもを発見した者には，児童相談所などへ速やかに通告する義務が課されている（児虐6条，児福25条）。このとき，通告先の1つとして，児童相談所虐待対応ダイヤルとして「189」がある。「189」にかけると，管轄の児童相談所に電話が転送され，匿名で通告などを行うこともできる。

　ところで，「児童相談所での虐待相談の経路別件数の推移[1]」によれば，2019（令和元）年度には「児童本人」から児童相談所へ1,663件（速報値）の相談がなされている。周囲の大人に児童虐待を発見することを期待するだけでは限界があるため，今後虐待を受けている子ども本人が通告できるようにすることがなお一層重要になってくる。

2　児童相談所などによる支援

　児童虐待の通告を受け，調査などが行われる。調査の結果，必要であれば児童相談所を中心として支援などが行われる。親子を分離する必要があれば，児

---

(1)➡厚生労働省「令和元年度　児童相談所での児童虐待相談対応件数〈速報値〉」4頁（https://www.mhlw.go.jp/content/000696156.pdf，2020年12月29日アクセス）。

資料　令和2年度「児童虐待防止推進月間」ポスター

出所：(厚生労働省「令和2年度「児童虐待防止推進月間」について」[2]より)

童相談所は，親の同意を得て子どもを児童養護施設や里親などに預けることが
できる（児福27条）。もし，親が同意しない場合には，家庭裁判所の承認を得
て児童養護施設や里親などに預けることができる（児福28条）。家庭裁判所の
承認を得てから子どもを親から分離していたのでは，子どもの安全が守れない
場合も存在する。そのため，家庭裁判所の承認を得る前であっても，児童相談

---

(2)➡厚生労働省「令和2年度「児童虐待防止
推進月間」について」は，https://www.
mhlw.go.jp/stf/newpage_14384.html，2020
年12月29日アクセスによる。また，掲載
したポスターについては，https://www.
mhlw.go.jp/content/11920000/000687386.
pdf，2020年12月29日アクセスによる。

所長は子どもを一時保護することができる（児福33条）。

　このとき，子どもを親から保護した場合，その親の**親権**▪が自動的になくなるわけではない。そのため，親権を根拠に児童養護施設や里親などに不当に介入してくる親も存在する。しかし，施設長や里親などがとった，監護や教育について子どものために必要な措置について，親権者は不当に妨げてはならないとされている（児福47条4項）(3)。また，児童相談所長などは，親と子どもとの面会や通信を制限することができる（児虐12条1項）。この面会・通信の制限は，家庭裁判所の承認を得て子どもを施設などに入所させた場合だけでなく，親が同意して入所させた場合や一時保護の場合にも可能である。しかし，これらの手段でも子どもを守れないのであれば，児童相談所長は，親権の喪失や親権の停止などを，家庭裁判所に請求することもできる（児福33条の7）(4)。

3　一時保護所の抱える問題と子どもシェルター

　児童相談所長によって一時保護がなされると，子どもは一時保護所（児福12条の4）や，一時保護委託先で生活することになる。一時保護は原則2か月を超えてはならないとされる（児福33条3項）。もし，一時保護の期間が2か月を超え，かつ，保護者の意思に反して一時保護を継続する場合には家庭裁判所の承認が必要である（児福33条4項，5項）。しかし，現在の一時保護所は子どもであふれており，プライバシーが保護されにくく，そもそも新たに子どもたちを受入れる余裕が少ない。それゆえ，10代の子どもたち（特に，中高生）にとって，一時保護所は必ずしも適切な環境とは言い難い。このような子どもたちのために，親からの一時的な避難所としてつくられたのが民間の「子どもシェルター」であり，今後拡充されることが期待される(5)。

▪**親権**➡Ⅳ-1「親の子育て義務と子どもの権利：親権と扶養義務」
(3)➡Ⅳ-2「誰が親権者になるの？」
(4)➡Ⅳ-6「児童虐待(3)：親権の制限」
(5)➡参考：社会福祉法人カリヨン子どもセンター（https://carillon-cc.or.jp/，2020年12月29日アクセス）。

6 児童虐待(3)：親権の制限

1 親権制限の必要性

　先にみたように，児童相談所を中心として児童虐待に介入し，支援をし，場合によっては，親子を分離することが可能である[1]。しかし，これらは児童相談所などが動いてくれた場合に初めて可能になるのであり，最大の当事者たる子ども自ら為すことはできない。また，一時保護などで親子を分離したとしても，**親権**▫はなお親に残っているのであり，子どものための医療行為（例：子どもの検査を認めない，予防接種を受けさせないなど），教育（例：子どもの意思を無視して，勝手に高校に退学届を出すなど），就業（例：バイトの許可を出さない，一度許可したバイトを正当な理由なく辞めさせるなど）などの場面で問題となる。その他にも，たとえば，母親が死に，子どもにその生命保険金が入ってきたところ，生存している父親が金銭にだらしなく，生命保険金を浪費してしまうなどの問題もある。

　また，そもそも親権は，子どもを養育するための権利であり，義務である。したがって，子どもの福祉を害するような行使は許されるべきではなく，そのような親権の不適切な行使に対して，民法は親権を制限する制度（親権喪失，親権停止，管理権喪失）を用意し，対応している（民 834 条以下）。なお，親権を制限されても，親子関係はなくならず，親権以外の親子間の権利義務は，なお存在し続ける。親権喪失，親権停止，管理権喪失の原因が消滅したときには，家庭裁判所は（元）親権者本人やその親族の請求によって，それらの審判を取り消すことができる（民 836 条）。

---

(1)➡ Ⅳ-5「児童虐待(2)：早期発見と子ども
　の保護」
▫ **親権**➡ Ⅳ-1「親の子育て義務と子どもの権
　利：親権と扶養義務」

② 親 権 喪 失

　親権喪失となるのは，①父母による虐待または悪意の遺棄があるときである。このとき，「悪意の遺棄」とは長期間にわたって子どもを放置するなどして，子どもの養育を著しく怠ることである。また，このような虐待や悪意の遺棄がなくとも，②父母による親権の行使が著しく困難なため，または不適当なために，子どもの利益が著しく害されることも，親権喪失の原因となる。このような親権喪失の原因がある場合には，①子ども，②子どもの親族，③未成年後見人や未成年後見監督人▫，④検察官は，家庭裁判所に対して親権喪失の審判を請求することができる（民834条）。2011(平成23)年の民法改正によって，新たに「子ども」自ら親権喪失の審判を請求することができるようになった。これら①〜④の請求権者は民法上定められているのに対して，児童福祉法により⑤児童相談所長も親権喪失を請求することができる（児福33条の7）。

　親権喪失の原因が2年以内に消滅する見込みがある場合には，親権を喪失させることはできない（民834条ただし書）。このような場合には，より制限が緩やかな「親権停止」を利用すべきだからである。

③ 親 権 停 止

　親権停止制度は，2011(平成23)年改正において，新たに導入された。すなわち，父母による親権の行使が困難であるため，または不適当であるために，子どもの利益を害するときには，①子ども，②子どもの親族，③未成年後見人や未成年後見監督人，④検察官は，家庭裁判所に親権停止の審判を請求できる（民834条の2第1項）。親権喪失の原因に比べ「著しく」という言葉が用いられず，より程度が低い場合を対象にしていることがわかる。なお，⑤児童相談

▫ 未成年後見人や未成年後見監督人➡Ⅳ-7
　「親権者がいなくなったら：未成年後見」

所長も親権停止を請求することができる（児福 33 条の 7）。親権停止ができる期間は，2 年以内である（民 834 条の 2 第 2 項）。そのため，家庭裁判所が，親権停止の原因が消滅するまでにかかると思われる期間，子どもの心身の状態や生活状況などを考えて，年を超えない範囲で親権停止期間を定めることができる。子ども自ら親権停止を請求した宮崎家審平 25・3・29 家月 65 巻 6 号 115 頁■においては，2 年間の親権停止が認められた。もし，親権を停止した期間内に状況が改善されず，親権の停止が終わってしまったのであれば，改めて親権停止の審判を請求するか，親権喪失の審判に切り替えて請求することになる。

　親権停止は，原則として親子の再統合が図られることを前提としている。このため，親権停止中も親子が交流をもつことが重要になる。このような点などを踏まえ，親権停止中も親は家庭裁判所に**面会交流**■を申し立てることができると解されている（飛澤知行編『一問一答平成 23 年民法等改正──児童虐待防止に向けた親権制度の見直し』商事法務，2011 年，47 頁）。

4 管理権喪失

　親権の財産管理権のみを喪失させる管理権喪失制度もある。民法は，父母による財産管理権の行使が困難であるため，または不適当であるために，子どもの利益を害するときには，①子ども，②子どもの親族，③未成年後見人や未成年後見監督人，④検察官の請求によって，家庭裁判所は財産管理権喪失の審判ができるとしている（民 835 条）。親権喪失制度と同様に，2011 年改正によって，子ども自ら財産管理権の喪失を請求できるようになった。なお，⑤児童相談所長も請求可能である（児福 33 条の 7）。

■ 宮崎家審平 25・3・29 家月 65 巻 6 号 115 頁：子どもの母親は出産後，入院中の子どもを置き去りにして病院から失踪した。子どもは以後基本的に，親せき宅で育てられた。その後，親戚に入学費用を出してもらって高校に入学したが，母親に勝手に退学届を提出され，退学を余儀なくされた。子どもは，原因不明の高熱を出して救急車で病院に運ばれ，親戚の同意により入院して治療を受けることができ，退院した。症状は一応治まっているけれども，母と養父が医療行為に同意しないため，詳しい検査は未了であり，今後再発の可能性もある。このため，子ども自ら，母と養父の親権停止を申し立てた。

■面会交流➡Ⅵ-4「別れて暮らす家族に会いたい(1)：面会交流とは？」

Column 4

医療ネグレクト

　医療ネグレクトの法律上の定義はないが，一般的には，子どもが病気やケガなどにより何らかの医療行為を必要としているにもかかわらず，親などが正当な理由がないのに当該医療行為を受けさせないことと理解されている（磯谷文明「医療ネグレクトに関する法的論点」『子ども虐待とネグレクト』12巻3号，2010年，354頁）。医療ネグレクトは，必ずしも宗教的な理由のみを原因とするわけではない。たとえば，治る見込みがない重い障がいをもって子どもが生まれてきた場合において，その子どもを育てる自信がないという理由で子どもに医療を受けさせないということもある。また，医療側に対する不信感から医療を受けさせないということもある。

　そもそも，医療行為，特に手術などは，ときに患者の心身に重大な侵害をともなう行為である。そのため，原則として医療行為を行うには，その医療行為を受けようとする患者の同意が必要になる。しかし，未成年者などは判断能力が不十分であると考えられるため，親権者などの法定代理人の同意が要求されるのである。

　このような子どもの医療への同意拒否への法的対応として，従来親権喪失宣告の申立てとそれを本案とする保全処分の申立てが利用されてきた（大阪家裁岸和田支審平17・2・15家月59巻4号135頁，名古屋家審平18・7・25家月59巻4号127頁など）。具体的には，親権者の職務執行を停止して，親権の職務代行者を選任する。そして，職務代行者は親権者に代わって医療行為に同意するのである。親権喪失を申し立てるだけでは，結論が出されるのに時間がかかってしまい，子どもの治療が手遅れになってしまうことから，より迅速な保全処分が合わせて申し立てられていた。しかし本来，親権喪失とは永

続的に親権を喪失させるのが目的であり，子どもの医療行為のためだけに親権を喪失させることは目的としていない。たとえば，子どもの治療に対しては宗教上の理由から同意できないものの，その他の子育てについては特に問題がないのであれば，永続的に親権を失わせることは，子どもにとっても最善の利益に合致するとは言い難い。2011（平成23）年に民法が改正され，新たに親権停止制度が導入された。これにより，一時的に親権を停止することが可能になったため，永続的に親権を喪失させる必要はなくなった。しかし，やはり親権停止の審判が確定するまでには時間を要するため，親権者の職務執行停止の保全処分（家事174条）が利用されている（東京家審平27・4・14家判5号103頁，東京家審平28・6・29家判10号100頁など）。

　このとき，我々が忘れてはならないのは，治療行為が常に100%成功するものではないことである。たとえば，手術の成功の確率が20%であり，失敗すれば子どもの命を奪う可能性が高く，もし，手術をしなければ少なくともあと10年は生きられるという場合に，はたして手術を行うべきか？もし，親があと10年生きられる方を選択した場合に，親の治療拒否であるとして，国家が無理やり手術にゴーサインを出してもいいのか？さらに，子どもの意思と親の意思が解離している場合には，どのように判断すべきか？先の例で言えば，親の意思とは別に，子どもは手術を受けることを希望していたらどうするのか？もし，「個別の事例ごとの判断」ということにするならば，そもそも国家が医療ネグレクトに介入せず，親の判断に委ねてもいいのではないかという意見もあり得る。結局，国家介入を行うのであれば，どこでバランスを取り，親のどのような選択と結論であれば許容するのかという本質的な問題について，考え続けねばならない。

（髙橋大輔）

7　親権者がいなくなったら：未成年後見

1　親権者がいなくなったら

　子どもが未成年の間は，原則としてその父母が**親権者**▪として子どもの法定代理人となる。しかし，父母が交通事故などで死亡した場合や，子どもに対する虐待を原因として父母の親権が喪失したり，父母の親権が停止している場合(1)などには，子どもには親権を行う者がいなくなってしまう。このような場合，特に父母が死亡し，未成年の子どもが父母の財産を相続した場合や父母の生命保険金を受け取った場合，財産の管理などに問題が生じる。未成年者は**制限行為能力者**▪であり，単独では有効な法律行為ができず，法定代理人の同意を必要とする。このため民法は，未成年の子どもに親権者がいない場合や，親権者がいたとしても財産管理権を有していない場合には，未成年後見を開始するとしている（民838条1号）。このような場合に親権者に代わって，子どもの利益を保護するのが未成年後見人である。しかし，**未成年後見人**▪は基本的には親以外の者がなるため，親と同等の愛情は期待できないとして，**未成年後見監督人**▪をおき，未成年後見人を監督させることができる。

2　未成年後見人は誰がなるか

　父母が死亡した場合，最後に親権を行っていた者は，遺言で未成年後見人を指定することができる（民839条1項）。また，父母の一方が親権をもってはいるものの，財産管理権はもっていない場合には，父母の他方が，未成年後見人を指定することができる（同条2項）。もし，遺言によって未成年後見人が指

▪**親権者**➡Ⅳ-2「誰が親権者になるの？」
(1)➡Ⅳ-6「児童虐待(3)：親権の制限」
▪**制限行為能力者**➡Ⅳ-3「子どものものは親のもの？」
▪**未成年後見人**：親権者に代わって，子どもの身上監護や財産管理を行う者のこと。
▪**未成年後見監督人**：未成年後見人の事務を監督する者のこと。

定されなかった場合には，子どもやその親族■，その他利害関係人の請求によって，家庭裁判所が未成年後見人を選任する（民840条1項）。

　父母が親権喪失や親権停止，管理権喪失などによって親権や財産管理権を行使できなくなった場合には，父母は遅滞なく未成年後見人の選任を家庭裁判所に請求しなければならない（民841条）。また，児童相談所長は子どもの福祉のために必要があるときは，家庭裁判所に対し未成年後見人の選任を請求しなければならない（児福33条の8第1項）。

　しかしながら，特に児童虐待の場合など，親との関係をもつことを嫌ったり子どもに対する責任の重さから，未成年後見人のなり手が少なく，現実には未成年後見人に代理してもらえない子どもも少なくない。このようななり手不足の問題も一因となり，2011(平成23)年の民法改正では，法人による未成年後見も認められるようになった（民840条3項参照）。さらに，以前は未成年後見人は1人しかなれなかった（改正前民842条）のに対して，複数の者が未成年後見人になることができるようになった（民840条2項）。

　ところで，未成年後見人は子どもの利益を守るのが仕事であるため，その子に対して訴訟を提起している者が未成年後見人になることは適当ではない。また，自身親権に服している未成年者が未成年後見人になることも適当ではない。そのため，民法は，未成年後見人の欠格事由を定め，これらの者が後見人になることを禁止している（民847条）。

3　未成年後見人は何をするのか

　未成年後見人は，子どもに対する監護教育権（民820条），居所指定権（民821条），懲戒権（民822条），職業許可権（民823条）について，親権者と同一

□ 親族➡Ⅱ-3「婚姻届を出せない(2)：婚姻の
実質的要件①」

の権利義務をもっている（民857条本文）。ただし，親権者が定めた教育の方法や居所などを変更するには，未成年後見監督人がいる場合，その同意を得なければならない（同条ただし書）。また，未成年後見人は親権者と同様に子どもの財産を管理し，その財産に関する契約などの法律行為を代理する（民859条1項）。しかし，親権者が自己のためにするのと同一の注意をもって，子どもの財産に対して財産管理権を行使する（民827条）のに対して，未成年後見人にはより高い注意義務が求められている。すなわち，未成年後見人には，善良な管理者としての注意が求められている（民869条，644条）。また，未成年後見人は，親権者と異なり，家庭裁判所や未成年後見監督人の監督を受けなければならない（民863条）。もし，未成年後見人が利益相反行為◘を行う場合には，親権者による利益相反行為の規定（民826条）が準用される（民860条本文）。ただし，未成年後見監督人がいる場合には，未成年後見監督人が特別代理人の代わりをすることになる（同条ただし書）。

4 未成年後見は，いつ終わるのか

　未成年者が成年に達したとき，親権者が出現したとき，そして未成年者が死亡したときに，未成年後見は終了する。また，未成年後見人は，正当な事由があるときには，家庭裁判所の許可を得て，後見を辞任することができる（民844条）。さらに，未成年後見人に不正な行為や著しい不行跡といった後見の任務を行うにあたってふさわしくない事由があるときには，家庭裁判所は後見監督人，子ども，子どもの親族などの請求によって，未成年後見人を解任することもできる（民846条）。未成年後見人が死亡した場合には，その未成年後見人による後見は終了する。

（髙橋大輔）

◘利益相反行為➡Ⅳ-3「子どものものは親の
もの？」

V 離　婚

1 離婚届の意味⑴：協議離婚

1 離婚とは？

　離婚とは，国家の法規範による承認を受けた男女の性的結合関係である法律婚を，国家の法規範が要求する方式に従って解消することである。日本では，婚姻について届出婚主義を採用している関係で，当事者が市区町村等に離婚を届け出て，これが受理されることで離婚が成立する協議離婚が原則とされており（民763条），離婚総数の9割近くを占めている。

　これに対し，欧米諸国では，キリスト教の影響のもと，神の恩恵を授けられて成立した婚姻は人間の意思では解消できない秘蹟とされていた（婚姻非解消主義）。18世紀末の市民革命の中で，夫婦の一方に有責原因がある場合に離婚が認められるようになり（有責主義），1970年代には，婚姻関係の破綻を唯一の離婚原因とする制度を採用する国々が登場した（破綻主義）。現在では，当事者の合意による離婚も認められたりしているが，婚姻について民事婚主義[1]を採用している関係で，すべての離婚について裁判所または行政庁の関与が前提とされている。

2 協議離婚の成立要件

　協議離婚の効力は，戸籍法の規定に従って，当事者双方および成年の証人2人以上が署名した書面または口頭により届け出ることによって生ずる（民764条による民739条の準用）。離婚届は，法令違反がないことを確認した後でなけ

---

(1)➡Ⅱ-1「夫婦になるために必要なこと」

れば，受理することができない（民765条1項）。すなわち，協議離婚の成立のためには，**離婚の実質的要件**としての法令違反がないことを確認した後，形式的要件としての届出が受理されることが必要ということになる。

　協議離婚の届出は，書面（資料⑥）によるのが一般的であり，原則として自署が要求される（戸29条）。もっとも，代署であっても，届書が受理されると届出は有効となる（民765条2項）。また，届書の市区町村等への提出は，第三者に委託したり郵送したりすることもできる。しかし，このような届書に関する取扱いは，離婚意思の合致を確認するという意味では不十分である。それゆえ，2007（平成19）年の戸籍法改正によって，市役所等に届け出た者が離婚当事者本人であるかを確認し（戸27条の2第1項），それが確認できない場合には，市区町村長は，届出の受理を本人に速やかに通知しなければならないことになった（同条2項）。

３ 離婚届の不受理申出

　離婚届の場合には，婚姻届の場合と異なり，添付書類である戸籍謄本や住民票も入手しやすく，届書に押印するための認印も複数存在しているなど，知らない間に離婚届が提出される危険性が高い。それにもかかわらず，離婚届を受理する戸籍事務担当者には**実質的審査権**がないため，当事者の離婚意思さえ十分に確認することができない。まして離婚の話し合いの中で，夫婦の財産関係の清算(2)，子どもの監護関係や養育費など(3)，重要な事項を取り決めておく必要があるにもかかわらず，これらを確認する方法もない。それゆえ，離婚届作成後の翻意を確保したり，追い出し離婚を予防したりするために，従来から戸籍実務では，事前に届不受理の申出をしておくと，相手方から提出された離

▪ **離婚の実質的要件**：民764条によって準用されている婚姻の実質的要件に関する規定は，民法738条と民法747条だけであるから，離婚の実質的要件は，成年被後見人が単独で離婚届を作成し届出るためには意思能力が必要であること，離婚は詐欺・強迫によって作成され届出られてはならないことの二つである。

▪ **実質的審査権**：日本の行政実務では，提出された届書や添付書類等が形式的にととのっていることを確認するだけであり

（形式的審査），提出された届書等の記載事項の内容が真実であることを調査し確認する権限（実質的審査権）はないとされている。

(2) ➡ V−7「離婚後の生活はどうなる(2)」
(3) ➡ 第VI章「離婚と子ども」

婚届が受理されない**不受理申出制度**▪が用意されていた。同制度については，2007年の戸籍法改正によって，戸籍法に明文規定が設けられた（戸27条の2第3項〜5項）。

❹ 離婚意思と離婚の届出意思

　離婚意思と離婚の届出意思とは通常一致するものである。しかし，事実上は夫婦関係を維持する意思をもちながら，他の目的のために離婚届を出す仮想離婚の場合がある。例えば，生活保護給付の受給継続のために，収入のある配偶者との離婚届を出した事例（最判昭38・11・28民集17巻11号1469頁），夫の債権者による強制執行を免れる目的で，離婚の際の財産分与によって夫の財産名義を妻に移すために離婚届を出した事例（最判昭57・3・26判時1041号66頁）がある。判例は，婚姻の場合と異なり(4)，離婚意思を届出意思と解し，いずれの場合にも離婚は有効とされた。

　離婚意思は，離婚届書の作成時だけでなく，届出時にも存在することが必要である。一度は離婚に同意して届書を作成したが，その後に翻意した場合，届出時に離婚意思がないことは明確であるから，相手方に対する翻意の表示がなくても，**協議離婚は無効**▪である（最判昭34・8・7民集13巻10号1251頁）。また，知らぬ間に離婚届が提出されたが，その後の調停において，離婚を前提に離婚慰謝料(5)を受ける合意をした場合には，離婚を追認したことになる（最判昭42・12・8家月20巻3号55頁）。無効な協議離婚の追認の効果は，離婚届提出時にさかのぼって，当該協議離婚を有効なものにすると考えられている。

▪**不受理申出制度**：離婚届だけでなく，婚姻届や養子縁組届・離縁届についても不受理申出書を提出しておくことができる。当初は各種届の不受理を認めるだけであったが，1971（昭和46）年には届書が誤って受け付けられた場合，市区町村長の職権で戸籍訂正できることになり，1976（昭和51）年には不受理申出制度が体系化された。
(4)➡Ⅱ-1「夫婦になるために必要なこと」
▪**協議離婚の無効**：協議離婚の無効に関する

規定は人事訴訟法にある（人訴2条1号）。通説・判例は，夫婦の一方の意思に基づかない離婚届は，無効確認の判決や審判がなくても当然に無効であり，利害関係者は，他の訴訟の前提問題として，離婚の無効を主張することができると解している（最判昭53・3・9家月31巻3号79頁）。
(5)　Ⅴ-6「離婚後の生活はどうなる⑴」

資料⑥　離婚届

離　婚　届

平成 25 年 9 月 20 日届出

長　殿

受理 平成　年　月　日		発送 平成　年　月　日
第　　　　号		
送付 平成　年　月　日		長印
第　　　　号		
書類調査	戸籍記載	記載調査	調査票	附票	住民票	通知

		夫 すずき たいち	妻 すずき かずみ
(1)	氏　名	鈴木 太一	鈴木 一美
	生年月日	昭和 50 年 7 月 2 日	昭和 53 年 1 月 6 日
	住　所（住民登録をしているところ）	東京都千代田区永田町二丁目 3 番 5 号	東京都文京区大塚二丁目 1 番 4 号
		世帯主の氏名 鈴木太一	世帯主の氏名 鈴木一美
(2)	本　籍（外国人のときは国籍だけを書いてください）	東京都千代田区 1 番	
		筆頭者の氏名 鈴木太一	
	父母の氏名父母との続き柄（他の養父母はその他の欄に書いてください）	夫の父 鈴木太郎　続き柄 長男	妻の父 田中一夫　続き柄 長女
		母 花子	母 一子
(3)(4)	離婚の種別	☑協議離婚 ☐調停 年 月 日成立 ☐審判 年 月 日確定	☐和解 年 月 日成立 ☐請求の認諾 年 月 日認諾 ☐判決 年 月 日確定
	婚姻前の氏にもどる者の本籍	☐夫 は ☐もとの戸籍にもどる ☐妻 　 ☐新しい戸籍をつくる	
			番地 番　筆頭者の氏名
(5)	未成年の子の氏名	夫が親権を行う子	妻が親権を行う子 鈴木みゆ
(6)(7)	同居の期間	平成 15 年 10 月から（同居を始めたとき）	平成 25 年 3 月まで（別居したとき）
(8)	別居する前の住所	東京都千代田区永田町二丁目 3 番地 5 号	
(9)	別居する前の世帯のおもな仕事と	☐1．農業だけまたは農業とその他の仕事を持っている世帯 ☐2．自由業・商工業・サービス業等を個人で経営している世帯 ☐3．企業・個人商店等（官公庁は除く）の常用勤労者世帯で勤め先の従業者数が1人から99人までの世帯（日々または1年未満の契約の雇用者は5） ☑4．3にあてはまらない常用勤労者世帯及び会社団体の役員の世帯（日々または1年未満の契約の雇用者は5） ☐5．1から4にあてはまらないその他の仕事をしている者のいる世帯 ☐6．仕事をしている者のいない世帯	
(10)	夫妻の職業	（国勢調査の年…　年…の4月1日から翌年3月31日までに届出をするときだけ書いてください）	
		夫の職業	妻の職業
	その他	戸籍法77条の2の届出を同時に届出する	
婚姻中の氏で署名押印してください。	届出人署名押印	夫 鈴木太一 印	妻 鈴木一美 印
	事件簿番号		住定年月日
			夫 ・ ・
			妻 ・ ・

記入の注意

鉛筆や消えやすいインキで書かないでください。
筆頭者の氏名欄には、戸籍のはじめに記載されている人の氏名を書いてください。
札幌市内の区役所に届け出る場合、届書は1通でけっこうです。（その他のところに届け出る場合は、直接、提出先にお確かめください。）
この届書を本籍地でない役場に出すときは、戸籍謄本または戸籍全部事項証明書も必要です。
そのほかに必要なもの　調停離婚のとき→調停調書の謄本
　　　　　　　　　　　審判離婚のとき→審判書の謄本と確定証明書
　　　　　　　　　　　和解離婚のとき→和解調書の謄本
　　　　　　　　　　　認諾離婚のとき→認諾調書の謄本
　　　　　　　　　　　判決離婚のとき→判決書の謄本と確定証明書

証　　　人　（協議離婚のときだけ必要です）		
署　　名 押　　印	山田　啓一　　印	山田　和美　印
生年月日	昭和54年4月2日	昭和52年11月3日
住　　所	東京都　中央区 築地四丁目5番8号	左に同じ 　　　番地 　　　番　　号
本　　籍	東京都　中央区 築地四丁目5番地	左に同じ 　　　番地 　　　番

父母がいま婚姻しているときは、母の氏は書かないで、名だけを書いてください。
養父母についても同じように書いてください。
□には、あてはまるものに☑のようにしるしをつけてください。

今後も離婚の際に称していた氏を称する場合には、左の欄には何も記載しないでください（この場合にはこの離婚届と同時に別の届書を提出する必要があります。）。

同居を始めたときの年月は、結婚式をあげた年月または同居を始めた年月のうち早いほうを書いてください。

届け出られた事項は、人口動態調査（統計法に基づく基幹統計調査、厚生労働省所管）にも用いられます。

未成年の子がいる場合は、次の□のあてはまるものにしるしをつけてください。
（面会交流）
　☑取決めをしている。
　□まだ決めていない。
（養育費の分担）
　☑取決めをしている。
　□まだ決めていない。

未成年の子がいる場合に父母が離婚をするときは、面会交流や養育費の分担など子の監護に必要な事項についても父母の協議で定めることとされています。この場合には、子の利益を最も優先して考えなければならないこととされています。

（筆者注）
1）署名は必ず本人が自著。
2）印は各自別々の印を押す。
3）届出時は届出人の印を持参。

2　離婚届の意味(2)：離婚と戸籍

1　離婚の届出と戸籍

　婚姻によって氏を改めた夫または妻は，協議離婚によって婚姻前の氏に復さなければならない（民767条1項）。この離婚による復氏強制■によって，鈴木太一・一美夫妻が離婚した場合，一美は自動的に田中一美に戻ることになる[1]。そして田中一美は，婚姻前の両親の戸籍に戻ることもできれば，離婚届書（資料⑥）に記載した新たな本籍地で，田中一美を筆頭者とする新戸籍を編纂してもらうこともできる。ただし，婚氏続称の届出（以下❸参照）をすると，鈴木一美を筆頭者とする新戸籍が編製される（資料⑦）。

　婚姻によって氏を改めなかった鈴木太一の戸籍は，そのまま離婚前と変わらない。その上で，太一の身分事項欄に離婚の届出の事実（届出の年月日と離婚の種別■）が記載されるとともに，離婚した妻・一美の欄に，除籍を意味する×印が記入される。夫妻の間に生まれた子どもの戸籍は，夫妻のいずれが親権者になるかにかかわらず，原則として離婚前の戸籍にそのまま残ることになる（子どもの氏と戸籍については，以下❷❸参照）。

2　離婚による復氏強制と子どもの氏の変更

　夫の氏を称する夫妻が大半であるため[2]，離婚により復氏を強制されるのは妻がほとんどである。これに対し，離婚後に未成年の子の単独親権者となる割合は母親が圧倒的に多く[3]，離婚により復氏を強制された母親と，父母の離婚によって氏や戸籍の変更を受けない未成年の子とが一緒に社会生活を送ることになる。しかし，母子の氏や戸籍が共同生活の実態を反映しないことになり，

■ **復氏強制**：明治民法では氏は家の呼称であり，妻は婚姻によって夫の家に入り夫の氏を称したが，離婚すると妻は実家に戻り実家の氏を称した（→図Ⅰ-1）。戦後，家制度が廃止されたにもかかわらず，婚姻の際の同氏強制と離婚の際の復氏強制は法律上維持されている。

(1)　国際結婚の場合は夫婦別姓が原則なので，離婚により当然に復氏することはない。➡Ⅶ-4「外国人と離婚する」

■ **離婚の種別**：離婚届には協議のほか，家庭裁判所の行う調停，審判，和解，認諾，判決の種別が記載されている（資料⑥）。協議離婚の場合には，離婚の届出により法的効果が発生する創設的届出であるのに対し，家庭裁判所の行う調停等による離婚の場合は，既に法的効果が発生した離婚の報告的届出である。離婚の種別は戸籍に記載される（資料⑦）。

(2)➡Ⅱ-2「婚姻届を出せない(1)」

(3)➡Ⅵ-1「父母共同親権から単独親権へ」

資料⑦　婚氏続称届出による鈴木一美を筆頭とする戸籍

裏				表			
		区一番鈴木太一戸籍から入籍 平成弐拾五年九月弐拾四日東京都千代田区長から送付同 平成弐拾五年九月弐拾日親権者を母と定める旨父母届出 （出生事項省略）		田区長から送付同区一番鈴木太一戸籍から入籍 同日戸籍法七十七条の二の届出同月弐拾四日東京都千代 平成弐拾五年九月弐拾日夫鈴木太一と協議離婚届出 （出生事項省略）		七条の二の届出 平成弐拾五年九月弐拾日戸籍法七十 平成弐拾五年九月弐拾四日編製	本籍 東京都文京区大塚二丁目一番
出生	父 母	出生 平成拾七年参月参日	みゆ	出生 昭和五拾参年壱月六日	父 田中 一夫 母 子	一美	氏 名 鈴木 一美
					女長		

社会生活上いろいろな不便や不利益を受けることになる。それゆえ，子が父または母と氏を異にする場合，子は家庭裁判所の許可を受け（家事別表第一 60 項），戸籍法の定めに従って届け出ることによって，父または母の氏に変更することができる（民 791 条 1 項，戸 38 条 2 項）。

　例えば，離婚後に鈴木みゆの単独親権者となった田中一美が，法定代理人■

■法定代理人：未成年の子が法律上の権利義務関係を発生させる契約のような法律行為を行う際，十分な社会経験や判断能力が備わっていない可能性を考え，法定代理人（親権者，未成年後見人）の同意を得なければならないとされている（民 5 条 1 項）。

としてみゆの氏の変更を家庭裁判所に申立て，家庭裁判所の許可を得た上で届け出れば，みゆの氏は田中に変更され，田中一美の戸籍に入籍することになる。その際，みゆは鈴木太一の戸籍から除籍され，身分事項欄に氏の変更許可と田中一美の戸籍への入籍の事実が記載される。しかし，子どもの氏の変更は，子どもの年齢によっては，学校生活をはじめとする社会生活に大きな影響を及ぼすものであり，子の意思の尊重が重要である[4]。

3 婚氏族称と子どもの氏

　女性の高学歴化・社会進出の活発化に伴ともなって婚姻中も働き続ける女性が増加してくると，離婚によって妻が婚姻中の氏を一切使用できなくなることは，専ら女性に不利益を強いるものであると批判されるようになった。こうした不利益を是正するため，国際女性年であった1976(昭和51)年に法改正が行われ，離婚によって復氏した夫または妻は，離婚から3か月以内に届け出れば，離婚の際に称していた氏を称することができるようになった（民767条2項）。

　具体的には，離婚によって田中の氏に復した一美は，戸籍法に従って婚氏続称の届出をする（戸77条の2）ことによって，鈴木一美を称することができる。この婚氏続称の届出は離婚の届出と一緒にすることもできる（資料⑥）から，鈴木みゆの単独親権者である一美は，離婚後新たに編製された鈴木一美を筆頭者とする戸籍にみゆを記載することができる（資料⑦）。その結果，父母の離婚によって鈴木みゆの氏は変更されないままとなり，同時に親権者である一美とも同氏を称することができるという点で，婚氏続称制度は，子どもの利益にも資するものとなっている。

---

(4)　子の意思の尊重の観点から，子どもが15歳以上の場合は，子自らが氏の変更を申し立てることとされ（民791条3項），また氏の変更後も，成年に達した時から1年以内に届け出れば，従前の氏に復することができる（民791条4項）。

3　離婚届を出せない(1)：離婚の種類

1　調停離婚

　夫妻の間で離婚に関する協議をしても合意が成立しない場合，原則として訴訟提起前に家庭裁判所に調停の申立て（**資料⑧**）をする必要がある（調停前置主義）（家事257条1項）。当事者がいきなり離婚訴訟を提起した場合にも，原則として家庭裁判所はこれを調停に付する（同条2項）。ただし，当事者が調停で解決する能力を欠いていたり，調停で解決する見込みが当初からないなど，家庭裁判所が調停に付することを相当でないと認めた例外的な場合[1]には，調停前置主義の適用はない（同条2項ただし書き）。

　調停は，家庭裁判所の調停委員会で行われる。調停委員会は，家事審判官1名と家事調停委員2名以上で構成され（家事248条），調停は非公開で行われる（家事33条）。事実の調査および必要な証拠調べは，家庭裁判所が職権で行う（家事258条1項2項，56条1項）。ただし，当事者も事実の調査および証拠調べに協力する義務を負っている（家事258条1項，56条2項）。

　最近の離婚調停の申立ては，妻が申し立てるものが約7割を占めており，また申立ての過半数は「性格が合わないこと」を理由としている。離婚調停では，離婚の合意だけでなく，離婚条件についても合意が成立するように調整する（図Ⅴ-1）。離婚や離婚条件について合意が成立すれば，これを調停調書に記載することによって調停は成立し，その記載は確定判決と同一の効力を有する（家事268条1項）。すなわち，同一の事件が訴訟上問題となっても，当事者は調停内容に反する主張をすることはできず，裁判所も調停調書に抵触する内容の裁判をすることはできない（既判力）。そして，この調停調書は，財産分与[2]

---

(1)　離婚調停の相手方が，病気や障がいのために判断能力が十分でない場合や意識がない場合，あるいは当事者間に深刻な意見対立があり，当初から意見調整の見込みがない場合などがある。
(2)　➡Ⅴ-6「離婚後の生活はどうなる(1)」Ⅴ-7「離婚後の生活はどうなる(2)」

資料⑧　夫婦関係等調整調停申立書

受付印	夫婦関係等調整調停申立書　事件名（　離婚　）
	（この欄に申立て1件あたり収入印紙1,200円分を貼ってください。）

収入印紙　　　　　円	
予納郵便切手　　　円	（貼った印紙に押印しないでください。）

東京　家庭裁判所 御中 平成 26 年 4 月 1 日	申 立 人 （又は法定代理人など） の記名押印	鈴 木 一 美　　　印	準口頭

添付書類	（審理のために必要な場合は、追加書類の提出をお願いすることがあります。） ☑ 戸籍謄本（全部事項証明書）　（内縁関係に関する申立ての場合は不要） ☑ （年金分割の申立てが含まれている場合）年金分割のための情報通知書 ☐

<table>
<tr><td rowspan="3">申立人</td><td>本 籍
（国 籍）</td><td colspan="2">（内縁関係に関する申立ての場合は、記入する必要はありません。）
東京 ㊞道府県　千代田区 1 番</td></tr>
<tr><td>住 所</td><td colspan="2">〒　－
東京都文京区大塚二丁目1番4号　（　　　　　方）</td></tr>
<tr><td>フリガナ
氏 名</td><td>スズキ　カズミ
鈴 木 一 美</td><td>大正
昭和 53 年 1 月 6 日生
平成
（ 36 歳）</td></tr>
<tr><td rowspan="3">相手方</td><td>本 籍
（国 籍）</td><td colspan="2">（内縁関係に関する申立ての場合は、記入する必要はありません。）
東京 ㊞道府県　千代田区 1 番</td></tr>
<tr><td>住 所</td><td colspan="2">〒　－
東京都千代田区永田町二丁目3番5号　（　　　　方）</td></tr>
<tr><td>フリガナ
氏 名</td><td>スズキ　タイチ
鈴 木 太 一</td><td>大正
昭和 50 年 7 月 2 日生
平成
（ 39 歳）</td></tr>
<tr><td rowspan="6">未成年の子</td><td>住 所</td><td>☑ 申立人と同居　／　☐ 相手方と同居
☐ その他（　　　　　　　　）</td><td>平成 17 年 3 月 3 日生
（ 9 歳）</td></tr>
<tr><td>フリガナ
氏 名</td><td>スズキ　ミユ
鈴 木 み ゆ</td><td></td></tr>
<tr><td>住 所</td><td>☐ 申立人と同居　／　☐ 相手方と同居
☐ その他（　　　　　　　　）</td><td>平成　　年　　月　　日生
（　　歳）</td></tr>
<tr><td>フリガナ
氏 名</td><td></td><td></td></tr>
<tr><td>住 所</td><td>☐ 申立人と同居　／　☐ 相手方と同居
☐ その他（　　　　　　　　）</td><td>平成　　年　　月　　日生
（　　歳）</td></tr>
<tr><td>フリガナ
氏 名</td><td></td><td></td></tr>
</table>

＊筆者注：申立て内容を知らせるために、この申立書の写しが相手方に送付されるため、相手方に知られてもよい住所を記載する。相手方に秘匿する希望がある場合は、この申立書とともに提出する「連絡先等の届出書」に、「非開示の希望に関する申出書」を付して提出する。

（注）　太枠の中だけ記入してください。未成年の子は、付随申立ての(1)、(2)又は(3)を選択したときのみ記入してください。　☐の部分は、該当するものにチェックしてください。

※ 申立ての趣旨は，当てはまる番号（1又は2，付随申立てについては(1)～(7)）を〇で囲んでください。
　□の部分は，該当するものにチェックしてください。
☆ 付随申立ての(6)を選択したときは，年金分割のための情報通知書の写しをとり，別紙として添付してください（その写しも相手方に送付されます。）。

申　立　て　の　趣　旨	
円　満　調　整	関　係　解　消
※ 1　申立人と相手方間の婚姻関係を円満に調整する。 2　申立人と相手方間の内縁関係を円満に調整する。	※ ①　申立人と相手方は離婚する。 2　申立人と相手方は内縁関係を解消する。 （付随申立て） ⑴　未成年の子の親権者を次のように定める。 　　　　　　　　　　　　　　　　については父。 　　　長女　みゆ　　　　　　　　については母。 ⑵　（□申立人／☑相手方）と未成年の子が面会交流する時期，方法などにつき定める。 ⑶　（□申立人／☑相手方）は，未成年の子の養育費として，1人当たり毎月（☑金　〇〇　円 ／ □相当額）を支払う。 ④　相手方は，申立人に財産分与として， 　　（☑金　〇〇　円 ／ □相当額 ）を支払う。 ⑤　相手方は，申立人に慰謝料として， 　　（☑金　〇〇　円 ／ □相当額 ）を支払う。 ⑥　申立人と相手方との間の別紙年金分割のための情報通知書（☆）記載の情報に係る年金分割についての請求すべき按分割合を， 　　（☑0.5 ／ □（　　　　　　　　　　）） と定める。 (7)

申　立　て　の　理　由				
同　居　・　別　居　の　時　期				
同居を始めた日…	昭和 ~~平成~~　15年　10月　10日	別居をした日…	昭和 ~~平成~~　25年　3月　3日	
申　立　て　の　動　機				

※当てはまる番号を〇で囲み，そのうち最も重要と思うものに◎を付けてください。

① 性格があわない	② 異性関係	◎ 暴力をふるう	④ 酒を飲みすぎる
5　性的不調和	6　浪費する	7　病　気	
8　精神的に虐待する	9　家族をすててかえりみない	10　家族と折合いが悪い	
11　同居に応じない	12　生活費を渡さない	13　そ　の　他	

夫婦 (2/2)

図Ⅴ－1　調停の進め方について

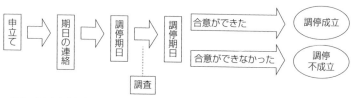

出所：東京家庭裁判所資料。

および子どもの親権や養育費[3]など一定の給付義務および給付請求権の存在を証明するとともに，法律によって執行力を付与された公の文書となる（債務名義・執行名義）。

2　審 判 離 婚

　離婚の合意はしたが，財産分与および子どもの親権や養育費などの離婚条件に関する僅かな意見の相違で調停が成立しないような場合，家庭裁判所が相当と認めるときは，家庭裁判所は職権で事件解決のために必要な審判をすることができる（家事284条1項）。この調停に代わる審判は，従来の家事審判法では，離婚などの乙類審判事件（一般に当事者間の紛争性が高い事件）については認められていなかった（家審24条2項）が，紛争の円満解決のための選択肢を増やす目的で，2011(平成23)年公布の家事事件手続法（家事審判法廃止）で新たに認められたものである[4]。離婚について審判が確定したときは，確定判決と同一の効力を有する（家事287条）。ただし，当事者から2週間以内に適法な異議が申し立てられると，審判の効力はなくなる（家事286条1項，同2項，同5項）。

---

(3) ➡Ⅵ「離婚と子ども」
(4)　2013(平成25)年に家事事件手続法が施行されてから審判件数は毎年増加しており，2018(平成30)年に審判離婚は1,096件に達し，離婚総数20万8,333件の0.53％を占めるまでになっている。

3 裁 判 離 婚

　離婚調停が成立せず，または審判が異議申立てにより失効した場合，離婚を求める当事者は，人事訴訟法に従って離婚訴訟を提起することになる。離婚訴訟中に離婚の合意が成立した場合，和解調書が作成され離婚が成立し（和解離婚），また離婚訴訟の被告が原告の主張を全面的に受け入れる場合にも離婚が成立する（認諾離婚）（人訴37条）。この和解離婚と認諾離婚は，2003（平成15）年に改正された人事訴訟法によって新設された制度である。和解離婚は毎年3,500件近くあるが，認諾離婚は財産分与や子の監護に関する裁判をする必要がない場合に限られ（人訴37条1項ただし書き），ほぼ利用されていない[5]。

　判決離婚は，法定の離婚原因（民770条1項）がある場合にのみ認められる。具体的離婚原因として，配偶者の不貞行為（同1号），悪意の遺棄（同2号），3年以上の生死不明（同3号），回復の見込みがない強度の精神病（同4号）が挙げられている[6]。その上で，その他婚姻を継続し難い重大な事由（同5号）という抽象的離婚原因が規定されている[7]。具体的離婚原因と抽象的離婚原因との関係については，1号〜4号に相当するとまでは言えない行為であっても，それによって婚姻関係が破綻したときは5号に該当しうると解されている。それゆえ，5号だけが単独で主張されることもあれば，1号〜4号と一緒に主張されることもある。

　これら1号〜4号の具体的離婚原因が存在する場合であっても，裁判所は婚姻の継続を相当と認めるときは，離婚請求を棄却することができる（民770条2項）。しかし，離婚請求の棄却が裁判官の婚姻観や倫理観に左右されるおそれがある[8]ため，その適用基準を法文に明記すべきと批判されている。

---

(5)　2018年には，離婚総数20万8,333件のうち和解離婚は3,354件（1.61％），認諾離婚は僅か11件であった。
(6)　➡V−4「離婚届を出せない(2)」
(7)　➡V−5「離婚届を出せない(3)」
(8)　いわゆる女冥利判決では，妻が「満50歳で，女性としては既に，その本来の使命を終わり，今後は云はば余生の如きもので，今後に於て，花咲く人生は到底之を期待し得ないと考えられる」とし，妻は夫と再び夫婦生活を送ることが幸福であるとして，妻の離婚請求は棄却された（東京地判昭30・5・6下民集6巻5号896頁）。

4　離婚届を出せない(2)：具体的離婚原因

1　配偶者の不貞行為

　不貞行為とは，夫婦としての**貞操義務**■に反する行為であり，配偶者のある者が自由な意思で行った配偶者以外の者との性的交渉を意味する。判例は，買春した夫の行為や売春した妻の行為（最判昭 38・6・4 家月 15 巻 9 号 179 頁）だけでなく，夫の強姦行為も不貞にあたるとした（最判昭 48・11・15 民集 27 巻 10 号 1323 頁）。ただし，妻が強姦の被害にあった場合には，自己の自由な意思によるものではないから不貞行為にはあたらない。

　不貞行為の場合，不貞行為を行った夫または妻に対して，配偶者から離婚請求ができるだけでなく，判例は，不貞行為の相手方に対しても，既婚者であることについて故意または過失がある限り，配偶者の法的地位を侵害したものとして，慰謝料（民 710 条）請求できるとした（最判昭 54・3・30 民集 33 巻 2 号 303 頁）。しかし，近年の判例は，不貞行為の当時すでに婚姻関係が破綻していた場合（最判平 8・3・26 民集 50 巻 4 号 993 頁），相手方が単に不貞行為に及ぶにとどまらず，当該夫婦を離婚のやむなきに至らしめたものと評価すべき特段の事情がない限り，離婚に伴う慰謝料を請求することはできないとした（最判平 31・2・19 民集 73 巻 2 号 187 頁）。

2　悪意の遺棄

　悪意の遺棄とは，正当な理由もなく同居・協力・扶助義務（民 752 条）あるいは婚姻費用分担義務（民 760 条）を継続的に果たさないことである。職業上の理由や病気療養など，正当な理由のある別居は，悪意の遺棄にあたらない[1]。

■**貞操義務**：夫婦の貞操義務に関する明文規定はない。しかし，不貞が離婚原因になっており，重婚が禁止されていること（民 732 条）などから，夫婦は相互に貞操義務を負うと解されている。

(1)➡Ⅱ-7「夫婦が別居したら」

判例は，配偶者を捨てて家出する，配偶者を追い出す，配偶者が出ていくように仕向けて復帰を拒むなどの行為が，悪意の遺棄にあたるとした（京都地判昭25・8・17 下民集 1 巻 8 号 1305 頁など）。

3　3 年以上の生死不明

　　配偶者の行方がわからない場合，生死不明の状態が 3 年以上継続していれば離婚が認められる（民 770 条 1 項 3 号）。生死不明の原因や責任は問わない（大津地判昭 25・7・27 下民集 1 巻 7 号 1150 頁）。配偶者が生死不明の場合，協議離婚や調停離婚ができず，また失踪宣告(2)により婚姻を解消するためには 7 年かかるため，検察官を相手に（人訴 12 条 3 項）離婚訴訟を提起できるようにしたのである。配偶者の所在がわからない場合でも生存が確実であれば，3 年以上の生死不明には該当しないから，「その他婚姻を継続し難い重大な事由」（同 5 号）を理由に離婚訴訟を提起することになる。

4　配偶者の強度の精神病

　　配偶者が強度の精神病にかかり，回復の見込みがないとき，離婚が認められる（民 770 条 1 項 4 号）。夫婦は協力・扶助義務を負っている(3)から，配偶者が強度の精神病になった場合，その者の療養に協力し療養生活を支える義務を負っている。それにもかかわらず，このような場合に離婚を許すことは，義務の放棄を認めることになる。それゆえ，判例は 4 号の適用にあたって慎重な態度を取ってきた。なお，精神疾患であっても，強度の精神病でない場合や回復の見込みがある場合には 4 号の規定には該当しないから，「その他婚姻を継続し難い重大な事由」（同 5 号）にあたるかの問題となる。

---

(2)➡Ⅸ−5「老親を看取る：本人の意思は」
(3)➡Ⅱ−5「夫婦の役割分担」

V 離婚

　判例は強度の精神病だけでは離婚を認めず，病者の今後の療養・生活等についてできる限り具体的方途を講じ，ある程度前途の見込みがついた上でなければ，民770条2項によって離婚を認めないとした（最判昭33・7・25民集12巻12号1823頁）。具体的方途が講じられたとして離婚を認めた判例では，病者である妻の実家の経済状態が良いこと，離婚を求める夫が妻の過去の療養費を全額支払い，将来の療養費についても可能な範囲で支払う意思を表明していること，夫が夫妻の間に生まれた子を養育していることなどの事情が考慮されていた（最判昭45・11・24民集24巻12号1943頁）。

　強度の精神病を理由に離婚訴訟を提起する場合，病者の権利擁護のために，成年後見開始の審判が家庭裁判所に請求され（民7条），成年後見人が選任される（民843条）(4)。すでに配偶者が病者の成年後見人になっている場合には，成年後見監督人が選任される（民849条の2）。配偶者は，これら成年後見人または成年後見監督人を被告として，離婚訴訟を行うこととなる（人訴14条）。その際，最高裁家庭局の指導的見解によれば，家庭裁判所における離婚調停や審判はできないものとされている。

　他の疾病などと区別して強度の精神病を離婚原因として明記することは，精神疾患に対する偏見を助長するおそれがある。また，一般的な婚姻破綻の問題として扱えばよいとの理由から，1996(平成8)年の民法改正要綱は4号の削除を提案していた。2012(平成24)年には，重度の精神疾患を含む障がい者が，個人の尊厳にふさわしい日常生活や社会生活を営めるように総合的支援を行うため，障害者総合支援法□が制定されている。したがって，強度の精神病による離婚の場合に配偶者に重い責任を課してきた従来の判例は見直す必要がある。

---

(4) ➡IX-2「誰が誰のために申し立てるの：成年後見人の選任」

□ 障害者総合支援法：障害者基本法の理念にのっとり，身体障害者福祉法，知的障害者福祉法，精神保健福祉法，児童福祉法が規定していた福祉施策を活用しつつ，障害者が社会で自立をした生活を営めるように支援する目的で，2005(平成17)年に障害者自立支援法が制定された。この法律を一部改正したものが，2012(平成24)年に制定された「障害者の日常生活及び社会生活を総合的に支援するための法律（障害者総合支援法）」である。

5　離婚届を出せない(3)：抽象的離婚原因

1 婚姻を継続し難い重大な事由

　　婚姻を継続し難い重大な事由（抽象的離婚原因）があるとき，夫婦の一方は，相手方に対して離婚訴訟を提起できる（民770条1項5号）。婚姻を継続し難い重大な事由とは，婚姻関係が深刻に破綻し，婚姻の本質に応じた共同生活の回復の見込みがないこと（婚姻の不治的破綻）を意味する。不治的破綻の判断にあたっては，婚姻中における夫妻の行為や態度，婚姻継続意思の有無，子の有無や状態，さらに夫妻の年齢・健康状態・性格・職業・資産収入など，一切の事情が総合的に考慮される。そして，不治的破綻と判断されるためには，離婚を請求する原告の立場に置かれた場合，通常人であれば誰でも離婚を求めることになるであろうと考えられる事情が必要であり，当事者の個別事情だけでなく，広く第三者の立場から見て客観的に離婚の請求が認められるような場合であることが必要と解されている。協議離婚が9割近くを占める日本の現状からすると，離婚訴訟にまで至る場合には，婚姻関係は不治的に破綻しているのが一般である。判例において婚姻を継続し難い重大な事由とされたケースの類型には，配偶者による暴力[1]，浪費・怠惰等，宗教活動[2]，性的異常・性的不能等，疾病・障がい[3]などがある。

2 有責配偶者の離婚請求

　　夫が家を出て妻以外の女性と同居し，長年別居している妻に対して離婚を求めたが，妻が離婚を承知しない場合，婚姻破綻の原因をつくった有責な夫（有責配偶者）からの離婚請求は，770条1項5号の抽象的離婚原因によって認め

---

[1] 2016(平成28)年の日本家族〈社会と法〉学会では，具体的離婚原因として「虐待又は暴行」を条文に明記することが提案されている（「家族法改正──その課題と立法提案」家族〈社会と法〉33号（2017年）139頁神谷遊）。➡コラム②家庭内暴力と無戸籍児

[2] 妻の過度の宗教活動を原因とした婚姻関係の破綻を認めた判決が多数あるが，その中でも「エホバの証人」（➡Ⅳ-4「子ども虐待(1)」）をめぐる事案が非常に多くなっている（東京高判平2・4・25判時1351号61頁，名古屋高判平10・3・11判時1725号144頁など）。

[3] アルツハイマー病とパーキンソン病にかかり，通常の会話もできず寝たきりとなった17歳年上の妻を世話していた夫については，婚姻破綻が認められた（長野地判平2・9・17家月43巻6号34頁）。脊髄小脳変性症にかかり運動障がいや言語障がいはあるが，知的障がいのない妻を見舞いもしない夫については否定された（名古屋高判平3・5・30判時1398号75頁）。

られるかが問題となる。最高裁は，当初は完全否定の態度をとった（最判昭
27・2・19民集6巻2号110頁）が，その後，有責性の小さい者から大きい者へ
の離婚請求（最判昭30・11・24民集9巻12号1837頁）や有責性が同程度である
場合の離婚請求（最判昭31・12・11民集10巻12号1537頁）を認め，態度を緩
和させてきた（消極的破綻主義）。さらに，婚姻破綻後に生じた他女との同棲は
婚姻破綻の原因にならないとして，夫の離婚請求を認めるに至った（最判昭
46・5・21民集25巻3号408頁）。これに対し，欧米諸国では1970年代半ば以降，
一定の別居期間を基準に婚姻破綻を認める積極的破綻主義をとる離婚法が次々
と誕生し，その影響を受けた学説を中心に積極的破綻主義への支持が拡大して
いった。

　1987(昭和62)年，最高裁は，有責配偶者からの離婚請求を条件付きで認める
方向へと転じ，離婚請求は，民法全体の指導理念である**信義誠実の原則**▫（民
1条2項）に照らしても容認されうる必要があるとした（最大判昭62・9・2民集
41巻6号1423頁）。その判断にあたって考慮すべき事情として，有責配偶者の
責任，相手方配偶者の婚姻継続の意思や有責者に対する感情，相手方配偶者の
精神的・社会的・経済的状態，夫婦間の未成熟子の監護・教育・福祉の状況[4]，
別居後に形成された生活関係，時の経過に伴う諸事情の変容や影響などがあげ
られた。その上で，離婚請求認容の3要件として，①夫婦の別居が当事者の年
齢・同居期間との対比において相当長期に及んでいること，②当事者間に未成
熟の子がいないこと，③離婚請求の認容が著しく社会正義に反するような特段
の事情が認められないことが必要である。特に③の特段の事情として，相手方
配偶者が離婚により精神的・社会的・経済的に極めて苛酷な状態におかれるこ
と（苛酷条項）をあげているが，それさえも，財産分与や慰謝料[5]によって解

▫信義誠実の原則：社会共同生活において，
　権利の行使や義務の履行は，互いに相手
　の信頼や期待を裏切らないように誠実に
　行わなければならないという法理である。
(4)　重度障害のある成年の子を未成熟子また
　はこれに準ずるものとして，付添介護する
　妻に対する夫（他女と婚姻を前提に同居）
　の離婚請求は信義則違反とされた（高松高
　判平22・11・26判タ1370号199頁）。
(5)➡Ⅴ-6「離婚後の生活はどうなる(1)」，Ⅴ
　-7「離婚後の生活はどうなる(2)」

決されるべきであるとする。

その後，最高裁が離婚を認めた別居期間の長さは，30 年・22 年・16 年・約 10 年と段々と短くなってきた（最判昭 62・11・24 判時 1256 号 28 頁，昭 63・2・12 判時 1268 号 33 頁，昭 63・4・7 判時 1293 号 94 頁，昭 63・12・8 家月 41 巻 3 号 145 頁）。特に信義誠実の原則との関係から，別居後における婚姻費用の分担状況や離婚に際しての多額の財産分与の提示など，離婚請求者の誠実さが重視されている（最判平 2・11・8 判時 1370 号 55 頁，平 6・2・8 判時 1505 号 59 頁）。

③ 法改正の方向性

1996（平成 8）年の民法改正要綱では，裁判離婚に関わる離婚原因について，より一層破綻主義を進めた提案が行われている。不貞や悪意の遺棄についても，婚姻関係が回復の見込みのない破綻に至っていることを要求する一文が加えられた。さらに，婚姻破綻の客観化を図るために，5 年以上[6]継続して婚姻の本旨に反する別居をしていることが，新たに離婚原因に加えられた。

破綻主義の行き過ぎの歯止めとして，批判の多い 770 条 2 項[7]に代えて，大法廷判決の趣旨にそう苛酷条項と信義則条項が設けることが提案された。すなわち，民法改正要綱では，離婚が配偶者または子に著しい生活の困窮または耐え難い苦痛をもたらすときは，離婚の請求を棄却することができ（苛酷条項），5 年以上の別居や回復し難い破綻を原因とする離婚請求の場合にも，離婚請求者が配偶者に対する協力・扶助を著しく怠っていることにより，その請求が信義に反すると認められるときも同様とする（信義則条項）と規定したのである。

---

(6) 2016（平成 28）年の日本家族〈社会と法〉学会では，具体的離婚原因として，3 年以上の別居を条文に明記することが提案されている（前掲 140 頁）。

(7) ➡ V-3「離婚届を出せない(1)」

6　離婚後の生活はどうなる(1)：財産分与と慰謝料

1 財産分与と慰謝料

　明治民法では，離婚とは妻が婚家から実家に戻ることであり，離婚後の妻の生活保障は実家の責任とされていたから，問題となるのは妻に戻る家がない場合くらいしかなかった。むしろ問題は，妻に何ら非がないにもかかわらず，夫が一方的に離婚する追出し離婚の場合であり，妻が不法・有責な夫に対して慰謝料請求できれば十分であると考えられていた。そのため，戦後の民法改正により財産分与規定（民768条）が新設された後も，財産分与には清算的要素や扶養的要素とともに，慰謝料的要素が含まれると解されてきた。

　判例は，財産分与と慰謝料は法的性質を異にする[1]としつつも，財産分与に慰謝料的要素を含めて請求することもできるとする。したがって，財産分与を行った後，さらに慰謝料請求することができるかについて，すでに財産分与によって精神的苦痛が慰謝されたと認められるときは重ねて請求することはできないが，慰謝するに足りないときは，後から慰謝料を請求することもできるとした（最判昭46・7・23民集25巻5号805頁）。

　学説は，離婚に係る慰謝料として，①離婚原因となった個別の有責行為に対する慰謝料，②有責行為により離婚をやむなくされたこと自体についての慰謝料，③無責離婚であっても，離婚により受ける精神的苦痛に対する破綻慰謝料があるとする。しかし，近時の学説は，有責性を追求することのデメリットを指摘し，②③の離婚慰謝料には否定的な見解が多くなっている。

---

(1)　財産分与と慰謝料の法的性質の違いとして，①裁判管轄は，財産分与が家庭裁判所であるのに対し，不法行為は地方裁判所であること，②請求権の消滅期間は，財産分与の除斥期間が2年であるのに対し，不法行為による請求権の短期消滅時効は3年であることが指摘されている。

2　協議離婚と財産分与の請求

協議離婚した夫婦の一方は，相手方に対して財産分与の請求をすることができる（民768条1項）。協議離婚の届出前であっても，夫婦が実質的な財産分与契約として贈与契約をした場合，婚姻関係の破綻を理由に，夫婦間の契約取消権に関する規定（民754条）の適用はない（最判昭33・3・6民集12巻3号414頁，最判昭42・2・2民集21巻1号88頁）。したがって，夫婦は協議離婚を前提に財産分与の協議をすることができる。例えば債務超過の状態にある夫が，財産分与によって一般債権者に対する共同担保を減少させる場合であっても，特段の事情がない限り，当該財産分与は詐害行為取消権■（民424条）の対象とはならない（最判昭58・12・19民集37・10・1532）。

夫婦間で財産分与に関する協議が調わないとき，または協議をすることができないときは，家庭裁判所に対して，協議に代わる処分を請求することができる（民768条2項本文）。離婚から2年間は財産分与の申立てができることになっている（同ただし書き）から，協議離婚時には財産分与を請求せず，後から請求することもできる。財産分与に関する事案は紛争性の高いものとされている（家事別表第二第四項）から，まずは調停で当事者間の合意形成を目指し，それができない場合には，家庭裁判所の審判によることとなる（家事39条）。

3　裁判離婚と財産分与の請求

裁判離婚の場合にも，協議離婚の場合の財産分与に関する768条の規定が準用される（民771条）から，離婚の訴えにおいて離婚条件である財産分与に関する申立て[(2)]があれば，家庭裁判所は離婚とともに財産分与に関する処分（附帯処分■）をすることができる（人訴32条1項）。さらに，家庭裁判所は，金銭

■詐害行為取消権：債権者は，債務者が債権者を害することを知ってした法律行為の取消しを裁判所に請求することができる（民424条1項本文）。しかし，財産権を目的としない法律行為は債権者取消権の対象とならない（同条2項）。離婚に伴う財産分与は，それが不当に過大であり，財産分与に仮託してされた財産処分でない限り，その法的性質ゆえに，詐害行為取消権の対象とはならない。

(2)　離婚の訴えにおける財産分与の申立ては，

家庭裁判所の審判事項に関する申立てをするものであるから，訴訟事件における請求のように，分与を求める額および方法を特定して申し立てる必要はなく，単に抽象的に財産の分与の申立てをすれば足りる（最判昭41・7・13民集20巻6号1197頁）。

■附帯処分：離婚と財産分与との同時解決の原則の維持が望ましいとの観点から，離婚訴訟継続中に離婚請求に附帯して財産分与請求することを認めたものである。したがって，離婚訴訟について訴訟継続

の支払いその他の給付を命じることもできる（同2項）。裁判離婚の場合，調停前置主義が適用されるから，まず離婚調停において，離婚の合意とともに，財産分与についても合意が成立するように調整される[3]。離婚とともに財産分与について合意が成立すれば，これを調停調書に記載することによって調停は成立し，その記載は確定判決と同一の効力を有する（家事268条1項）。調停不成立の場合にも，家庭裁判所は，離婚条件である財産分与について，職権で調停に代わる審判[4]をすることができる（家事284条1項）。

　離婚原因となった個別の有責行為に対する慰謝料請求が地方裁判所に提起された場合，申立てにより，離婚訴訟の係属する家庭裁判所に移送することができる（人訴8条1項）。夫の不貞行為を理由に離婚請求の棄却を求めた妻が，不貞行為の相手方である第三者に対して損害賠償請求訴訟を提起した場合も，同様とされた（最判平31・2・12民集73巻2号107頁）。

4　財産分与請求権の保全

　婚姻が破綻し離婚の協議を開始した場合，協議が調わないまたは協議できない場合，財産分与の対象となる財産の名義人が勝手に財産を処分してしまうおそれがある。そのような場合に財産分与請求権を保全するためには，調停前の処分（家事266条），審判前の保全処分（家事105条），民事保全法上の仮処分（人訴30条）を利用することができる。財産が処分され第三者名義になっている場合でも，協議または協議に代わる処分等により財産分与請求権の範囲・内容が具体的になっているときは，財産分与請求権の保全のため**債権者代位権**（民423条）を行使することができる。

が消滅したときは，財産分与の申立ては不適法である（最判昭58・2・3民集37巻1号45頁）。
[3]➡Ⅴ-3「離婚届を出せない(1)」
[4]➡Ⅴ-3「離婚届を出せない(1)」
■ **債権者代位権**：夫が財産分与を免れるために第三者と共謀して夫名義の不動産を第三者に譲渡し所有権移転登記もすませた場合，妻は夫に対する財産分与請求権を保全するために，夫に代わって所有権移転登記の抹消を第三者に請求できる（最

判昭55・7・11民集34巻4号628頁）。
参考文献：成澤寛「離婚法(3)財産分与の役割：家族法改正──その課題と立法提案」家族〈社会と法〉33号（2017年）158～170頁

7 離婚後の生活はどうなる(2)：財産分与の法的性質と分与の対象・方法

1 清算的財産分与

　夫婦が婚姻中に協力して得た財産は，その名義にかかわらず実質的共有財産として清算対象としている[1]。したがって，夫婦の一方が婚姻前から有する財産，婚姻後に贈与や相続により得た財産とその収益◼は，各自の特有財産となるため清算の対象とならない。

　清算対象となる財産には，不動産（土地・家屋・マンションなど），自動車，動産（家財道具，電化製品など），預貯金，株式・有価証券などがある。不動産の清算に関する審判例としては，取得するために組んだローンが返済中である場合，不動産の価値からローンの残額を差し引いた金額を清算の対象としたもの，別居時までに支払った元金充当分の合計額を清算対象としたものなどがある。自営業の場合には，営業用の財産なども清算対象となる。退職金は，離婚時に既に支払われている場合，または支給が決定している場合には，清算の対象とされる。未払いの退職金については，従来は不確定要素が多いとして否定されてきたが，退職年齢に近いなど，支給の蓋然性が高いと認められる場合には，清算の対象になるとしたものがある（名古屋高判平 12・12・20 判タ 1095 号 233 頁）。

　具体的な財産清算の割合や基準は定められていない。清算の割合は，対象となる財産を獲得・維持するにあたっての当事者の寄与度を基準に算定する場合が多い。裁判例では，かつては専業主婦の場合の寄与度は 3 分の 1 程度とされることが多く，共働きや自営業の場合には 2 分の 1 とされることが多かった。

---

(1)➡II−7「マイホームの購入」
◼収益：相続によって借地や借家を取得した場合，借地人や借家人が支払う土地の賃借料や家賃が，その収益となる。相続によって株式や有価証券を取得した場合，その値上がり益も収益となる。定期預金の利息なども収益となる。

これに対し，1996(平成8)年の民法改正要綱は，各当事者の寄与の程度を考慮した上で，寄与度については「その異なることが明らかでないときは，相等しいものとする」とした影響もあって，また後述する年金分割の按分割合が2分の1を上限としたことも影響して，専業主婦の場合にも，寄与度は2分の1とされることが多くなっている。

②　年　金　分　割

　報酬比例の厚生年金等の離婚時における清算については，2004(平成16)年の年金制度改革により導入された離婚時の年金分割制度によって一応の解決をみた。離婚時における年金権の分割は，算定基礎となる標準報酬月額について，夫婦の協議で按分割合（2分の1を上限）を決めて請求する（厚年78条の3第1項）ことによって，社会保険庁長官が，対象期間（原則として婚姻期間）にかかわる被保険者期間の標準報酬額の改定または決定を行うという方法で実施される（厚年78条の2第1項）。按分割合について当事者の協議が調わないときは，当事者の一方の申立てにより，家庭裁判所が審判によって，または離婚等の判決における附帯処分[2]として（人訴32条1項）定めることができるほか，「その他一般に家庭に関する事件」として，年金分割の按分割合は，家事調停において定めることもできる（厚年78条の2第2項）。

　しかし，企業年金や個人年金などは，年金分割制度の対象外とされたままである。その財産的価値の高さ，夫婦の婚姻中の協力（役割分担）による成果であることからして，公的年金と同様に清算対象とするべきであり，今後の課題といえよう[3]。

---

(2)➡Ⅴ-6「離婚後の生活はどうなる(1)」
(3)　ドイツの離婚時年金分割制度では，当初は公的年金の身が清算対象とされていたが，2009(平成21)年の法改正によって，企業年金や個人年金なども清算対象とされることになり，新たに離婚時年金分割に関する統一的な特別法が制定された。

③ 扶養的財産分与

　扶養的財産分与が認められるためには，請求する夫婦の一方に扶養の必要性があること，相手方に扶養能力があることが必要である。判例にみられる扶養料は，離婚により生じた一時的な生活の困窮に対処するためのものであり[4]，少額にとどまることが多い。ただし，強度の精神病による離婚の場合には，治療費や生活費の必要性が重視され[5]，高齢者の場合には，生活費の必要性や配偶者相続権の喪失など，諸事情が考慮される。

④ 財産分与の方法

　財産分与の方法には，金銭給付と現物給付の2種類がある。判例では，婚姻中の夫婦の協力によって得た財産について，夫名義のものは夫に帰属させ，妻へは一時金を給付させるにとどまるものが多くみられる。財産の名義人が第三者（夫の親や会社）である場合にも，清算を認めないと不公平になるときなどには，報酬の有無や会社の事業内容・規模などの事情を考慮して，金銭給付による清算の可否を決定することになる。月給や年金以外に財産のない場合などには，例外的に定期金を支払わせることもある[6]。強度の精神病による離婚の場合には，定期金の支払いが命じられることが多い。

　現物給付の方法として，営業用財産の分与や家族の住む住宅の所有権が分与された場合，分与された側は，原則として贈与税を課されないが，分与した側は，無償での譲渡であっても譲渡所得税が課される（最判昭50・5・27民集29巻5号641頁）[7]。離婚後の住居確保との関係からして，単なる資産の譲渡とみなす判例に対して，学説は一般的に批判的である。

（本澤巳代子）

---

(4)　それゆえ，婚姻中の役割分担や子どもの養育などのため離婚配偶者が十分な収入を得られない場合，相手方との間に生じる不均衡を是正する「補償」という考え方が主張されている。
(5)➡V−4「離婚届を出せない⑵」
(6)　財産分与として定期金の支払いが命じられたが，支払い側がその債務を履行しない場合，毎月の給与から天引きすることができる扶養義務等に係る条文（民執151条の2第1項）に民法768条はあげられていな

いから，給与からの天引きはできないことになる。
(7)　不貞行為を行った夫が，妻に対する慰謝料的要素を含む財産分与を現物給付の方法により行ったが，後から多額の譲渡所得税を課されると知ったため，錯誤（民95条）による財産分与契約の無効を主張した事案において，裁判所は夫の錯誤無効の主張を認める判断をした（最判平1・9・14家月41巻11号75頁）。

Column **5**

内縁関係と離死別

　明治民法が法律婚主義を規定した後も，封建時代から社会慣行とされてきた儀式婚からの切り換えは簡単ではなく，社会的に夫婦として生活していても法律上は夫婦でない男女（内縁夫婦）も少なくなかった。そのため，判例は，内縁関係の不当破棄について損害賠償責任を科し，内縁の妻の保護をはかっていた。そして，戦後に民法が改正された後も，内縁関係は婚姻に準ずるものとして保護されてきた（最判昭 33・4・11 民集 12 巻 5 号 789 頁）。

　その結果，婚姻効果のうち夫婦と家族の共同生活に係る効果（夫婦の協力・扶助義務や婚姻費用の分担，日常家事の代理権，財産分与請求，内縁関係の不当破棄による損害賠償請求など）は，準婚理論によって内縁にも認められている。内縁に認められていないのは，姻族関係の発生（民 725 条），夫婦同氏原則（民 750 条），嫡出推定（民 772 条），配偶者相続権（民 890 条）などにすぎなくなっている。

　内縁夫婦の一方が死亡した場合，死亡者の遺産について，生存内縁配偶者に相続権類似の権利を認めるべきではないかが問題とされてきた。学説の多くは，離婚の際の財産分与制度を類推適用して，生存内縁配偶者に遺産を与えうると解していたが，最高裁はこれを否定する決定をした（最決平 12・3・10 民集 54 巻 3 号 1040 頁）。このような場合における生存内縁配偶者の保護としては，内縁夫婦間における契約である贈与（民 549 条）ないし死因贈与（民 554 条），または内縁夫婦の一方の遺言による遺贈（民 964 条）を活用することが考えられる。死亡者に法定相続人がいない場合には，生存内縁配偶者は特別縁故者として財産分与を請求することができる（民 958 条の 3）。

　生存内縁配偶者の居住権については，居住家屋が死亡者の所有であった場合，死亡者の相続人から明渡請求をされたとしても，相続人に居住の差し迫った必要がない限り，相続人の明渡請求は権利の濫用とされ（最判昭39・10・13民集18巻8号1578頁），生存内縁配偶者は保護される。居住家屋が内縁夫婦の共有であり共同使用していた場合に一方が死亡しても，生存内縁配偶者が単独で使用するとの合意が成立していたと推認され，生存内縁配偶者は，住居使用による利益について，死亡者の相続人に対して不当利得返還義務を負わない（最判平10・2・26民集52巻1号255頁）。これに対し，居住家屋が借家であった場合，相続人不存在であれば，生存内縁配偶者は借家権を承継でき（借地借家36条），相続人がいる場合には，相続人が承継した賃借権を生存内縁配偶者が援用して，家主からの明渡請求に対して居住権を主張することができる（最判昭42・2・21民集21巻1号155頁）。

　社会保険や労働保険の分野では，生活保障の観点から，「配偶者」「夫」「妻」には，「婚姻の届出をしていないが，事実上婚姻関係と同様の事情にある者を含むものとする」と明記されている（労災16条の2，国年5条7項，厚年3条2項）。その結果，近親婚ゆえに法律上の婚姻ができない内縁配偶者にも遺族年金の支給が認められた（最判平19・3・8民集61巻2号518頁）。また，重婚的内縁の場合にも，法律婚が形骸化し，その状態が固定化しているときは，遺族年金の受給資格を有する配偶者は，重婚的内縁配偶者であると解されている（最判昭58・4・14民集37巻3号270頁，最判平17・4・21判時1895号50頁）。

（本澤巳代子）

Ⅵ 離婚と子ども

1 父母共同親権から単独親権へ

1 親の離婚を経験する子ども

　人口動態統計によると，2018(平成30)年の離婚件数20万8,333件のうち，親権を行う子どもがいる件数は，12万497件であり，親が離婚した未成年の子どもの数も，20万9,808人に上る。離婚は，夫婦に子どもがいる場合，その子どもにも様々な影響がある。本章では，離婚と子どもというテーマの下，子どもの立場から親の離婚を考えていきたい[1]。

2 父母共同親権から単独親権へ

　第一に，親の離婚により子どもは，婚姻中の父母共同親権（民818条3項）[2]から父母の一方の単独親権（民819条1項）へと変わる。離婚後，共同親権が採られなかったのは，離婚により父母は居住を別にし，現実には親権の共同行使が困難であると考えられたことによる。父母のどちらを親権者とするかは，まずは父母の協議で定めることとなる。父母間の協議により親権者が定められた場合には，離婚届（資料⑥）にその旨を記載し（戸76条1号），届け出なければならない。離婚届に親権者の記載がない場合には，離婚届は受理されないが（民765条1項），誤って受理された場合でも，離婚自体は有効に成立する（同条2項）。この場合，親権者が定まるまでは，例外的に離婚後も共同親権の状態となる。また，協議に基づかず父母の一方が勝手に親権者を記載した離婚届が受理された場合も，離婚意思が合致していれば離婚自体は有効で，親権者

---

(1)➡離婚後の子どもの氏については，Ⅴ-2
「離婚届の意味(2)：離婚と戸籍」
(2)➡共同親権については，Ⅳ-2「誰が親権
者になるの？」

指定部分について無効となる。

　協議で親権者を定めることができなかった場合，家庭裁判所が，父または母の請求によって協議に代わる審判をすることができる（民819条5項）。

3 単独親権者を定める際の判断基準

　家庭裁判所が親権者を決定する際の判断基準は，「子の利益」である。「子の利益」の判断においては，様々な事情を総合的に考慮することとなるが，具体的な事情として，従前の監護状況，父母の監護能力等の父母側の事情と子どもの年齢や意思等の子ども側の事情が検討される。子どもが15歳以上の場合には，子ども自身の陳述を聴かなければならない（家事169条2項）[3]。その他，最近では離婚後の親子の交流の寛容性（フレンドリーペアレントルール）等も考慮されることがある[4]。一方で，経済的事情や婚姻破綻に対する有責性（暴力等は適格性に影響を与え得る）は，親権の適格性には影響しないとされる。

　親権者の指定は，無条件無期限のものでなければならないが，一度親権者を決めたものの，その後に「子の利益」のため必要があるときには，家庭裁判所は，子の親族の請求によって，親権者を変更することも可能である。親権者の変更は，当事者の協議だけでは行うことはできない。離婚後親権者となった者が死亡した場合においても，親権者変更が認められている（大阪高決平26・4・28判時2248号65頁）。

4 離婚後の共同親権は可能か？

　2で見たように，現行法上は，離婚によりそれまでの父母共同親権から一方の単独親権に変わる。このような制度設計のため，離婚後の親権者を巡って父

---

(3)➡子どもの意思については，Ⅵ-3「父母のどちらと暮らすか⑵：子どもの意思」

(4)➡千葉家裁松戸支判平28・3・29（判時2309号121頁）は，離婚の際の親権者の指定において，約5年10か月の間子どもを監護していた母ではなく，年間100日に及ぶ面会交流の計画を提案した父を親権者とした。しかし，高裁，最高裁では，父の提案に対して，親権者を定めるに当たり総合的に考慮すべき事情の一つであるとして，その他の事情も勘案し，母を親権者とした。

母間で熾烈な争いが生じることも少なくない。一方で，たとえ親権者にならなかったとしても子どもの父母であることに変わりはなく，子どものその後の成長に関わりや責任を持ち続けることとなる。それは，民法上面会交流や養育費の分担といった形で生じる。ここで，親子関係が残るのであれば，離婚＝単独親権とするのではなく，離婚＝共同親権でもいいのではないか，との考えも生じてくる[5]。確かに，欧米諸国では，離婚後共同親権を可能とする国は多くある[6]。例えば，ドイツでは日本の「親権」に該当する「親の配慮」について，離婚後も「共同の配慮」を原則としている（事案によっては，例外的に「単独の配慮」の場合もある）。子どもの権利条約18条も，親の子どもの養育に対する共同責任の原則を宣言している。このような背景を踏まえて，日本でも離婚後の共同親権制度導入についての議論がなされている。ただし，離婚後の共同親権が可能になった場合も，子どもの監護・教育時間を半分半分にするという事ではない。実際，離婚後の監護はどちらか一方が担当することが多く，これまで通り面会交流や養育費の分担については，当事者間で決めておく必要がある。

5　監 護 者

　　離婚において，親権者とは別に監護者を定めることもできる（民766条）。親権者と監護者を分けることは，離婚後の共同親権が認められていないことに対する代替策，妥協策として用いられることがある[7]。監護者が定められた場合は，監護者が監護・教育を行う身上監護権を有し，親権者は財産管理を行う財産管理権を有する。別居中であっても，限定的に監護者を定めることは可能である。なお，監護者であることは，戸籍に記載されることはない。

---

(5)➡ 2019（令和元）年11月，離婚後の単独親権制度が法の下の平等や幸福追求権に違反し，民法等の改正をしないことは違法であるとして，男女12人が国に賠償を求めて訴訟が提起された。

(6)➡ 諸外国の親権制度を理解できるものとして，床谷文雄・本山敦編『親権法の比較研究』日本評論社，2014年。

(7)➡ 2019年度の家庭裁判所において争われた子の親権者の定めをすべき事件の総数1万8,580件のうち，母が親権者の件数は1万7,358件（うち25件が父が監護者），父が親権者の数は1,727件（うち87件が母が監護者）であった。実際上，親権者と監護者を分ける事案は多くない。

2　父母のどちらと暮らすか(1)：子ども争奪戦

1　子どもが暮らす親

　離婚後の単独親権により，子どもは，親権者（監護者）となった親と暮らし，監護・教育を受ける。制度上は，そのような理解となるが，非親権者・非監護者が子どもを引き渡さない場合（事例①），また婚姻中に，一方の親が他方の親に無断で子どもを連れ去った場合（事例②），親権者・監護者は，子どもを引き渡してもらうために，どのような手続きがあるのか見ていきたい。

2　手続き1：民事訴訟手続

　親権者・監護者は，法的な権限がない第三者が子どもを拘束している場合，親権・監護権行使に対する妨害排除請求として子の引渡しを求めることができる。ただし，子どもが自発的な意思で第三者の下にいる場合には，妨害排除請求は認められない。この手続きが，事例①のような場合にも用いられるかについて，親権者は，非親権者に対して，親権に基づく妨害排除請求として子の引渡しを求めることができるとされるが（最判昭35・3・15民集14巻3号430頁），「子の利益」を害する親権の行使は，権利の濫用として許されない（最決平29・12・5民集71巻10号1803頁）[1]。実務上，父母間の子の引渡請求は，「子の福祉」に対する配慮を図ることのできる家事事件手続きによる処理が相応しいと考えられている。

3　手続き2：家事事件手続

　事例①のような場合において，親権者・監護者は，子の監護に関する処分と

---

(1)➡本件は，非親権者である親の一方が4年以上にわたり子どもを監護しており，非親権者から親権者変更の調停が申し立てられている等の事情の下においては，親権者が子の監護に関する処分としてではなく，親権に基づく妨害排除請求として子の引渡しを求めることは，権利の濫用に当たるとした。

して子の引渡しを求めることができる（民 766 条，家事 39 条別表第 2 ③）。また，非親権者・非監護者も，親権者の変更，監護者の指定・変更を求めて，子の引渡しを求めることができる。審判が申し立てられている場合は，一定の要件の下，審判前の保全処分により子の引渡しの仮処分を求めることもできる（家事 105 条）。保全処分が認められるためには，子の引渡しの強制執行がされてもやむを得ないと考えられるような必要性があることを要する（東京高決平 28・6・10 判タ 1446 号 136 頁）。保全処分は，迅速性が求められるため，通常 1 か月から 3 か月程で結論が出される。

　子の引渡しを認める際の基準は，親権者・監護者の指定の場合と同じ基準である。事例②のように一方の親が，他方の親に無断で子どもを連れて別居にいたった場合，この事自体が一概に違法とはならないと考えられており，違法性の有無は，子どもの年齢や意向等から総合的に判断される。この点につき，ハーグ条約は，異なる考え方を有する[2]。日本でも同条約締結後，国内における一方の親による無断の連れ去りについても，厳しい目が向けられる。

4 手続き 3：人身保護手続

　人身保護法に基づく人身保護手続きは，他の手続きに比べて，迅速性（人保 6 条，12 条 4 項），実効性（人保 18 条，26 条）が特徴とされており，未成年の子の引渡請求事件でも多く用いられてきた。しかし，人身保護手続きは国家等による不当な支配を規制するための制度であり，家族間紛争を想定した制度ではなく，管轄も通常の地方裁判所となる。本来，子の監護をめぐる紛争は，家庭裁判所の後見的な関与の下に判断されることが望ましい。

　人身保護請求が認められるための要件は，①子どもの拘束があること（拘束

(2)➡Ⅶ-6「国境を越えた子の連れ去りとハーグ条約」

性），②その拘束が違法であること（違法性），③救済目的達成のために，他に適切な方法がないこと（補充性）である（人身保護規則4条）。②の違法性については，親権・監護権の有無が重要な考慮事項となる。事例②のように一方の親権者による監護は，親権に基づくものとして特段の事情のない限り適法とされる。そのため，人身保護請求の認容には，子の監護が拘束者の監護の下に置かれるよりも，請求者に監護されることが子の福祉に適することが明白であることを要するとし（明白性の原則），違法性を厳格に捉える[3]。一方で，事例①のように非親権者・非監護者が子どもを拘束している場合は，子どもが親権者・監護者のもとで生活することが子の福祉の観点から著しく不当なものでない限り，拘束の違法性は顕著であるとしている。

　その他，違法な子の奪取の場合には，未成年者略取罪または誘拐罪に問われることもある[4]。

5 子の引渡しの執行方法

　子の引渡命令に反して拘束者が子どもを引き渡さない場合には，履行勧告，間接強制，直接強制が認められる[5]。直接強制は，間接強制では拘束者が子の監護を解く見込みがあるとは認められないとき，または子の急迫の危険を防止するため直ちに強制執行をする必要があるとき等に執行することができる（民執174条2項）。執行の場面に子どもが拘束者と共にいること（同時存在）は不要とされ，債権者が執行場所に出頭した場合に限り執行を可能とする（民執175条5項）。

---

(3)➡最判平6・7・8（家月47巻5号43頁）は，共同親権にある父母の一方の調停進行中の合意に反する拘束に対して，顕著な違法性を認め人身保護請求を認めた。
(4)➡刑法224条（未成年者略取及び誘拐）「未成年者を略取し，又は誘拐した者は，3月以上7年以下の懲役に処する。」なお同条は，未成年者本人の同意があっても，親権または監護権を侵害するため違法性は阻却されない。
(5)➡Ⅵ-5「別れて暮らす家族に会いたい(2)：

それでも会わせてくれないとき」

127

3　父母のどちらと暮らすか⑵：子どもの意思

1　子どもの意思は重要か？

　従来，未成年の子どもには十分な判断能力がなく，親が子どもに代わり，親権者や面会交流等の子どもに関する事項を決定することが望ましいと考えられてきた。この考え方の背景には，子どもを保護の客体としてのみ捉えてきたことがある。しかし現在は，子どもを権利の主体として捉えるようになり，子どもに関する事項の決定において，子どもの意思も重要なものと考えられている。現実には子どもの真意を推し量ることは想像以上に難しい。特に両親が離婚という紛争状態にある中で，それを見聞きしている子どもは，本心を言えない場合も多くある。ここでは，子どもの意思を尊重するための制度および手続きについて見ていく。

2　子どもの権利条約

　子どもの権利条約は，1989（平成元）年に国連総会で採択され，日本も1994（平成6）年に批准している。本条約は，子どもを保護の客体としてではなく，権利の主体として捉え，具体的に子どもの権利をあげ，父母および締約国の責任について定める。同条約12条は，子どもの意見表明権について規定しており，締約国は，自己の意見を形成する能力のある児童が，その児童に影響を及ぼすすべての事項について，自由に自己の意見を表明する権利を確保するとしている。そして，児童の意見は，その児童の年齢および成熟度に従って相応に考慮され，そのため自己に影響を及ぼすあらゆる司法上および行政上の手続において，直接にまたは代理人等を通じて聴取される機会を与えられるとする。

3 家事事件手続法

　子どもの権利条約に沿う形で，子どもの意思を図る手続として，2011（平成23）年に家事事件手続法が制定された。家庭裁判所は，子がその結果により影響を受ける家事審判の手続においては，子の陳述の聴取，家庭裁判所調査官による調査その他の適切な方法により，子の意思を把握するように努め，審判をするに当たり，子の年齢および発達の程度に応じて，その意思を考慮しなければならないとしている（家事65条）[1]。具体的に，家庭裁判所は，子の監護に関する処分，親権者の指定・変更等の事件において，15歳以上の子どもについて，陳述を聴かなければならない（家事152条2項，169条2項）。また，15歳未満であっても，一般的に10歳前後以上であれば子どもの意思を表明する能力があるとされており，実務上，概ね10歳未満の場合には**心情調査**◪，10歳以上の場合は**意向調査**◪を行うこともある。なお，子どもへの聴取においては，父母の立会いを認めないのが一般的である。その他，審判の結果により直接の影響を受ける子どもは，家庭裁判所の許可を得て，または家庭裁判所が職権で，家事審判の手続きに参加することができる（家事42条）。そして，この手続き参加の実質的なサポート役を果たすのが，子どもの手続代理人である。

4 子どもの手続代理人

　子どもの手続代理人は，家庭裁判所の調停や審判に参加する子どもが意見を表明することを援助し，子どもの最善の利益を実現することを目的として活動する。具体的には，子どもへの手続きの説明，子どもからの相談等に対応する。裁判長が必要であると認めるときには，職権で弁護士を手続代理人に選任し（家事23条2項），また子ども自らが選任することもできる。子どもの手続代理

---

[1] ➡この規定は，家事調停手続きにおける子の意思の把握等にも準用されている（家事258条）。

◪ **心情調査**：両親への思いや紛争に対する認識，現状への認識や不安等，広く現状に対する受け止め方などを確認する趣旨での調査。

◪ **意向調査**：親権者に対する子どもの気持ちを直接的に確認する趣旨が強く含まれる調査。

人にかかる費用は，子ども自身が負担する（同条 3 項）[2]。実際，費用の負担が可能な子どもは限られており，また日本では家庭裁判所調査官■による調査に信頼があり，子どもの手続代理人が選任される件数は少ない[3]。

5 子どもの意思を把握することの難しさ

　子どもが意思を形成する上で，どの程度の情報を子どもに伝えるかは，難しい問題である。子どもは，親の離婚とは関係なく，親の紛争に巻き込まないためにも，一切話さないとの選択もあり得るが，子どもは何も知らないまま両親が別れることにより，自分に原因があるのではないか，と自分を責めることもある。親の事情をどの程度話すかは子どもの年齢や状況に応じて異なるが，少なくとも，離婚が子どもの責任でない事は伝えるべき事と言えよう。

　また，子どもの意思は流動的であり，多分に監護者の意向に影響を受けることにも注意が必要である。子どもは，監護者の顔色をうかがい，監護者が喜ぶ事を述べたり，監護者が非監護者を非難する際には同じように非難したりすることも，しばしば見られる。その他，子どもへの聞き方にも注意が必要である。例えば，離婚の際の親権者指定において，子どもの意思を把握するために，子どもにどちらの親と暮らしたいか，といった二者択一的な選択は避けるべきである。一方を選択することは，他方を選択しないことであり，究極の選択を子どもの負担としてはならない。子どもの意思を把握することは，子どもに自由に意思を述べる機会を保障することによって行われるものであり，そこでは聞く側つまり大人の聞く姿勢が重要となる。

---

(2) ➡面会交流に関する事件において，未成年者らの手続代理人の報酬については，申立人（父）の上申により選任に至ったことから，申立人の負担としたものもある（さいたま家審平 31・2・26 家判 27 号 58 頁）。

■家庭裁判所調査官：離婚，親権者の指定・変更等の紛争当事者を調査し，紛争の原因等を調査する専門職。調査方法は，監護親・非監護親への面接，学校や保育園での教師・保育士等への面接等による。調査活動のほかにも，調停・審判に出席

し意見を述べることもある（家事 59 条）。

(3) ➡家庭裁判所調査官と子どもの手続代理人では，役割（立場）が異なる。調査官は，調査の一環として子どもとの関わりを持つのに対して，子どもの手続代理人は子どもの側に立ち，子どもの味方として活動する。

参考文献
片岡武・萱間友道・馬場絵理子『実践調停面会交流』（日本加除出版，2018 年）

4　別れて暮らす家族に会いたい⑴：面会交流とは？

1　面会交流の意義

　面会交流は，親権者・監護者でないために，子どもと生活を別にする親（非監護親）と子どもが，直接会うことや，電話，手紙，インターネットを通じて交流することをいう⑴。子どもは，面会交流により非監護親と親子の関係性を保ち，非監護親からの愛情を受ける事で安心感，自己肯定感を得ることができる。日本で初めて面会交流（当初は，面接交渉）が認められたのは昭和39年の東京家庭裁判所（東京家審昭39・12・14家月17巻4号55頁）であり，その後最高裁においても離婚後（最決昭59・7・6家月37巻5号35頁）および別居中（最決平12・5・1民集54巻5号1607頁）のいずれの場合にも，子の監護の一内容であるとして，面会交流が認められてきた⑵。そして，2011（平成23）年の法改正により，民法766条に「父又は母と子との面会及びその他の交流」が明記され，2012（平成24）年4月からは，離婚届に面会交流の取決めの有無についてチェックする欄が設けられている（資料⑥）。面会交流を規定する民法766条は，離婚に関する規定であるが，別居中においても同条を類推適用して⑶，面会交流に関する処分をすることができる。

2　面会交流の法的性質

　2011年の法改正以前は，面会交流の法的性質を巡って，親の自然権，監護に関連する権利，潜在的な親権の一権能，子どもの権利等の様々な見解が主張されていた。この点について，2011年の法改正では，今回の改正は親子の面会交流を権利として規定したものではないと解説している。現在，面会交流は，

⑴➡法務省のウェブサイトでは，新型コロナウイルス感染症に関連して，子どもの安全の確保や感染拡大防止の観点から，直接会う形の代替的な交流の方法の例として，ビデオ電話，電話，メール等があげられている。

⑵➡2011年改正前の民法766条1項は，「父母が協議上の離婚をするときは，子の監護をすべき者その他監護について必要な事項は，その協議で定める。協議が調わないとき，又は協議をすることができないときは，

家庭裁判所が，これを定める。」と規定されており，面会交流の言葉はなかった。

⑶➡類推適用については，Ⅹ-3「配偶者はどれくらい相続できるのか？」

親の養育を受ける子どもの権利であり義務ではないこと，そして「子の利益」を第一に考えるものであると理解される。

3 面会交流の取決め方法

　面会交流は，まず初めに父母が協議で定めることとなる。面会交流は，継続的に行われるものであり，父母の協議で定められることが望ましい。協議では，夫婦としては継続できない2人が，「子の利益」を優先して，子どもの親として協力的な関係を築けるかがポイントとなる。協議が成立しなかった場合は，家庭裁判所へ調停▪または審判を申し立てることができる(4)。調停の申立てを行い，調停が不成立となった場合は，自動的に審判へ移行する。

　家庭裁判所が面会交流について定める際は，「子の利益」を最も優先して考慮する。実務上は，特段の事情（非監護親による子どもの奪取の危険性，非監護親の虐待等）のない限り，非監護親と交流を継続することが子どもの健全な育成に意義があるとして，原則的に面会交流を認めるとする原則実施論と個々具体的な事情（子どもの意向・心理状態・態度，非監護親の適格性等）から判断する立場がある。また最近では，父母が再婚するケースも多くあり，監護親が新しい家庭を築くうえで，非監護親である実父母との面会交流を避けたいとの意向を示すケースもあるが，裁判所はそのような事情を踏まえても未成年者の福祉に適うとして面会交流を認めている（大阪高決平28・8・31家判11号96頁）。その他，家庭裁判所では，試行的面会交流▪を行い，その結果を踏まえて面会交流について判断することもある。

▪調停：話し合いにより柔軟な解決を図る手続き。日本の調停は，申立人と相手方を別々に調停室に呼び，順番に話を聞くスタイルをとることが多いが，海外では同席で調停を進める国もある。面会交流のような今後双方の協力を必要とするものについては，可能であれば同席の調停が望ましいと思われる。
(4)➡Ⅴ-3「離婚届を出せない(1)」
▪試行的面会交流：家庭裁判所では，児童室（プレイルーム）を利用して行われること

が多い。プレイルームには，子どもが遊べるおもちゃが用意されている。また別室から面会の様子を観察できるように，マジックミラーや録画装置などが備えられている。

4　面会交流の内容

　面会交流の内容は，子どもの生活リズムを考慮しつつ，「子の利益」に即した形で取り決められる。裁判例では，面会の頻度，交流の時間帯，子の受け渡し場所や方法，費用負担等が決められている。ケース毎に柔軟な判断がされており，非監護親と子どもの交流が長らく途絶えていたことを踏まえて，最初は面会交流時間を比較的短時間に設定し，回数を重ねながら，段階的に面会交流時間を伸ばしていくもの（東京高決平28・4・26判時2324号79頁），非監護親の連れ去りのおそれを懸念して，監護親の立会いの下での面会交流を認めるものもある（東京高決平30・11・20判時2427号23頁）。場合によっては，間接的な面会交流（手紙，ビデオ，写真，成績表の送付等）が命じられることもある[5]。

　面会交流の対象者は，子どもと父母とされるが，近時はその対象を祖父母や兄弟姉妹に広げるかについても検討される。米国，英国，フランス，ドイツでは，父母以外の者の交流が，一定の条件の下，認められている。

5　面会交流の現状

　2019(令和元)年度の面会交流に関する審判事件の新受件数が1,979件，認容されたものは954件，面会交流に関する調停事件の新受件数が1万3,533件，調停成立は7,104件であった。面会交流が明文化された2011年度の対応する件数が，それぞれ審判事件では1,354件，574件，調停事件では8,714件，4,524件であったことからも，裁判所で争われる面会交流に関する事件件数は，増加していることが分かる。面会交流事件増加の背景には，少子化や男性の育児参加の増加等の価値観の変化があると言われている。

---

(5)➡非監護親の監護親に対する同居中のDVによる心的外傷後ストレス障害および子どももその影響を受けている事例において，間接交流として4か月に1度の写真送付，監護親は2か月に1度非監護親から子どもへの手紙を速やかに子どもへ渡さなければならないとした（東京高決平27・6・12判時2266号54頁）。

5　別れて暮らす家族に会いたい⑵：それでも会わせてくれないとき

1　面会交流は行われているのか？

　「平成28年度全国ひとり親世帯等調査結果報告」を見てみると，母子世帯の母の面会交流の実施状況として，総数1,817件に対して，842件（46.3％）が面会交流を行ったことがないとし，過去に行ったことがあるとしたものは，347件（19.1％）であった。父子世帯の父の面会交流の実施状況は，総数308件に対して，101件（32.8％）が行ったことがないとし，50件（16.2％）が過去に行ったことがあるとしている⁽¹⁾。面会交流を実施できていない件数がまだまだ多いこと，継続的な実施が難しいことが伺える。特に面会交流の突然の中断は，子どもへの影響も大きいものと危惧される。ここでは，面会交流について取決めがなされたにも関わらず，監護親が面会交流を実施しない場合に，非監護親として取り得る法的手段について見ていく。

2　法的手段1：履行勧告・履行命令・間接強制

　家事事件手続法に規定されるものとして，履行勧告（家事289条），履行命令（家事290条）⁽²⁾，民事執行法に規定されるものとして，直接強制，間接強制（民執172条）がある。直接強制については，面会交流の任意履行的性格，継続的性格，流動的性格から否定的な立場がとられる。間接強制は，面会交流を監護親が行わない場合に，裁判所が面会交流の実施を確保するために相当と認める一定額の金銭（間接強制金）を非監護者に支払うべき旨を命ずる方法により行う。間接強制を行うためには，監護親がすべき給付の特定に欠けるところがな

---

(1)➡「ひとり親世帯等調査」は，厚生労働省が，全国の母子世帯，父子世帯および養育者世帯の生活の実態を把握し，これらひとり親世帯等に対する福祉対策の充実を図るための基礎資料を得ることを目的として，おおむね5年毎に実施している。
(2)➡履行勧告，履行命令については，Ⅵ－7「離婚後の子どもの養育費⑵：養育費が払われなかったら？」

いことを必要とする（最決平25・3・28民集67巻3号864頁）。具体的には，面会交流の日時または頻度，各回の面会交流時間の長さ，子の引渡し方法等が定められている事が必要とされる。例えば，「月1回の面接することを認め，その方法，場所等については相手方が良識にかなった面接方法を選択することができることとし，特に制限しない」との取決めであれば，給付内容は特定されておらず，間接強制は認められない。また，未成年者（高校生）が非監護親との面会交流を強固に拒否している場合，監護親の意思のみによって面会交流を行うことはできず，履行不能の状況にあるとして間接強制を認めなかったものもある（大阪高決平29・4・28家判13号48頁）。間接強制金の額は，養育費や監護親の資力等を参考に決められており，事例によって様々である[3]。

3 法的手段2：損害賠償請求

　面会交流に関する調停成立後，正当な理由なく面会を拒絶した行為等は，不法行為ないし債務不履行に該当し，監護親に損害賠償義務が発生する（東京高判平22・3・3家月63巻3号116頁）。監護親と代理人弁護士の共同不法行為責任を認めた事例もある（熊本地判平27・3・27判時2260号85頁）[4]。

4 法的手段3：親権者変更

　調停で親権者と取り決められた監護親が，取り決めた面会交流を拒否したため，面会交流を確保する意義，親権者と指定された前提が崩れていること，親権者変更以外に現状を改善する手段が見当たらないとして，親権者変更を認め，親権者と監護者とを分属させた事例もある（福岡家審平26・12・4判時2260号92頁）。

---

(3)➡不履行1回につき，30万円（東京高決平29・2・8家判14号75頁），20万円（大阪高決平30・3・22判時2395号71頁）とするものがある。
(4)➡ただし本件は，双方が控訴して争われた福岡高判平28・1・20（判時2291号68頁）において，監護親および代理人弁護士の責任はいずれも認められなかった。

5　面会交流を支援するシステム

　最近では，調停や審判において，第三者機関の立会いの下，面会交流が認められることもある（東京高決平25・6・25家月65巻7号183頁）[5]。面会交流支援機関は，父母間での連絡調整が難しい場合，子どもの受け渡しが困難な場合に，支援・援助を行う。現在，全国各地に面会交流支援団体は増えてきているが[6]，多くの団体が，スタッフの不足，育成面や財政面での問題を抱えており，公的な援助の必要性が指摘されている[7]。

　面会交流は，その性質からも強制的に実行すればよいものではない。面会交流を実施するにあたっては，面会交流が「子の利益」に資するものであると理解し，父母の協力的姿勢の下に実施されなければならない。そのため最近では，裁判所において親ガイダンス（親教育）が実施されることもある[8]。

6　さらなる支援の必要性

　子どもは，突然の親の離婚により，それまでの環境が大きく変わることを余儀なくされる。そこから生じる影響（負担）を，最小限にすることが親の義務である。そのためにも，精神的なつながりとして面会交流，経済的なつながりとして養育費分担は，子どものために重要である。一方で，父母自身も離婚により大きく傷つき，精神的にもつらい状況にあることも多い。そのような二人をただ非難するのではなく，寄り添い支えることも必要である。私的な事柄でもあり，どこまで踏み込むかは難しい問題を含んでいるが，今以上の支援が必要な事は確かである。

---

(5)→本件において，非監護親は，連れ去り防止のために見張り役の第三者機関の立会の下，面会交流を行うことは不当であると反対していた。

(6)→1994(平成6)年から公益社団法人「家庭問題情報センター」（FPIC）が試行的に面会交流の援助を開始している。FPICの面会交流支援手続の流れについては，147頁。

(7)→厚生労働省は，自治体が実施する「母子家庭等就業・自立支援事業」の一つとして，面会交流支援事業を行っており，面会交流

支援員が自治体に配置されている。

(8)→家庭裁判所では，待ち時間を利用して最高裁判所が作成したDVD（裁判所のウェブサイトからも視聴可能である「離婚をめぐる争いから子どもを守るために」）を視聴してもらう取組みも行われている。また裁判所によっては，調停期日とは別の日に，家庭裁判所の調査官が講師となって集団講習を実施するところもある。

6　離婚後の子どもの養育費(1)：養育費っていくらぐらい？

1 子どもに必要なお金について

　未成熟の子どもにかかる費用（養育費）は，親が負担するものと考えられているが，その理由は何であろうか。一般的に養育費は，親子関係の本質として親子であれば当然に負担するものと考えられている。法律上も，扶養義務として，「直系血族及び兄弟姉妹は，互いに扶養をする義務がある」と規定している（民877条1項）。したがって親は，親権や監護権の有無にとらわれず，養育費を負担する義務を負うこととなる。裁判所も，離婚後の親権者であるか否かにかかわらず，子の監護に必要な費用を分担すると判断している（最判平元・12・11民集43巻12号1763頁）。そして，扶養義務のレベルは，生活扶助義務（義務者に余力がある場合に，その限度で援助をする義務）と生活保持義務（義務者が自己と同質・同程度の生活水準まで扶養する義務）の二つに分けて考えられるが，親が未成熟の子どもに負う義務は，生活保持義務である[(1)]。

2 養育費はどのように請求するのか？

　養育費を請求する方法としては，実務上婚姻中（離婚前）と離婚後で法律上の根拠を分けて請求することが多い。婚姻中であれば，子どもに必要なお金も含めて婚姻費用の分担（民760条）として請求することが一般的である。それに対して離婚後は，民法766条の「子の監護に要する費用の分担」として養育費を請求することとなる。**1**で指摘した扶養義務（民877条）の規定を根拠とする請求については，民法877条で扶養請求を行うと，親の利益と子どもの利

---

(1)➡ Ⅱ-5「夫婦の役割分担」，Ⅳ-1「親の子育て義務と子どもの権利」，Ⅷ-1「家族間の扶養(1)」，Ⅷ-2「家族間の扶養(2)」

益が対立し利益相反行為[2]となり，特別代理人の選任が必要となると考えられており，手続きの煩雑さからも，婚姻中は婚姻費用の分担，離婚後は監護費用の分担として処理することが定着している。

3　養育費の取決め方法

　養育費の取決め方法は，民法766条1項の規定にあるように，まず初めに当事者である父母の協議によって行われる。ただし養育費は，離婚届けの記載事項ではないため，実際に養育費を取り決めている件数は少ない。「平成28年度ひとり親世帯等調査結果報告」によると，母子世帯の母の養育費の取り決め状況として，総数1,817件のうち養育費の取決めをしている件数は，780件（42.9％）に過ぎない[3]。2012（平成24）年4月から離婚届に養育費の取決めの有無をチェックする欄が追加された（資料⑥）ものの，「まだ決めていない」という欄にチェックしている場合も，離婚届けは受理されるため，あくまで注意を喚起する程度にしか過ぎない。

　協議が整わないときは家庭裁判所が定める。手続きとしては，調停または審判を申し立てることによって行われる。調停を申し立てたものの不成立であった場合には，自動的に審判手続きへと移行し，裁判官が一切の事情を考慮して審判をする。離婚訴訟の場合には，離婚の訴えに附帯して養育費の支払いを求めることができる（人訴32条）[4]。

4　養育費はいつから受け取れる？

　実務上，養育費の支払が認められるのは，養育費の調停または審判の申立てを始期とすることが多い。終期については，成年年齢■に達するまでとされる

---

(2)➡利益相反行為については，Ⅳ-3「子どものものは親のもの？：財産管理権，未成年者の行為能力」

(3)➡養育費の取決めをしていない理由として，母子世帯は，「相手に支払う能力がないと思った」，「相手に支払意思がないと思った」が大きな理由としてあげられる。対して父子世帯は，「相手に支払う能力がないと思った」，「自分の収入等で経済的に問題がない」があげられる（平成28年度ひとり親世帯等調査結果報告）。

(4)➡Ⅴ-3「離婚届を出せない(1)：離婚の種類」

■成年年齢：2018（平成30）年に，民法の定める成年年齢を現在の20歳から18歳に引き下げること等を内容とする「民法の一部を改正する法律」が成立し，2022（令和4）年4月1日から施行される。

ことが多いが，成年年齢と養育費受給の終期が連動しているわけではなく，未成熟である限りにおいては，養育費を受け取れる可能性がある[5]。

5　養育費の額は？

　養育費の額がいくらになるかは，当事者の高い関心事である。協議において，冷静に話し合い，合意できれば問題ないが[6]，支払う側と受取る側では，養育費の額について，考え方が乖離している場面も多く存在する。そのような場合に，ゼロから何の基準もなく養育費を取り決めることは難しい。そこで実務上は，養育費算定の際の基準として，「養育費・婚姻費用算定表」（以下，「算定表」とする）が広く用いられている。「算定表」は，簡易迅速性，予測可能性および公平性を確保するため，東京と大阪の裁判官の共同研究の結果として，2003（平成15）年に公表されたものである[7]。一方で，「算定表」については，養育費の額が低廉であるといった批判もあった。そして，公表から15年以上が経過し，統計資料や制度等を更新する必要が生じ，社会実態を反映すべく2019（令和元）年12月に「改定算定表」が公表された（資料⑨）。「改定算定表」は，一つの基準であり，そのまま当てはめることが著しく不公平となるような特別な事情がある場合（子どもが私立学校に通っている，高額な医療費がかかっている等）には，当該個別事情を考慮して修正が図られる。また，養育費を取り決めた時に想定していなかった事情が生じた場合（監護親または非監護親の再婚や子どもの生活状況の変化等）には，養育費の変更の調停または審判を申立てることができる（民766条3項）。

(5)➡Ⅷ-1「家族間の扶養(1)」，Ⅷ-2「家族間の扶養(2)」
(6)➡どこまで当事者間で自由に決められるかは，一つの問題でもある。養育費を請求しない旨の合意は法律上有効とはいえない（名古屋家審昭47・3・9家月25巻4号59頁），養育費は期限の利益喪失約定に親しまない（東京家審平18・6・29家月59巻1号103頁）。
(7)➡東京大阪養育費等研究会「簡易迅速な養育費等の算定を目指して──養育費・婚姻費用の算定方式と算定表の提案」判タ1111号（2003年）285-315頁

資料⑨「養育費婚姻費用算定方式・算定表」

　2019（令和元）年 12 月，「改定標準算定方式・算定表」が公表された（裁判所のウェブサイト https://www.courts.go.jp/toukei_siryou/siryo/H30shihou_houkoku/index.html からも確認できる）。「改定標準算定方式・算定表」は，養育費と婚姻費用の算定に用いられるものであるが，ここでは養育費を例にとり説明をしていく。
　改定標準算定方式は，以下の 3 つのステップによる。

ステップ①　義務者および権利者の基礎収入の認定

　給与所得者の基礎収入は，総収入額（源泉徴収票の支払金額）から公租公課，職業費（通信費，交際費等），特別経費（住居関係費，保険掛金等）を除いたものであり，総収入×0.38〜0.54 で算出される。自営業者の基礎収入は，確定申告書の「課税される所得金額」から公租，特別経費を除いたものであり，総収入×0.48〜0.61 で算出される。

ステップ②　子の生活費の額を算出

　子の生活費を算出する際には，生活費指数が用いられる。生活費指数は，親を 100 とし，0〜14 歳までが 62，15 歳以上が 85 とする。
　子の生活費＝義務者の基礎収入×（子の生活費指数÷（義務者の生活費指数＋子の生活費指数））

ステップ③　②で算出された子の生活費の額を，①で認定した基礎収入に応じて養育費分担額を算出

　義務者の養育費分担額＝子の生活費×義務者の基礎収入÷（義務者の基礎収入＋権利者の基礎収入）
　改定標準算定表は，改定標準算定方式に基づき作成されている。

（例題）A 男と B 女の間には，子どもが 2 人（6 歳，9 歳）いる。A 男は，給与所得者であり，前年度の源泉徴収票の支払金額は 545 万円であった。B 女も給与所得者であり，前年度の源泉徴収票の支払金額は 179 万円であった。A 男と B 女は，B 女を子ども 2 人の親権者として離婚した。「改定標準算定方式・算定表」に沿って考えた場合，養育費はいくらになるか？

【改定標準算定方式から算定】

ステップ①　義務者の基礎収入（A 男）：545 万円×0.41 ●＝ 223.45 万円
　　　　　　権利者の基礎収入（B 女）：179 万円×0.43 ●＝ 76.97 万円
　　　　　　●基礎収入割合表に基づく（司法研修所編『養育費，婚姻費用の算定に関する実証的研究』法曹会，2019 年 35 頁）

ステップ②　子の生活費：223.45 万円×（（62＋62）÷（100＋62＋62））＝ 1,236,955 円（1 円未満切り捨て）

ステップ③　義務者の養育費分担額：1,236,955 円×223.45 万円÷（223.45 万円＋76.97 万円）
　　　　　　＝ 920,037 円（1 円未満切り捨て）
　　　　　　月額にすると，7.7 万円程度となる。

【改定標準算定表から算定】

　算定表では，権利者（B 女）は，表の横軸上の「給与」の欄を見る。そして，B 女の給与所得である 179 は，175 と 200 の間に該当し，近い方の 175 を基準とする。義務者（A 男）は，表の縦軸上の「給与」の欄を見る。そして，A 男の給与所得である 545 は，525 と 550 の間に該当し，近い方の 550 を基準とする。そうすると，横軸の 175 の欄を上に伸ばした線と，縦軸の 550 を右に伸ばした線の交差する欄は，「6〜8 万円」の枠内となる。つまり，子ども 2 人の標準的な養育費はこの枠内ということとなる。

表3　養育費・子2人表（第1子及び第2子0〜14歳）

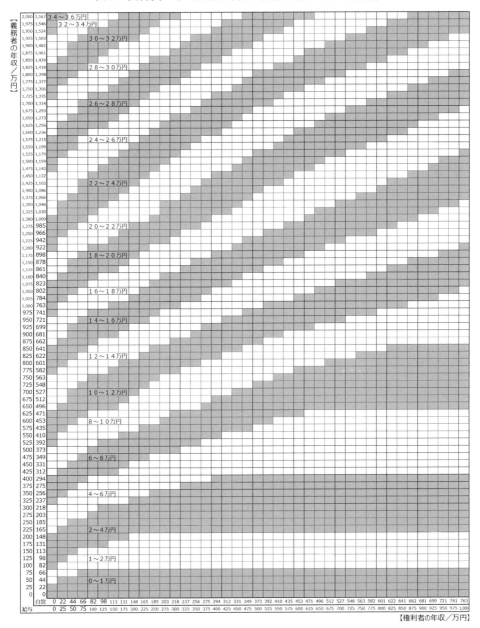

7　離婚後の子どもの養育費(2)：養育費が払われなかったら？

1　養育費支払いの現状

　養育費支払いの現状について，詳細な統計は存在しない。その中で，参考となるのが，厚生労働省が5年毎に実施している「全国ひとり親世帯等調査（旧全国母子世帯等調査)」である。2016(平成28)年度の報告では，母子世帯の母の養育費の受給状況として，総数1,817件のうち，「現在も養育費を受けている」442件（24.3％)，「養育費を受けたことがある」281件（15.5％)，「養育費を受けたことがない」1,017件（56.0％）となっており，継続的に養育費を受けている数が少ないことがわかる。これが父親世帯の父の養育費の受給状況はさらに悪く，86％の父が母からの養育費を受けたことがないと答えている。

2　養育費不払いへの対処

　では，養育費の取決めがなされたにも関わらず，養育費が支払われない場合にどのような方法をとることができるのか。養育費不払いに対する現状の制度について見てみる。

　まず初めにこの問題を考えるにあたっては，当事者が養育費の取決めをどのような形で行ったかが重要となる。当事者間で取決めた場合と調停・審判によって取決めた場合で不払いの対応は異なってくる。前者の場合に，強制執行を行うには，執行力を有する**債務名義**■を得る必要がある。これに対して，調停・審判において取り決められた内容は，執行力を有する債務名義となる。加えて，調停・審判によって認められた義務については，**義務の履行状況の調査**

■**債務名義**：請求権の存在および内容を公証する文章のこと。判決書，審判書，和解調書，調停調書，公証人が作成する執行証書等が該当する（民執22条)。

および**履行勧告**▪（家事 289 条），**履行命令**▪（家事 290 条）といった履行確保制度の利用が可能となる。

　強制執行の手続きは，債権者が債務者の所在地の地方裁判所に申し立てる必要がある。強制執行には直接強制と間接強制が存在する。直接強制は，債務者の財産を直接差し押さえる制度である。直接強制を実施するには，裁判所への申し立てにあたり，債務者のどの財産を対象とするのか特定する必要がある。例えば，債務者の預貯金を差し押さえるには，金融機関名，店舗等を，給与を差し押さえるには債務者の勤務先を申立書に記載する必要がある。債権者がこれらの情報を取得する手続として，「財産開示手続」がある（民執 196 条以下）。「財産開示手続」は，債務者の財産に関する情報を債務者自身の陳述により取得するものである。従前，「財産開示手続」の利用実績は低調であったところ，2019(令和元)年の民事執行法の改正により，債務者財産の開示制度の実効性の向上が図られた。「財産開示手続」の見直しとして，申立権者の範囲を拡大し，債権者は，強制執行が可能な債務名義があれば種類にとらわれず裁判所に手続きを行うことができるようになった（民執 197 条）。また，債務者が裁判所に不出頭のときや虚偽の陳述をしたときには，刑事罰が科されることとなり（民執 213 条），実行力が強化された。あわせて 2019 年の改正では，債務者以外の第三者⁽¹⁾からの情報取得手続きが新設されている。そして，差押えは，不払い部分のみだけでなく，将来の養育費まで行うことが可能であり（民執 151 条，151 条の 2：予備差押え），給与等の差押え禁止範囲についても，従来の「4 分の 3」から「2 分の 1」に制限されている（民執 152 条 3 項）。

　また間接強制は，債権者の申立てにより，債務者の債務不履行に対し，裁判所が間接強制金を課することを予告し，債務者に心理的強制を加えることに

▪**義務の履行状況の調査および履行勧告**：家庭裁判所は，権利者の申出があるときは，調停・審判で定められた義務の履行状況を調査し，義務者に対してその義務の履行を勧告することができる。ただし，履行勧告に強制執行力はない。
▪**履行命令**：家庭裁判所は，調停・審判で定められた金銭の支払等の履行を怠った者がある場合に，相当と認めるときは，義務者に対し，相当の期限を定めてその義務の履行をすべきことを命ずる審判ができる。義務の履行を命じられた者が正当な理由なくその命令に従わないときは，10 万円以下の過料に処せられる。

(1)➡第三者機関としては，登記所（民執 205 条），市町村，日本年金機構，（民執 206 条），銀行（民執 207 条）等が該当する。

よって債務者の自発的な支払を促す。間接強制金の額は，債務の履行状況等から判断されている。裁判例では，間接強制金の額（1日），限度日数，限度額が定められている[2]。

3　養育費不払いを考える

　養育費不払いに対処する制度を見てきたが，現制度下では残念ながら全ての債権者（監護者）が養育費を受け取ることはできていない。養育費不払いの理由は，債務者（非監護親）との協議すらできない，非監護親が養育費を支払える経済的状況にない等様々である。しかし，養育費は，子どもの生活費であり，将来を築くための資金である。そこで，当事者だけでは解決できない場合には，国の支援が強く求められる。子どもの権利条約27条にも，締約国が扶養料回収確保のために適当な措置をとることが規定されている。国としても，2であったように民事執行法の改正等により，養育費不払いに対処してきているが，国の方向性はあくまで権利者自身が義務者から養育費を取得するための支援に過ぎない。養育費不払い問題を考える上では，非協力的な義務者がいることを前提としなければならない。そうすると，そもそも子どもを育てながら，100％取得できる見込みのない養育費のために，複雑な法的手続きをとることを求めるのが，適切なのかを考えねばならない。諸外国では，養育費を国が立て替え，国が義務者から取り立てる「養育費立替制度」を導入している国もある。養育費の役割を考えると，必要なお金がすべての子どもにいきわたる事が何よりも優先されることである。わが国でも一部の自治体[3]において独自に「養育費立替制度」が導入されているが，国が率先して進めるべき事である[4]。

（生駒俊英）

---

(2)➡間接強制金の額（1日）を5000円，限度日数を175日，限度額を87.5万円とするもの（横浜家決平19・9・3家月60巻4号90頁），同じく1000円，180日，18万円とするもの（広島家決平19・11・22家月60巻4号92頁）等がある。

(3)➡2020（令和2）年7月から兵庫県明石市では，養育費の取決めがなされているにも関わらず不払いの場合に，義務者に催促し，市が1か月分（上限5万円）の立替えを行い，同額を義務者から回収する試みを始め

ている。また，養育費に関する法的手続き費用についても，市が全額補助するとしている。

(4)➡2020年6月より法務省と厚生労働省が連携して，不払い養育費の確保のための支援について検討するタスクフォースを設けている。

FPICの面会交流支援手続の流れ 東京ファミリー相談室

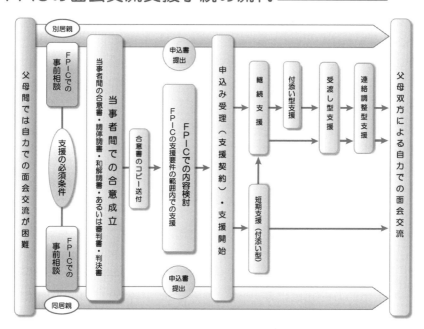

FPICの面会交流支援を利用したい場合の必須合意事項

　面会交流の合意書（調停条項等）を作成するときには、相手方、家庭裁判所、弁護士等と協議して次の4項目を合意書の中に必ず明記してください。

① 面会交流の頻度、回数

　付添い及び受渡しの支援は、月1回が限度です。

② 第三者機関の支援を利用すること及び付添いの有無

　事前相談なしに第三者機関の支援を条項に盛り込んだ場合には、支援できるとは限りません。
　付添い型支援を希望する場合は、必ず条項に「付添い型」の文言を入れてください。

③ 支援担当者の指導・助言の受入れ意思

　父母の意見調整が難しいときには、支援者の判断に従っていただきます。
　合意書には、「支援担当者の指導・助言を受け入れる。」と明記してください。

④ 費用負担割合

　父母で話し合って決めてください。
　面会交流は離婚後の父母の協働養育活動ですから、事情が許せば費用は応分に分担し合うのが望ましいと考えています。

出典：FPIC「面会交流の案内」（令和2年11月改定）

Column **6**

子どもの貧困

　「子どもの貧困」について，2012(平成24)年に子どもの貧困率（17歳以下の子ども全体に占める，貧困線に満たない17歳以下の子どもの割合）が16%を超え，6人に1人の子どもが貧困世帯に育つといった報道が衝撃を集めた。最新の「国民生活基礎調査」によると，2018(平成30)年の子どもの貧困率は，13.5%と若干改善したものの，主要7か国（G7）の中では，5番目に高い数字である。この数字を見た読者の受け止め方は様々ではないだろうか。実際，この数字をもとに考えると，小学校1クラス40名の中に，5〜6名の子どもは貧困状態にあることとなる。しかし，身近に「子どもの貧困」を見聞きすることは，少ないのではないだろうか。それは，一つには，貧困を表す指標として，絶対的貧困と相対的貧困があり，貧困という言葉からは，住むところや食べるものもない生きるための必要最低条件が満たされない絶対的貧困をイメージすることが多いからだと思われる。現在，貧困を表す際に用いられる相対的貧困とは，等価可処分所得の中央値の半分を貧困線（2018年であれば127万円）としており，これに満たない状態を相対的貧困とする。相対的貧困は，絶対的貧困と比べて，外から貧困状態であることが見えづらく，支援が届きにくく，特に子どもへの影響が大きいと言われている。子ども期に貧困を経験した人々は，その後様々な指標において不利な状況にあるとの指摘もあり，この問題への取組みの重要性が叫ばれている。国も，2013(平成25)年に子どもの貧困対策の推進に関する法律を成立させ，それを受けて子供の貧困対策に関する大綱（以下,「子供の大綱」とする。）を公表している。国連が定める「持続可能な開発目標（SDGs）」の1番目に掲げられる目標も，貧困をなくそうである。

　「子どもの貧困」問題に取り組むにあたり，特に注目しなければならないのが，母子家庭における「子どもの貧困」である。「国民生活基礎調査」に

よると，子どもがいる現役世帯で，大人が一人いわゆるひとり親家庭の貧困率は 48.1％に達しており（2018 年），ひとり親家庭の半分近くが貧困の状態にあることが分かっている。また，「平成 28 年度全国ひとり親世帯等調査結果報告」によると，2015（平成 27）年の平均年間収入は，母子家庭が 243 万円であったのに対して，父子家庭は 420 万円であり，ひとり親家庭の貧困の多くが母子家庭における問題であるとされる。そこで，ひとり親家庭でも特に母子家庭を対象とした対策が必要であると考えられている。2002（平成 14）年，母子家庭等自立支援対策大綱では，⑴子育てや生活支援策，⑵就労支援策，⑶養育費の確保策，⑷経済的支援策を総合的，計画的に展開するとしている。また先に挙げた「子供の大綱」においても，ひとり親家庭の子どもの進学費用等の負担軽減，住宅に関する支援，ひとり親支援に係る地方公共団体窓口のワンストップ化等の推進，ひとり親家庭の親への就労支援等を挙げている。「子どもの貧困」を解決するためには，子どもに対する支援だけでなく，親の支援も並行して進めていく必要がある。

　最後に，「子どもの貧困」を考えるにあたり，潜在的な問題についても指摘しておきたい。日本社会は，「法は家庭に入らず」の法格言にあるように，家族間の問題は家族間で解決することが望ましく，国は関与しないことが良いとされてきた。原則としてはそのような考え方があるが，例外もあることを忘れてはならない。「子どもの貧困」問題は，当事者だけではどうにもならない問題であり，そのような問題を当事者任せにすることによって不利益を被るのは，弱者たる子どもである。また，国だけではなく，社会全体が「子どもの貧困」について，他人事とせずに関心をもつことも重要である。「子供の大綱」の副題は，「日本の将来を担う子供たちを　誰一人取り残すことがない社会に向けて」である。いかに多くの国民がこの言葉に共感できるかが，日本の将来を左右する。

（生駒俊英）

Ⅶ　国際結婚と子ども

1　外国人と結婚する：国際結婚

1　家族関係の国際化と国際結婚

　国境を越えた人の移動の増加にともない，家族関係も複数の国の法律と関係する場合が増えてきた。家族に関する法律は，その国の風俗や慣習，宗教，文化，歴史などに影響され，国によって様々である。このため，外国人との婚姻や離婚，子の親権等をめぐる問題については，日本における日本人家族の場合と異なる要素を考慮する必要があり，また，日本法が適用されるとは限らない。

　国際結婚とは，渉外性[(1)]のある婚姻と定義することができる。たとえば，①日本人■と外国人■の婚姻，②異なる国籍の外国人同士の日本での婚姻のほか，③同じ国籍をもつ外国人同士の日本での婚姻，④日本人同士の外国での婚姻も，渉外性があるとして国際結婚に含むことができる。厚生労働省によると，2019（令和元）年における夫婦の一方が外国人の婚姻は2万1,919組[(2)]（全婚姻件数の約3.7％，うち，日本人夫・外国人妻の組合せが約7割），夫婦とも外国国籍の婚姻は4,658組であった。また，同年における外国での日本人の婚姻（夫婦または夫婦の一方が日本国籍のもの）は1万1,491組であった。

2　国際結婚の成立

　婚姻を成立させるための要件は，各国の習俗や道徳，宗教等が反映され，多様である。たとえば，日本では重婚が認められないのに対して，イスラム教国の多くでは一夫多妻制が認められている。また，婚姻適齢についても，男女と

---

(1)　私法的法律関係のうち，何らかの要素が外国法と関連する場合，国際的法律関係または渉外的法律関係という。

■日本人：日本人とは，日本国籍をもつ者をいう。

■外国人：出入国管理及び難民認定法では，外国人は「日本の国籍を有しない者」と定義されている（入管2条2号）。したがって，いずれの国の国民としても認められない無国籍者も外国人に含まれる。

(2)　➡Ⅶ-4「外国人と離婚する：国際離婚」

図Ⅶ-1参照。

も成人年齢にあわせて18歳にする国や，男女で異なる年齢を設ける国もあり，一様ではない。このように，国際結婚の場合，内容の異なる複数の国の法律が関連するため，どの国の法律に基づいて判断するのかという**準拠法**▪の問題が生じる。つまり，婚姻当事者の国籍国や婚姻をしようとする国（婚姻挙行地）のうち，いずれの国の法律によって婚姻を成立させるのかという問題である。

　法の適用に関する通則法▪（以下「法適用通則法」）では，「婚姻の成立は，各当事者につき，その本国法による。」としている（法適用24条1項）。これは，婚姻年齢や重婚の禁止といった**婚姻の実質的要件**▪について，各当事者の国籍国の法律に従うことを意味する。婚姻要件を確認するために，日本人については戸籍謄本，外国人については**婚姻要件具備証明書**▪などの提出が求められる。また，婚姻の方式については，「婚姻挙行地の法による」（法適用24条2項）が，「当事者の一方の本国法に適合する方式」も有効（同条3項）とされている。従って，日本にいる外国人カップルは，婚姻挙行地である日本の法律に基づいて，婚姻届の受理をもって婚姻できる（創設的届出▪）。この場合，婚姻当事者の本国においても婚姻を有効にするためには，駐日領事館などに届け出る必要がある（報告的届出▪）。ただし，日本で日本人と外国人が婚姻する場合は，日本法による方式でなければならない（法適用24条3項ただし書）。

3 婚姻後の氏と戸籍，外国人配偶者の在留資格

　日本人同士の婚姻とは異なり，国際結婚の場合には**夫婦同氏の原則**▪は適用されない。このため，日本人と外国人の婚姻カップルは，夫婦別姓が通常である。もっとも，日本人配偶者が外国人配偶者の氏に変更したい場合は，婚姻から6か月以内であれば，役所への届出によって変更できる[3]（戸107条2項）。

▪準拠法：関連する複数の国・地域の法律のうち，当該法律関係に適用される法のこと。また，準拠法指定の基準を定めた法体系のことを国際私法または抵触法という。
▪法の適用に関する通則法：日本における国際私法の主な法源となる国内法である。
▪婚姻の実質的要件➡Ⅱ－4「婚姻届を出せない(2)」
▪婚姻要件具備証明書：婚姻当事者の本国法に基づいて，当該者は独身であることや

婚姻適齢に達していることなど，婚姻できる要件を備えていることを証明した公的文書のこと。
▪創設的届出➡Ⅰ－2「家族法と戸籍」
▪報告的届出➡Ⅰ－2「家族法と戸籍」
▪夫婦同氏の原則➡Ⅱ－2「婚姻届を出せない(1)」
[3]　この期間，外国人配偶者が本国法に基づいて，「シュミット鈴木」のような複合姓にした場合，日本人配偶者はその姓への変更も可能である。反対に，日本人と婚姻した

　なお，戸籍については，外国人には戸籍が編製されない[4]ため，婚姻によって新たに編製される日本人配偶者の戸籍に，外国人配偶者の氏名や国籍等が婚姻事項として記載されるだけである（資料⑩）。

　外国人が日本で暮らすためには，**在留資格**■の取得が必要である。在留資格は，日本での主な滞在目的によって分類されている。外国人の日本における主な滞在目的が日本人配偶者との婚姻生活であれば，「日本人の配偶者等」という在留資格を取得できる。この在留資格の取得には，日本人との内縁関係だけでは足りず，婚姻の成立が前提条件となる。なお，様々な理由で在留資格を取得できずにいる外国人（非正規滞在者）も，日本で婚姻することができる。非正規滞在者は，日本人や永住者等との婚姻によって，法務大臣から在留特別許可を付与され，在留資格を得る可能性もある（入管50条1項）。

資料⑩　外国人と婚姻した日本人の戸籍

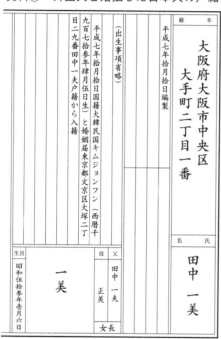

外国人が日本人配偶者の氏にしたい場合は，本国法の規定に従って変更した後，日本人配偶者の戸籍の身分事項欄に記載されることになる。外国人の氏名は一般にはカタカナで記載されるが，日本人配偶者の氏と同じ場合などは漢字で表記することができる。

(4)➡Ⅰ-2「家族法と戸籍」

■**在留資格**：出入国管理及び難民認定法・別表に掲げられている。「家族訪問」や「日本人の配偶者等」，「定住者」などのように，当該外国人の日本での主な滞在目的によって異なる在留資格が設けられている。

2 国際結婚から生まれた子どもの国籍

1 国 籍 と は

　国籍とは，個人が特定の国家の構成員となる資格であり，個人と国家との間の法的紐帯とされている。いわば，国家へのメンバーシップのことである。家族にとっての国籍は，家族関係に適用される法律を決める基準の一つである。つまり，家族メンバーの国籍がどこかによって，婚姻や離婚の成立，親子関係など，家族関係についてどの国の法律が適用されるか（準拠法[1]）が異なってくる。また，家族のうち日本国籍でない者については，戸籍は編製されず[2]，そもそも日本で一緒に暮らすことも容易ではない。国際結婚から生まれた子どもにとって，国籍は生活や権利と直結する重要なものである。

2 子どもの国籍の決まり方：血統主義と生地主義

　国籍の取得や喪失に関する原則は，国民の概念や人口政策などと関連して，各国の国内法で規定されている。出生時の国籍取得に関する立法は，親の国籍を子に引継がせる制度（血統主義）と，親の国籍にかかわらず，出生した国の国籍を取得させる制度（生地主義）に大きく分かれている。日本や韓国，中国などは血統主義であるのに対して，アメリカやオーストラリアのような移民で成り立っている国，ブラジルなどの南米諸国では生地主義が採用されている。もっとも，日本を含むほとんどの国では，主に無国籍の防止をはかるために，いずれかの主義を原則としつつ，もう一方の制度を例外的に認めている。

---

(1)➡Ⅶ-1「外国人と結婚する：国際結婚」
(2)➡Ⅰ-2「家族法と戸籍」

③ 出生による日本国籍の取得

　日本の国籍法では，①血統主義を原則としつつ，②生地主義を例外的に採用している。すなわち，①出生のときに父または母が日本国民であるとき，子は日本国民とする（国籍2条1号）と規定して，**父母両系血統主義**▪を原則としているが，これに加えて，②日本で生まれた子で，父母がともに知れないとき，または国籍を有しないとき，子は出生時に日本国籍を取得する（同条3号）と規定して，無国籍発生防止のために生地主義が補充的に導入されている。他方，外国で生まれ，出生により外国国籍をも取得した子については，**日本国籍の留保**▪の意思表示をしなければ，出生時にさかのぼって日本国籍を喪失する（国籍12条）として，血統主義による日本国籍の付与を制限している。

④ 国際結婚から生まれた子どもの国籍

　○両親が外国人の場合

　日本は血統主義を原則としているため，両親が外国人の子は，日本で生まれても日本国籍を取得できない。子が外国人親の国籍を取得できるかは，その親の国籍国の法律による。ただし先述のとおり，日本で生まれた子で，父母がともに無国籍であれば出生時に日本国籍を取得する（国籍2条3号）。しかし，日本には**無国籍の認定制度**▪がなく，同規定は正しく適用されていないとの指摘がある。また，日本で生まれたいわゆる棄児も，出生により日本国籍を取得する（同号）。「父母がともに知れない」という要件の立証については，**アンデレ事件判決**▪（最判平7・1・27民集49巻1号56頁）がある。

　○両親の一方が日本人の場合

　日本人母と外国人父の間の子は，両親の婚姻の有無にかかわらず，出生によ

▪**父母両系血統主義**：出生による日本国籍取得の原則について，以前の国籍法では「出生の時に父が日本国民であるとき」（父系血統主義）とされていたが，日本の女性差別撤廃条約への批准の際に見直され，1984（昭和59）年に現行国籍法の父母両系血統主義に法改正された。

▪**日本国籍の留保**：日本人の子が外国で生まれた場合，3か月以内に出生届を提出しなければならない（戸49条）。国籍留保の届出は，子の出生届とともに行われな

ければならない（戸104条）。

▪**無国籍の認定制度**：無国籍者の人権を保障し，無国籍状態を解消させるためには，無国籍認定制度が必要とされている。しかし，日本では，無国籍問題に対する認識が低く，人種差別撤廃条約委員会や子どもの権利委員会から，無国籍に関する2つの条約への加入および無国籍者認定手続の設置を勧告されている。

▪**アンデレ事件判決**：アンデレは，出生後に行方不明となった母親がフィリピン人ら

り日本国籍を取得する。これは，日本国民である母と生まれた子との母子関係が分娩の事実をもって当然に発生すると考えられるからである（最判昭37・4・27民集16巻7号1247頁）。子が父の国籍をも取得したとき，また，生地主義の国で生まれたときは，重国籍となる。

　日本人父と外国人母をもつ子の日本国籍取得については，複雑である。まず，両親が婚姻関係にあり，嫡出子として生まれた場合，子は出生時に日本国籍を取得する。これは，日本人父と子との父子関係が推定されるからである。次に，両親が未婚カップルである場合のように，非嫡出子として生まれた場合，子は自動的に日本国籍を取得できず，日本人父との父子関係を証明するための認知▪が必要である。そこで，日本人父から胎児認知▪された子であれば，出生時に父が日本国民であるという要件を満たすため，生まれたときに日本国籍を取得する。他方で，日本人父から生後認知▪された子は，届出によって日本国籍を取得できる（国籍3条1項）。この場合，民法上の認知の遡及効(2)は及ばず，出生時ではなく，届出時に国籍を取得する。

5　日本国籍を有しない子どもの在留資格

　日本で生まれた子どもであっても，日本国籍を有しなければ外国人になる。日本で生まれた外国人は，60日間を超えて滞在しようとする場合，出生から30日以内に在留資格の取得を申請しなければならない（入管22条の2）。子どもの在留資格は，日本人の実子または特別養子であれば「日本人の配偶者等」，外国人親の在留資格が「投資・経営」であれば「家族滞在」のように，日本人親との関係や外国人親の在留資格によって決まる。もし在留資格を取得できなければ「不法」滞在になり，退去強制の対象になってしまう。

しいとして，フィリピン国籍として外国人登録されたが，フィリピン大使館では国民として確認されずパスポートも取得できなかった。最高裁は，父母が誰であるか特定できないことを立証すれば，「父母がともに知れないとき」という要件にあたると判断して，アンデレの日本国籍を認めた。
▪認知➡Ⅲ-3「未婚の母と子ども：認知しますか，させますか」
▪胎児認知：子の出生前に，子を認知するこ

と。➡Ⅲ-3「未婚の母と子ども：認知しますか，させますか」
▪生後認知：子の出生後に，子を認知すること。➡Ⅲ-3「未婚の母と子ども：認知しますか，させますか」
(2)　認知の効果は出生時にさかのぼる➡Ⅲ-3「未婚の母と子ども：認知しますか，させますか」

資料⑪-1　国籍取得届

国籍取得届	受理　平成　年　月　日 第　　　　　号	発送　平成　年　月　日
平成　年　月　日届出	送付　平成　年　月　日 第　　　　　号	長印
長　殿	書類調査　戸籍記載　記載調査　附　票　住民票　通　知	

（よみかた） 氏　名	すずき　　さくら 鈴木　さくら （氏）（名）	令和2年 5 月 5 日生
	（従前の氏名）フェルナンデス （氏）　サクラ （名）	
住　所	東京都 港区 六本木5丁目 15　番地番　号	
父　母 の　氏名	父 鈴木　太一 （氏）（名）	父母との続き柄 □男　☑女 長
	母 フェルナンデス　マリア （氏）（名）	
(1)	父母の本籍 （外国人のときは国籍だけを書いてください）	父 東京都千代田区隼町4　番地番　筆頭者の氏名 鈴木太郎 母 国籍 フィリピン共和国　番地番　筆頭者の氏名
	国籍取得の年月日	令和2年10月5日　国籍取得の際の外国の国籍 フィリピン共和国
(2)	氏を同一とする時の父又は母の本籍	番地番　筆頭者の氏名
(3)	婚姻しているときは配偶者の氏名、本籍（外国人のときは国籍）	（配偶者）氏　名　年　月　日生 　番地番　筆頭者の氏名 （婚姻の年月日）年　月　日
(4)	養子となっているときは養親の氏名、本籍（外国人のときは国籍）	（養父）氏　名　年　月　日生 （養母）氏　名　年　月　日生 　番地番　筆頭者の氏名 （養子縁組の年月日）年　月　日　養親との続き柄 □養子 □養女
国籍取得後の本籍	☑下記の新しい戸籍をつくる □(1)の戸籍に入る □(2)の戸籍に入った後下記の新しい戸籍をつくる □下記のとおり	
	新本籍 東京都港区六本木5丁目15　番地番　筆頭者の氏名 鈴木さくら	

筆者注：この「国籍取得届」は、日本人父から生後認知され、法務大臣への届出により日本国籍を取得（国籍法3条1項）した者が、戸籍法上の国籍取得の届出（戸102条1項）をするときに使用するものである。

154

資料⑪-2　外国人女性との間の非嫡出子を認知した日本人父の戸籍

裏

（出生事項省略）

令和弐年七月拾日国籍フィリピン共和国フェルナンデス、サクラ（西暦弐千拾年五月五日生母フェルナンデス、マリア）を認知届出

令和弐年拾月五日子鈴木さくら（新本籍東京都港区六本木五丁目拾五番）国籍取得同月八日記載

生出　昭和五拾年七月弐日
太一
父　鈴木　太郎
母　花子
長男

（婚姻事項省略）
（出生事項省略）

生出　昭和弐拾年四月拾日
花子
父　山田　松男
母　竹子
二女

表

（出生事項省略）
（婚姻事項省略）

生出　昭和弐拾壱年五月五日
夫　太郎
父　鈴木　甲太郎
母　梅子
長男

（編製事項省略）

本籍　東京都千代田区隼町四番

氏　名　鈴木　太郎

資料⑪-3　日本人父の認知により国籍取得した子の新戸籍

裏

表

（取得の際の国籍フィリピン共和国従前の氏名フェルナンデス、サクラ）

令和弐年拾月五日国籍取得同月八日親権者母届出入籍

太一認知届出

令和弐年七月拾日東京都千代田区隼町四番鈴木太郎同籍

令和弐年五月五日東京都港区で出生同月五日母届出

令和弐年五月五日東京都港区六本木五丁目拾五番母届出

生出　令和弐年五月五日
さくら
父　鈴木　太一
母　フェルナンデス、マリア
長女

令和弐年拾月八日編製

本籍　東京都港区六本木五丁目拾五番

氏　名　鈴木　さくら

Column **7**

非嫡出子の認知と日本国籍の取得：国籍法違憲判決

　2008（平成 20）年まで，日本人父と外国人母の間に生まれた非嫡出子は，日本人父から生後認知を受けるだけでは日本国籍を取得することができなかった（→Ⅶ－2「国際結婚から生まれた子どもの国籍」）。改正前の国籍法 3 条 1 項では，当該子が日本国籍を取得する要件として，①父からの認知，②両親の婚姻によって嫡出子の地位を得ること（準正）を定めていたためである。そこで，日本人父とフィリピン人母の間に生まれた JFC（Japanese Filipino Children）と呼ばれる子どもたちが原告となって，同項は憲法 14 条 1 項に規定されている法の下の平等に違反しており，日本人父の認知による日本国籍取得の確認を求めて裁判所に訴え出た。

　最大判平成 20 年 6 月 4 日（民集 62 巻 6 号 1367 頁）では，同項の立法目的，すなわち，日本国籍を生来取得していない日本人の子で，「我が国社会との密接な結び付き」を示す要件を満たした場合に限り，日本国籍の取得を認めることは合理的であるとした。しかし，日本人父と外国人母の婚姻をもって「初めて子に日本国籍を与えるに足りるだけの我が国との密接な結び付きが

認められる」とする準正要件は，「今日では必ずしも家族生活等の実態に適合」しないと判断した。また，①日本人父または母の嫡出子，②日本人父から胎児認知を受けた非嫡出子，③日本人母の非嫡出子は，いずれも日本国籍を生来取得できる（国籍法2条1項）のに対して，日本人父から生後認知された非嫡出子のみ，「父母の婚姻という，子にはどうすることもできない父母の身分行為が行われない限り，生来的にも届出によっても日本国籍の取得を認めないとしている点は，今日においては……不合理な差別を生じさせている」として，同項は違憲であると結論づけた。

　原告の子はいずれも，日本で生まれ育ち，自分を日本人だと思っている。しかし「外国人」と言われ，行ったこともないのに「フィリピンに帰れ」といじめられた子もいる。国際化が進展し，日本でも原告のような子が多く暮らしている。本判決は，父母の婚姻の有無によって子の国籍取得に差を設けてはならないとし，日本国籍の付与は日本人との親子関係に立脚することを明示した。後の国籍法改正（2009〔平成21〕年施行）につながった本判決の意義は大きい。（国籍取得の届出等は，資料11-1～3参照）

（付　月）

3　外国の子どもを養子にする：国際養子縁組

1 子の福祉のための養子縁組

　養親と養子の一方または双方が外国人▪の縁組を「渉外養子縁組」という。また，養子が異なる国に住む養親のところに移動する縁組を一般に「国際養子縁組」という。国際社会では，1957(昭和 32)年の専門家会議において，いかなる養子縁組も子どもの福祉が唯一の目的でなければならないとの基本的原則が確認された。この理念は，後の国際養子縁組に関する国際条約等にも受け継がれている[(1)]。1989(平成元)年に国連で採択され，日本も批准している子どもの**権利に関する条約**▪(以下「子どもの権利条約」)では，締約国は養子縁組制度において子どもの**最善の利益**▪を最大に考慮することを義務づけた上で，養子縁組の手続や国際養子縁組のあり方について規定している(児童約 21 条)。

2 日本における渉外養子縁組

　日本で行われる渉外養子縁組の多くは，日本人夫と外国人妻の連れ子との間の養子縁組とされるが，日本で生まれた外国人の子どもを日本人夫婦が養子にする場合や，日本人の子どもを日本に住む日本人と外国人の夫婦が養子に迎える場合もある。裁判所の司法統計によると，2019(令和元)年における家事渉外事件[(2)]の新受件数のうち，「養子をするについての許可」は 404 件，「特別養子縁組の成立及びその離縁に関する処分」は 42 件であった。

　養子縁組の**準拠法**▪は，「縁組の当時における養親となるべき者の本国法による」(法適用 31 条 1 項)と規定されている。これは，養組成立後，養子は養親の本国で生活するのが通常であり，また，養子に国籍を付与する国も多いこ

▪ **外国人** ➡ Ⅶ–1「外国人と結婚する：国際結婚」

(1)　たとえば，本節で後に取り上げるもの以外に，1965(昭和 40)年の養子縁組の裁判管轄権等に関する条約，1986(昭和 61)年の里親委託と養子縁組に関する宣言がある。

▪ **子どもの権利条約**：日本政府による訳名は「児童の権利に関する条約」である。日本は 1994(平成 6)年に締約国になっている。

▪ **子どもの最善の利益**：子どもの権利条約 3 条 1 項では，子どもに関するすべての措

置をとるにあたっては，子どもの最善の利益が考慮される必要があるとの一般原則を定めている。

(2)　家事渉外事件とは，家事審判，調停事件のうち，申立人，相手方，事件本人，参加人，被相続人，遺言者などの全部又は一部が外国人である事件をいう。

▪ **準拠法** ➡ Ⅶ–1「外国人と結婚する：国際結婚」

とから，養親の本国法の要件を充足することが望ましい等の理由による。したがって，日本人養親と外国人養子の縁組の成立は，日本の民法に定めた要件によることになる(3)。加えて，**子の保護条項**として，養子となる者の本国法が，その者または第三者の承諾や同意，公的機関の許可等を要請しているときは，その要件をも備えなければならないと規定されている（法適用31条1項後段）。養子の国籍取得については，自国民の養子となった者には届出または自動的に国籍を付与する立法もみられるが，日本では，外国人養子は自動的に日本国籍を取得できない。外国人養子が日本に住むためには**在留資格**の取得が必要であり，日本国籍を取得するためには帰化によらなければならない(4)。

3 国際養子縁組に関するハーグ条約

　子どもの権利条約では，国際養子縁組は，子どもが出身国内で里親や養子縁組などができない場合に限って，代替的な監護の手段として認められるとしている（児童約21条b項）。これは，国際養子縁組は児童売買等の目的で濫用されるおそれがあり，また，異なる文化や社会，宗教などから生じる子の成長への悪影響が懸念されるためである。

　国際養子縁組の増加にともなう諸問題に対処し，子どもの最善の利益を保護するためには国際的な法的枠組みが必要との認識から，1993（平成5）年のハーグ国際私法会議において「国際養子縁組に関する子の保護及び協力に関する条約」（以下「国際養子条約」）(5)が採択された。条約の目的は，①国際養子縁組は子どもの最善の利益および基本的権利を保障して行われること，②子の奪取や売買，取引を防止するための締約国間の協力制度を定めること，③同条約に基づく縁組が締約国で承認されることである（養子約1条）。条約の対象となる

(3) 民法における養子縁組成立要件については，Ⅲ-8「他人の子どもを養子にする(2)：特別養子」
■ 子の保護条項：「セーフガード条項」ともいう。
■ 在留資格➡Ⅶ-1「外国人と結婚する：国際結婚」
(4) 国家が外国人（無国籍者または外国国籍を有する者）に対して，出生後に国籍を付与することを一般的に帰化という。日本における帰化要件は，国籍法4～10条に規定

されている。日本国民の養子となった者で，縁組のとき本国法により未成年であった者は，簡易な要件で帰化できる（国籍8条2号）。
■ ハーグ国際私法会議：各国の国際私法の国際的な統一を図るために，国際私法に関する国際条約の作成を行っている。
(5) 同条約への加盟国数は，2020（令和2）年10月26日現在で103カ国である。

国際養子縁組は，当事者の国籍ではなく，国境を越えた移動を伴う形態の養子縁組である。同条約に基づいて国際養子縁組が認められるためには，①子の出身国の権限のある当局によって子が縁組可能であり，かつ縁組が子の最善の利益に適うと決定されること，②実親等が実親子関係の断絶の有無などの効果について適切に知らされ，同意が自由意思に基づいてなされること，③子の希望や意見が考慮されること等が確保されなければならない（養子約4条）。また，子の受入国の権限ある当局によって，養親となる者の縁組適格性，子の入国や永住可能性の決定がなされない限り，養子縁組はできないと規定されている（養子約5条）。

4 日本から出て行く養子たち

　国際養子縁組のうち，日本で生まれた子どもが欧米諸国などの夫婦に養子として迎えられる縁組は，一般に「海外養子縁組」という。日本ではそれを規制するための法体制が整備されておらず，実態を把握するための統計も存在しない[6]。海外への養子斡旋をめぐって金銭トラブルが発生することもあり，また，出国後の消息が明らかでない養子も少なくない。このため，**子どもの権利委員会**■から，国際養子縁組における子どもの最善の利益を確保するための法整備，および国際養子条約の加入・実施が勧告されている。政府は，同条約への加入について，「養子縁組を承認するなどの権限を行使する中央当局の指定を含め，不適切な養子縁組のあっせん等を防止する観点から，関係省庁間の協力体制を整備するなどの必要があり，締結の実現可能性について更に検討を続けていく必要があるものと認識している。」との説明を行なっている[7]。

---

(6)　他方で，たとえば，アメリカ国務省領事局の統計（http://adoption.state.gov/about_us/statistics.php）によると，1999(平成11)年から2018(平成30)年までの20年間で計601人の子どもが日本から養子として渡米している。この数字は，同期間に渡米した養子の出身国カナダ66人，フランス9人，ドイツ29人，オランダ5人など，他の先進諸国と比較すると非常に多くなっている。

■ 子どもの権利委員会：子どもの権利条約における締約国の義務について，その実施状況を監視するために設置された機関である。

(7)　2015(平成27)年の「養子縁組に関する質問主意書」に対する答弁書。

4　外国人と離婚する：国際離婚

1 外国人との離婚──国際離婚に特有の法的問題

　国際離婚とは，渉外性(1)のある離婚（渉外離婚）と定義できる。日本人と外国人の夫婦や日本に住む外国人夫婦，海外に住む日本人夫婦の離婚も含まれる。厚生労働省の人口動態統計によると，2019(令和元)年における夫婦の一方が外国人の婚姻は2万1,919組，離婚は1万647組であった。夫婦の一方が外国人の婚姻は1980年代から増加し，ピークの2006(平成18)年を境に減少に転じ，近年再び微増している。一方，夫婦の一方が外国人の離婚は1990年代後半から増加傾向にあったが，2009(平成21)年から減少している（図Ⅶ-1）。

　各国の離婚制度には，離婚原因や離婚方法が日本と異なることがあり，離婚を禁止している国もある。国際離婚の場合，日本国内における日本人夫婦の離婚（国内離婚）とは異なった特有の法的問題がある。特に，どの国の法が適用されるのかという準拠法▪の決定のほか，日本の裁判所に当該離婚事件を扱う管轄権があるのかという国際裁判管轄▪の問題も検討される必要がある。また，離婚後の外国人元配偶者の在留資格や子の親権等をめぐる問題(2)もある。

2 国際離婚の成立（国際裁判管轄・準拠法・外国判決の承認）

　国内離婚事件については，日本のどこかの裁判所に必ずそれを審理する管轄権がある。しかし，日本人と外国人の夫婦や外国人夫婦，一方が日本在住で他方が外国在住の夫婦のような国際離婚については，日本の裁判所に管轄権があるのかが問題になる。国際裁判管轄を決定するルールは，国際的に統一されていない。日本では，2018(平成30)年の法改正により，人事訴訟事件・家事事件

---

(1)➡Ⅶ-1「外国人と結婚する：国際結婚」
▪ 準拠法➡Ⅶ-1「外国人と結婚する：国際結婚」
▪ 国際裁判管轄：一般管轄ともいう。自国で裁判を行うか否かを問題にする「直接管轄」に対して，外国判決の承認の要件として，日本からみて当該外国裁判所に管轄があるか否かの審査を「間接管轄」という。
(2)　国際離婚にともなう子の親権等については，➡Ⅶ-5「国際結婚から生まれた子ども

と親の離婚」を参照。

（非訟）の国際裁判管轄に関する規定が新設された。離婚事件については，被告の住所が日本にあるとき（人訴3条の2，1号），原告のみ日本に住所がある場合でも，夫婦の最後の共通住所が日本にあるとき（同条6号），夫婦双方が日本国籍を有するとき（同条5号）などに日本の管轄が認められる。

　国際離婚の準拠法は，夫婦の①同一本国法■，②同一常居所地法■，③最密接関係地法■の順で段階的に適用される（法適用27条）。ただし，夫婦の一方が日本に常居所を有する日本人であれば，離婚の準拠法は日本法となる（同条ただし書）。離婚原因や離婚方法なども，原則として離婚の準拠法による。

　離婚の効力を当事者双方の本国で認めてもらうためには，ある国で成立した離婚を関連国で承認してもらう必要がある。たとえば，離婚届を出して日本で協議離婚■が成立したとしても，外国人元配偶者の本国においても離婚が成立するとは限らない。その国では裁判離婚■しか認めていない場合，裁判を経ない協議離婚は有効な離婚として認められないことがあるからである。このため，日本の実務では，国際離婚の場合，協議離婚ではなく，「確定判決と同じ効力を有する」とされる調停■または審判■による離婚が利用されている。これに対し，外国でなされた離婚判決が日本で承認されれば（外国判決の承認■），離婚は日本人当事者の戸籍に反映されることになる。

3 離婚後の日本人配偶者の氏，外国人元配偶者の在留資格

　国際結婚の場合は夫婦別姓が通常であるが，外国人配偶者の氏に変更した日本人配偶者は，離婚の日から3か月以内に限り，届出によって旧姓に戻ることができる（戸107条3項）。離婚後の氏について，通説は離婚の準拠法によるとするが，当事者の本国法によるとの見解も有力である。

■ 本国法：当事者が国籍をもつ国の法。
■ 常居所地法：常居所とは，国際私法上の概念で，相当期間の居住事実がある地のことをいう。常居所のある地の法を常居所地法という。
■ 最密接関係地法：ある法律行為に最も密接に関係する法のことである。国際離婚の場合，当事者夫婦について，同一本国法と同一常居所地法のいずれもない場合に，夫婦に最も密接に関係のある地の法によることになる。

■ 通則法➡Ⅶ-1「外国人と結婚する：国際結婚」
■ 協議離婚➡Ⅴ-1「離婚届の意味(1)：協議離婚」
■ 裁判離婚➡Ⅴ-3「離婚届を出せない(1)：離婚の種類」
■ 調停，審判➡Ⅴ-3「離婚届を出せない(1)：離婚の種類」
■ 外国判決の承認：外国判決が日本で承認されるための要件は，①外国裁判所の確定判決であること，②判決裁判所に国際裁

　離婚当事者である外国人が「日本人の配偶者等」の**在留資格**▫で滞在していた場合，離婚により日本人との婚姻生活を営むという滞在目的がなくなるため，離婚後も日本に継続して滞在したいときは，他の在留資格に変更する必要がある。その際，当該外国人は，日本国籍または永住許可をもつ子の親権者に指定された場合，「定住者」などの在留資格を取得できることが多い。もっとも，離婚の際に「技術」「人文知識」「国際業務」「永住許可」など，他の在留資格をもっていた場合，離婚後も同資格で日本に滞在することができる。

図Ⅶ-1　夫婦の一方が外国人の婚姻・離婚件数の推移

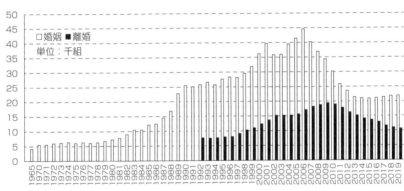

注）離婚のデータは，1992 年以降のものを示している。
出典：厚生労働省の人口動態統計を基に作成。

判管轄があったこと，③適切な送達が被告に対してなされたこと，④判決内容と訴訟手続が日本の公序に反しないこと，⑤判決国と日本との間に相互の保証があることである（民訴 118 条）。
▫ **在留資格**➡Ⅶ-1「外国人と結婚する：国際結婚」

5　国際結婚から生まれた子どもと親の離婚

1 国際離婚にともなう子どもをめぐる問題

　日本人と外国人夫婦の離婚をはじめとする国際離婚▪における紛争の多くは，日本人夫婦の離婚の場合と同じように，子の親権者▪の指定や面会交流▪など，子をめぐる争いである。しかし，たとえば，日本では離婚後は単独親権▪であるのに対して，共同親権▪とする国も少なくない。そこで，国際結婚から生まれた子の親権等をめぐる紛争でも，国際裁判管轄▪と準拠法▪が問題となる。ただし，親の離婚にともなう子をめぐる問題の国際裁判管轄や準拠法は，親の離婚にかかるそれと異なる場合がある。親子関係の問題は，子どもの利益保護を中心に決定され，親の離婚問題とは別個に考える必要があるからである。

2 国際離婚における親子の法律関係（国際裁判管轄，準拠法）

　2018(平成30)年の人事訴訟法等の改正により，親子関係事件に関する国際裁判管轄についても明文規定が設けられた。離婚にともなう子の親権者指定等に関する事件の国際裁判管轄については，子の住所が日本国内にあるときに認められる（家事3条の8）。また，日本の裁判所が離婚事件について管轄を有する場合，子の監護者・親権者の指定，子の監護に関する処分の裁判についても管轄を有する（人訴3条の4，1項）。他方で，日本がハーグ子奪取条約▪の締約国になったことにともない，同条約に基づいて，日本から外国に不法に連れ去られた子の親権者指定の国際裁判管轄は，子の元常居国である日本に認められることになる。逆に，外国から日本に不法に連れ去られた子の場合には，当該子の居住地が現に日本にあるとしても，日本が子の親権者指定について裁判する

▪国際離婚➡Ⅶ-4「外国人と離婚する：国際離婚」

▪親権➡Ⅳ-1「親の子育て義務と子どもの権利：親権と扶養義務」

▪面会交流➡Ⅵ-4「別れて暮らす家族に会いたい(1)」

▪単独親権・共同親権➡Ⅵ-1「父母共同親権から単独親権へ」

▪国際裁判管轄➡Ⅶ-4「外国人と離婚する：国際離婚」

▪準拠法➡Ⅶ-1「外国人と結婚する：国際結婚」

▪ハーグ子奪取条約➡Ⅶ-6「国境を越えた子の連れ去りとハーグ子奪取条約」

ことは，原則として禁止される。

　次に，離婚後における子の監護等にかかる準拠法は，親子間の法律関係の準拠法指定に従って，①子の本国法が父または母の本国法と同一である場合には子の本国法，②それがない場合には，子の常居所地法によるとされている（法適用■32条）。親子関係の準拠法は，親権者・監護者の指定，面会交流，子の引渡し■等に適用される。ただし，準拠法に指定された外国法の内容が，日本の公序良俗に反する場合，その適用は排除される[1]（法適用42条）。

3 　離婚後の子との面会交流

　離婚後に子と非監護親が異なる国に居住することになった場合，親子の交流は困難であり，面会交流については当事者の合意形成も容易ではない。他方で，親子が異なる国に遠く離れて居住していても，インターネットを利用するなど，工夫次第で間接的な面会交流は可能である。近年の裁判例は，積極的に面会交流を認容する傾向にある。たとえば，外国にいる親と日本にいる子との面会交流を認めた事例[2]，日本人母の親権に服している子と日本から退去強制を命じられる可能性のある外国人父との面会交流を認めた事例[3]がある。後者のように，一人または全員が外国人である家族の場合，家族の権利保護の観点から，出入国管理及び難民認定法■等に関する議論も検討される必要がある[4]。

4 　離婚後の子の扶養

　国際離婚にともなう子の養育費用の負担・支払いの準拠法は，法適用通則法ではなく，「扶養義務の準拠法に関する法律」[5]による。同法によると，扶養義務の準拠法は，①扶養権利者（子）の常居所地法，②①の法により扶養を受け

■ 通則法➡Ⅶ−1「外国人と結婚する：国際結婚」

■ 子の引渡し➡Ⅵ−2「父母のどちらと暮らすか(1)：子ども争奪戦」

(1)　準拠法として指定された外国法を具体的な事案に適用した結果，日本の私法秩序を著しく害するおそれがある場合，その適用が排除されるのは，子の親権者・監護権者決定だけではなく，婚姻や離婚など，他の渉外的法律関係でも適用される一般的原則（公序則または公序条項という）である。

(2)　たとえば，浦和家審平12・10・20家月53巻3号93頁。

(3)　大阪高決平21・1・16家月61巻11号70頁。

(4)　離婚にともなう子の親権者指定等は家事事件として家裁に係属されるが，離婚等により在留資格のない外国人親が退去強制令書発付処分の取消を求める行政訴訟は地裁で別の裁判として進行する。そのため，前者の審判では在留資格のない外国人親を親権者として指定することを躊躇し，後者

られない場合，扶養権利者（子）と扶養義務者（親）の共通本国法，③前記の
いずれの法によっても扶養を受けられない場合，日本法によって決定される
（扶養準拠2条）。ただし，準拠法が外国法になった場合，関連規定の適用が公
序良俗に反するときは，当該外国法は適用されない（扶養準拠8条1項）。

　養育費の請求は子どもの利益保護のために重要であるが，国境を越えた養育
費の請求および回収にかかる費用や時間がかかり困難である。このため，2007
（平成19）年に「子及びその他の親族の扶養料の国際的な回収に関する条約」が
ハーグ国際私法会議▪で採択され，扶養料の実効的な回収を確保するための国
家間協力の仕組みが定められたが，日本は同条約に加入していない。

5　離婚後の子の氏と戸籍

　日本人と外国人の婚姻中に生まれた子が日本国籍を有する場合，子の氏は日
本人親の氏と同一になるが，家庭裁判所の許可審判により子の氏を外国人親の
氏に変更することも可能でる（戸107条4項）。親の離婚にともなって，外国人
親の氏を称する子の氏は次のようになる。①外国人配偶者の氏に変更した日本
人親が，離婚にともなって旧姓に戻る場合，子の氏は，日本人親の氏に変更す
ることもできれば，外国人親と同一の氏のままにすることもできる。前者の場
合，すなわち子の氏を日本人親の旧姓に変更する場合，子の氏の変更許可審判
が必要となる（民791条）。後者の場合，日本人親は戸籍から除籍され，子は
日本人親の婚姻中の氏名を筆頭者とする従前の戸籍に残る形になる。②日本人
親が外国人元配偶者の氏を継続して称する場合，子の氏は原則として変更され
ない。

の裁判では親権をもたない外国人を退去強
制させても違法ではないとの判断がなされ
ることがある。いずれの訴訟においても，
子どもの最善の利益を考慮した判断が望ま
れるところである。
(5)　同法は，1973（昭和48）年にハーグ国際
私法会議で採択された「扶養義務の準拠法
に関する条約」を，日本が1986（昭和61）年
に批准するにあたって制定された法律であ
る。
▪ハーグ国際私法会議➡Ⅶ-3「外国人を養子

にする：国際養子縁組」

6　国境を越えた子の連れ去りとハーグ子奪取条約

1　国境を越えての子の奪取

　国際離婚の増加[1]にともない，国境を越えた子どもの奪い合いが増加している。特に，日本人親が外国での婚姻関係の破綻に際して，外国人親の同意を得ずに子どもを連れて日本の実家に里帰りすることが，国境を越えた子の連れ去りとして国際問題になっている。子を連れ去られた外国人親が子を取り戻したい場合，日本の法制度を利用するには物理的距離や言葉の壁等があり，かなり困難である。また，国境を跨がっての子の奪い合いが子どもに与える影響は少なくない。このため，日本は，米国等の諸外国から，ハーグ子奪取条約に加盟して国境を越えた子の奪取問題に積極的に取り組むよう求められてきた。

2　子の奪取に関する条約（ハーグ子奪取条約）

　ハーグ国際私法会議▪では，国境を越えた子の連れ去りから子どもの利益を保護し，監護権を侵害された親を救済するために，1980（昭和55）年に「国際的な子の奪取の民事上の側面に関する条約」（以下「条約」）が採択された。条約では，国境を越えた不法な子の連れ去り▪や留置▪から子どもを保護するために，①子を常居所地国▪に迅速に返還すること，②国境を越えた面会交流を確保すること，③その実現のための国家間の協力について定めている（図Ⅶ-2）。同条約の適用対象は，国境を越えて不法に連れ去られた16歳未満の子ども[2]であり，父母の一方の監護権が侵害されている場合である（子奪取条約3条，4条）。

---

(1)　➡Ⅶ-4「外国人と離婚する：国際離婚」
　図Ⅶ-1。
▪ハーグ国際私法会議➡Ⅶ-3「外国の子ども
　を養子にする：国際養子縁組」
▪子の連れ去り：子を常居所地国から離脱さ
　せる目的で出国させること。
▪子の留置：他国に一時的に滞在していた子
　を常居所地国に戻さないことをいう。
▪子の常居所地国：子が連れ去られる直前に
　常居所（継続的に日常生活をしている場
　所）を有していた国である。

(2)　16歳以上の子については，自己の意思
　または判断で連れ去りの親元にいることが
　少なくないため，条約の対象となっていな
　い。

図Ⅶ-2　条約に基づく子の返還の流れ

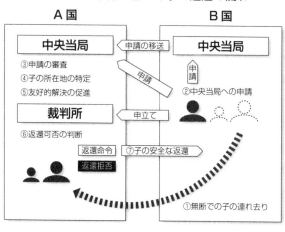

(注)　中央当局とは，外務省，法務省など各国の政府機関。

3 日本におけるハーグ子奪取条約の実施

　日本は2014(平成26)年1月に条約を批准し[3]，条約実施のための法律（国際的な子の奪取の民事上の側面に関する条約の実施に関する法律，以下「実施法」）を成立させた。実施法は，条約実施の中心的役割を担う中央当局として外務大臣を指定し（子奪取実施法3条），①中央当局による子の返還・面会交流に関する援助（同2章），②子の返還に関する裁判手続（同3章），および③執行手続（同4章）等について定めている[4]。

　まず，①子の返還援助として，子を連れ去られ監護権を侵害された親は，日本へ不法に連れ去られた子を元の常居所地国に返還する援助（外国返還援助，

---

(3)　ハーグ条約は遡及的に適用されないため，条約が日本で発効（2014(平成26)年4月）する前の子の連れ去り事案は，条約に基づく返還手続の対象にならない（子奪取条約35条）。

(4)　2019（令和元）年度における外務大臣が援助決定した事案のうち，子の返還が実現したのは18件（外国返還援助8件，日本国返還援助10件），子の返還が実現しなかったものは11件（外国返還援助4件，日本国返還援助7件）であった。

　法務省，外務省「国際的な子の奪取の民事上の側面に関する条約の実施に関する法律の実施状況について」https://www.mofa.go.jp/mofaj/files/100066630.pdf（2020年11月15日最終閲覧）

子奪取実施法4条），日本から他の締約国に連れ去られた子を日本へ返還する援助（日本国返還援助，同11条）を申請できる。外務大臣は，返還援助を決定した場合，子の返還および親子の面会交流について，当事者の合意によって実現できるように，協議の斡旋等を行う[5]（子奪取実施法9条）。

　次に，②裁判手続については，子の返還について合意が得られない場合，子を連れ去られた親は，裁判所に対して子の返還を申し立てることができる[6]。条約では，子の所在国の司法機関等は，原則として子の常居所地国への迅速な返還を直ちに命ずる義務がある（子奪取条約12条）が，返還申立てをした親が監護権を行使していなかったことや，返還によって「子が心身に害悪を受け，又は他の耐え難い状態に置かれることとなる重大な危険があること」といった返還拒否事由がある場合，返還義務を負わないとしている（同13条1項）。返還拒否事由の有無について，実施法では，①子への身体的暴力，②子に心理的外傷を与えるおそれがある相手方（子を現に監護している親）への暴力，③常居所地国における子の監護が困難な事情の有無など，一切の事情を考慮する（子奪取実施法28条2項）として，条約の文言をさらに明確化している。

　そして，相手方が子を返還しない場合，③の子の返還の執行手続が実施法で定められている。返還の強制執行は，16歳未満の子に限られる（子奪取実施法135条）。裁判所は，一定期間内に子を返還しない相手方に対して，返還確保のために一定金額の支払いを命ずることができるが，その決定から2週間を経過したときや，相手方が子を常居所地国に返還する見込みがないとき，子の急迫の危険を防止するために必要なとき，返還実施者を指定して子を返還するという代替執行手続を執ることができる（子奪取実施法136条〜138条）。

（付　月）

---

(5)　面会交流援助決定がなされた事案について，多くは両当事者の連絡の仲介が実現され，ビデオ通話を含む親子の面会が実現した事案もある。
参考ウェブサイト：外務省「ハーグ条約（国際的な子の奪取の民事上の側面に関する条約）」：https://www.mofa.go.jp/mofaj/gaiko/hague/index.html（2020年11月15日最終閲覧）
(6)　子の返還申立事件は，子の住所地に応じて，東京家裁または大阪家裁の管轄に属する（子奪取実施法32条）。

Ⅷ 扶　養

1　家族間の扶養⑴：生活保持義務

1　生活保持義務と生活扶助義務

　明治民法では，戸主は家の構成員を扶養する義務を負うとされたが，しかし年長者・親に対する孝養が重視されたため，夫婦間や幼い子に対する扶養よりも，直系尊属に対する扶養が優先されていた。このような考え方に対し，中川善之助博士は，夫婦間と子どもに対する扶養義務は，一般親族に対する扶養義務とは本質的に異なるとして，スイス民法の用語を参考に，扶養義務を生活保持義務と生活扶助義務に分ける扶養義務二分説を提唱した。この扶養義務二分説は，戦後，個人の尊厳と両性の本質的平等の理念を規定した憲法に従って改正された民法のもとで通説化し，判例や行政実務においても受け入れられるようになった。ただし，民法上明文規定が存在するわけではない。

2　親の未成熟子に対する生活保持義務

　夫婦間および親と未成熟子の間では，扶養することは身分関係の本質的要素と考えられ，扶養義務者は，扶養権利者に自己と同程度の生活を保障する義務を負うべきである。夫婦間の生活保持義務は相互的なものであり，夫婦の協力・扶助義務（民752条）および婚姻費用分担義務（民760条）として規定されている[1]。もっとも，夫婦間の生活保持義務関係が夫婦の同居（民752条）を前提にしたものか，夫婦が別居したり夫婦関係が破綻したりしている場合には生活保持義務が軽減されるかは明らかでない[2]。

---

(1)➡Ⅱ-5「夫婦の役割分担」
(2)➡Ⅱ-7「夫婦が別居したら」

　親の未成熟子に対する生活保持義務は原則として片面的であり，親だけが負う扶養義務であると解されている。しかし，明文規定はなく，離婚後の監護費用に関する規定があるにすぎない（民766条）。未成熟子の親に対する扶養請求権は，本来は子の固有の権利として，父母の婚姻関係の有無，同居・別居・離婚によって左右されない中立的なものとして，民法上明確に規定されるべきものである。未成熟子の親に対する扶養請求権は実親に対してだけでなく，養親に対しても主張できるものである。そのため，離婚後に単独親権者となった母親が子どもを連れて再婚し，子どもと再婚相手との間で養子縁組をした場合(3)，親権者である母親と養父が第一次的に扶養義務を負うことになり，非親権者である実父が支払う養育費の変更（民880条）が行われることになる（福岡高決平29・9・20判時2366号25頁）。もっとも，このような養子縁組が，子の意思確認もなく，実父の不知のままできてしまうこと自体が問題であろう。

③ 未成熟子と重度障害

　未成熟子とは，身体的・精神的・経済的に成熟化の過程にあるため，就労が期待できず，第三者による扶養を受ける必要がある子を意味し，未成年子とは異なる概念として用いられている。有責配偶者からの離婚請求(4)に関係して，日常的に介護が必要な20歳以上の重度障害者を未成熟子とした裁判例がある（東京高判平19・2・27判タ1253号235頁，高松高判平22・11・26判タ1370号199頁）。もっとも，障害は社会的に作られた問題であり，障害者個人ではなく社会全体が責任をもって取り組むべきとの基本理念のもと，2012(平成24)年に障害者総合支援法が制定されるなど(5)，障害者が社会の一員として自立した日常生活を営めるよう社会的に支援する方向に向かっている。こうした障害者福祉

---

(3) ➡Ⅲ-7「親の再婚と子ども」
(4) ➡Ⅴ-5「離婚届を出せない(3)」
(5) 　日本は，2007(平成19)年9月に障害者権利条約（前年に国連で採択）に署名した後，批准に向けた関係法令の改正作業を進め，2014(平成26)年1月20日に同条約を批准した。

制度の変化を考えると，重度障害を理由に，成年者を未成熟子とする考え方は改められるべきであろう。

4　未成熟子と大学教育費の負担

　未成熟子が親に対して請求する扶養料の中に教育費が含まれている場合，大学在学中に成年に達するため，扶養義務の程度や終期が問題とされてきた。裁判例は分かれており，子が大学を卒業するまでとしたもの（東京家審昭50・7・15家月28巻8号62頁など），成年に達した後における大学在学中の費用は養育費に含まれないとしたもの（大阪高決昭57・5・14家月35巻10号62頁）などがある。最近の裁判例では，生育してきた家庭の経済的・教育的水準を考慮して，4年制大学在学中の子については大学卒業時を扶養義務の終期としたもの（大阪高決平2・8・7家月43巻1号119頁），奨学金およびアルバイト等の収入関係，親の資力・進学意向など，子の学業継続に関連する諸般の事情を考慮して，不足する学費・生活費について親からの扶養が必要か否かを判断すべきであり，子が成人に達しかつ健康であることをもって直ちに要扶養状態にないと判断することは相当でないとしたものがある（東京高決平12・12・5家月53巻5号187頁）。

　2022(令和4)年4月1日からは，成年年齢が20歳から18歳に引き下げられる（民4条）。これに伴って未成熟子の年齢を20歳から18歳に引き下げるべきかについて，2019(令和元)年12月23日に公表された平成30年度司法研究「養育費，婚姻費用の算定に関する実証的研究」では，具体的に未成熟子を脱する時期を認定すべき事情がある事案でない限り，未成熟子を脱するのは，早くとも20歳となる時点と考えられるとしている[6]。

---

(6)　**参考文献**：村松多香子「平成30年度司法研究「養育費，婚姻費用の算定に関する実証的研究」の概要」家判24号（2020年）11-13頁

2　家族間の扶養⑵：生活扶助義務

1　親の成年子に対する扶養義務

　直系血族及び兄弟姉妹は，互いに扶養をする義務がある（民877条1項）。直系血族には，実親子関係だけでなく，養親子関係のような法定血族関係も含まれる。直系血族間での扶養の場合，単に親子であること，祖父母と孫であることという身分関係のみが要求されているにすぎない。直系血族間の扶養は，夫婦と未成熟子との生活保持義務関係[1]とは区別され，もっぱら成年子と父母との間での生活扶助義務関係ということになる。

　成年子に対する親の扶養義務が問題となるのは，子が何らかの理由で就労し自立することができない場合である。例えば，子が発達障害や精神疾患などのため「ひきこもり」状態[2]にある場合，子が就労等により独立生計を営むことは困難であり，父母が同居する子を扶養せざるを得ない。この場合，父母と子は同一生計となるため，生活扶助義務関係と言いつつ，生活保持義務関係にあるのと変わらないことになる。ひきこもり対策推進事業として，地域包括支援センターによる総合相談や包括的支援体制の構築などが進められているが，本人の早期発見・早期支援や家族等の支援は簡単ではなく，本人の自立促進も容易ではない。特に親が高齢になり稼得収入が得られなくなると，親の老齢年金だけで生活せざるを得なくなり，貧困問題とも関わってくることになる[3]。

2　成年子の親に対する扶養義務

　成年子と父母との間の生活扶助義務関係の場合，親子が同居していること，過去に親が子に対する扶養義務を果たしていたこと，良好な親子関係が存在し

---

(1)➡Ⅷ-1「家族間の扶養⑴」
(2)　厚生労働省の定義によれば，様々な要因の結果として，社会的参加（就学，就労，交遊）を回避し，原則的には6か月以上にわたっておおむね家庭にとどまり続けている状態を示す現象概念である。2015（平成27）年12月の内閣府調査では，広義の引きこもり状態にある者が54.1万人，狭義の引きこもり状態にある者が17.6万人であった。
(3)　参考資料：厚生労働省平成30年度生活困窮者就労準備支援事業費等補助金社会福祉推進事業『地域包括支援センターにおける「8050」事例への対応に関する調査報告書』NPO法人KHJ全国ひきこもり家族会連合会，2019年。

たことなどは前提とされておらず，単に親子であるとの身分関係のみが要求されるにすぎない。しかし，親が長年にわたって自らの未成熟子に対する扶養義務を果たさず，親子の人的交流もなかった場合にまで，成長した子に対して親が扶養請求できるかについては，信義誠実の原則（民1条2項）からしても疑問の余地がある。また，子ども虐待事例のように，子どもの健全育成に反する行為を重ねてきた親についても同様である。こうした親側の過去の義務違反行為を具体的にあげて，成年子の親に対する扶養義務を免除ないし軽減する規定を設けることは考慮に値する(4)。

3 兄弟姉妹間の扶養義務

明治民法の時代には，夫婦間に生まれる子の数が多く，親の平均余命も短かったため，末子が生まれた後すぐに親が死亡し，長男長女が末子を扶養せざるを得ないということも珍しくなかった。しかし，少子化の進む現代では，兄弟姉妹間の扶養（父母の一方のみを同じくする者を含む）は，成年子間での扶養ということになり，互いに独立し各自の家庭を築いている場合が多いと考えられる。このような場合には，家庭裁判所が，特別な事情があるときに限り，扶養義務を負わせるので十分ではないだろうか(5)。

4 三親等内親族の扶養関係

明治民法の家制度下における扶養義務者の範囲をカバーするために，特別の事情があるときは，家庭裁判所は，三親等内の親族間においても扶養の義務を負わせることができるとの規定がおかれ（民877条2項，家事別表第一84），家庭裁判所の審判の後，事情の変更が生じた場合には，家庭裁判所は，その審判

(4)　例えば，明治民法の影響を受けた台湾民法が，このような場合における親族扶養義務の免除を規定している。
(5)　参考文献：野沢紀雅「家族法改正——その課題と立法提案」家族〈社会と法〉33号（日本加除出版，2017年）84〜95頁。

を取り消しうるものとされた（同条3項）。三親等内の親族には，血族だけでなく姻族も含まれるから，妻（夫）と夫（妻）の父母，夫（妻）と妻（夫）の連れ子，成年子と父母の再婚相手（以上は姻族一親等），配偶者の兄弟姉妹，兄弟姉妹の配偶者（姻族二親等）などが対象となる（図Ⅱ-1）。このように広範囲の親族に扶養義務を課しうる内容となっているため，従来から批判されてきた。特にいわゆる「嫁」が，明治民法におけるように，いわゆる舅・姑に対して扶養義務を負うかのような誤解を与える危険性があるから，民法877条2項の規定は削除することが望ましいと考えられる[6]。

5　親族扶養と生活保護

　生活保護受給者が扶養義務者に対して扶養を請求する場合，生活保護を受給していないことを前提に，扶養料額を算定しなければならないと一般に解されている。これは，民法に定める扶養義務者の扶養は，生活保護に優先して行われる（生保4条2項）とする補足性の原理に基づく解釈である。しかし，国民に健康で文化的な最低限度の生活を保障することを目的とした生活保護法が，立法趣旨の異なる民法の扶養義務者の範囲をそのまま適用する必要性はない[7]。また，生活保護を受給するにあたって，生活扶助義務者と同一世帯にある場合，世帯単位の原則（生保10条）を盾に，生活扶助義務者に対しても，生活保持義務者と同様の高い扶養義務が期待され，容易に世帯分離を認めようとしない。こうした生活保護行政の取扱いは，補足性の原理のもと親族扶養優先原則をとりつつ，世帯単位原則を根拠に民法の扶養法原理を無視するものである。私的扶養と公的扶助の関係について，改めて検討してみる必要があろう。

---

(6)　野沢・前掲注(5)92頁。
(7)　例えば，明治民法の影響を受けた台湾や韓国では，公的扶助法における扶養義務者の範囲を民法の扶養義務者よりも狭く規定している。

3　老親扶養と介護⑴：具体的な扶養義務と扶養の程度

1　具体的な扶養義務の発生

　抽象的な扶養関係は，一定の親族関係のある者に常に存在する（民877条）。これに対し，具体的な扶養の権利・義務が発生するためには，一方が要扶養状態にあり（扶養権利者），他方が扶養能力を有し扶養可能状態にあること（扶養義務者）が必要である。要扶養状態とは，自己の収入・資産等によって自らの生活費をまかなうことができない状態を意味する。要扶養状態にある者が，生活費のために自宅などの不動産を処分すべきかについては，生活保護法における保有すべき資産・処分すべき資産に関する取扱い[1]も参考となろう。

　これに対し，扶養可能状態とは，扶養義務者および生活保持義務関係にある配偶者と未成熟子の社会的地位にふさわしい生活をするために必要な費用等を除いて，なお扶養義務者に余力がある場合のことを意味する（札幌高決平26・7・2判時2272号67頁など）。特に扶養義務者に生活保持義務関係や生活扶助義務関係にある者がありつつ，事実上同居して生活を共にしている者（内縁配偶者や事実上の養子■など）がいる場合には，具体的な扶養義務の判断にあたっては，法律上の親族関係による扶養義務と事実上の家族共同生活関係のいずれを優先すべきかが問題となる[2]。

2　扶養義務者の順位

　扶養義務者または扶養権利者が複数人いる場合には，その順序は当事者間の協議で定めることとし，協議ができない場合には，家庭裁判所の審判で定める

---

(1)　生活保護法4条1項は，資産・能力その他あらゆるものを活用することを求めている。生活保護の実務では，処分した際の価値と新たに住居を求める際の経費や困難さなどを比較して，「活用すべき資産」として保有を続けさせるか，「処分すべき資産」として処分させるかを判断している。

■事実上の養子：事実上親子として生活しているが，戸籍法に従った養子縁組届を提出していないために，法律上の養親子関係が認められない場合，これを事実上の

養親子関係として，子ども側を事実上の養子という。

(2)➡Ⅱ-3「婚姻届を出せない⑵」

ものとしている（民878条，家事別表第二9項）。ただし，一般的には，生活保持義務関係にある配偶者や未成熟子は，生活扶助義務関係にある者よりも優先されるものと考えられている。したがって，老親扶養の場合には，生活扶助義務関係にある複数の成年子間での協議によることになるが，各成年子に配偶者や未成熟子がいるか否か，各成年子の収入や資産などの経済状態による扶養可能性などが，具体的な扶養義務の順位の判断基準となってくる。同順位の扶養義務者である成年子が複数いる場合，扶養権利者である老親は，成年子全員あるいはその中の1人に対して，必要な扶養料の全額を請求することができると解されている[3]。

　上記の家庭裁判所に対する審判の申立ては，扶養義務者の住所地の家庭裁判所に対してするのが原則であるが，老親が自分の住所地の家庭裁判所に申し立てたときも，事件処理のために必要と認められるときは，その家庭裁判所で事件処理をすることができる（家事9条1項）。また，審判の申立ては，扶養義務者の方からすることもでき，他の扶養義務者を相手方として申し立てることもできる。ただし，要扶養者である老親を除外して手続きを進めることは，原則として許されない。この場合，家庭裁判所の調停によることもでき，当事者の協議で家庭裁判所を選ぶことができる（家事245条1項）。

　家庭裁判所の関与の有無にかかわらず，扶養権利者と扶養義務者との間の協議によって扶養に関する合意が成立すれば，三親等内の親族も含めて，当事者間には扶養契約が成立したことになる。この場合には，扶養契約の内容に従って具体的な扶養権利義務関係が生じることになるため，扶養義務者が義務を履行しないとき扶養契約は解除され，扶養契約に従って生前贈与された財産は返還されることになる（東京地判平26・8・28判例集未登載）。

---

(3)　複数の成年子は連帯債務的に扶養義務を負うと解されており，成年子の1人が必要な扶養料の全額を負担したときは，他の成年子に対し求償を求めることができる。➡ Ⅷ－4「老親扶養と介護(2)」

3 扶養の程度と方法

　扶養の程度または方法についても，当事者の協議によることを原則とするが，協議が調わないときは，家庭裁判所が，扶養権利者の需要や扶養義務者の資力など，その他一切の事情を考慮して定めるものとされている（民879条）。扶養の程度は，生活扶助義務関係にある老親については，扶養義務者および生活保持義務関係にある者の社会的地位にふさわしい生活をするために必要な費用を除いて，なお余力がある限度とされる。ただし，過去の養育状況や子が高額所得者である事情が考慮され，より高い程度の扶養が命じられることもある（広島家審平2・9・1家月43巻2号162頁）。なお，要扶養者の過失などによって要扶養状態を招いた責任は，その他一切の事情として考慮されうるであろうが，老親の扶養請求権を全く否定することまでできるかは議論の余地がある。

　扶養の方法について，明治民法は，扶養義務者の選択によって，扶養権利者を引き取って扶養するか（引取扶養），引き取らないで生活の資料（金銭や物品）を給付することを原則とし，例外的に扶養権利者の請求により裁判所が扶養の方法を定めるとしていた（旧民961条）。これに対し，現行民法は具体的な扶養の方法を示すことなく当事者の協議に委ねているが，扶養の方法としては金銭扶養が原則であり，引取扶養は例外的なものと解されている[4]。もっとも，成年子の1人が老親を引き取って同一世帯で生活する場合，その扶養の程度は生活保持義務関係にある者と同等に扱うのが相当とされ（大津家審昭46・8・4家月24巻11号47頁），他の成年子の金銭扶養の程度は生活扶助義務にとどまることになる。

---

(4)➡Ⅷ-4「老親扶養と介護(2)」

4　老親扶養と介護⑵：家族介護と過去の扶養料請求

1　老親扶養と家族介護

　老親扶養の方法として，引取扶養ないし同居扶養の方法が選択された場合であっても，通常の世話を超える介護までは含まないと一般に解されている。したがって，老親介護の法的根拠は，成年子の老親に対する扶養義務にあるのではなく，引取扶養ないし同居扶養をしている家族介護者（成年子の配偶者を含む）と，要介護者である老親との間で合意された介護契約によるものと考えられる。複数の成年子がある場合には，引取扶養する成年子および他の成年子と老親との間の契約となり，他の成年子が負担すべき金銭扶養の金額等についても定めることになろう⑴。ただし，老親と家族介護者との間に介護契約に関する明確な話合いがない場合，あるいは老親が認知症等により介護契約を締結できない場合⑵には，事実上提供される家族介護は，介護契約に基づかない**事務管理▪**（民 697 条）ということになる。

2　老親扶養と介護保険

　2000（平成 12）年 4 月 1 日に介護保険法が施行され，要介護高齢者のための介護の社会化が促進されてきた。介護保険の訪問介護・看護や通所介護などのサービス利用によって，家族介護者の介護負担が軽減されたとはいっても，要介護度が高くなると同居の主な介護者⑶の介護時間は急増する傾向にある。また，介護保険給付であるサービスの利用にあたっては，要介護者等の収入に従って 1 割から 3 割の自己負担があり，また要介護度に従って定められた上限額を超えるサービス利用は全額自己負担となる（介保 49 条の 2，59 条の 2）。

⑴　現に老親を扶養している扶養義務者の意に反して，他の扶養義務者が老親を引取扶養した場合でも，自己のみで扶養費用負担すべきものとすることはできない（最判昭 26・2・13 民集 5 巻 3 号 47 頁））。
⑵　➡Ⅸ-4「成年後見人は何をするの⑵」
▪**事務管理**：法律上の義務のない者が，他人のためにその事務を処理することである。相互扶助という社会共同生活の理想に基づいた制度であり，民法は好意的な援助協力行為を適法行為とした上で，当事者間の公平のために，管理者の管理義務と本人の費用償還義務を規定している（民 697 条〜702 条）。
⑶　2020（令和 2）年 7 月 17 日に公表された「2019 年国民生活基礎調査の概況」によれば，要介護者の主な介護者は，同居の家族等が 54.4%，別居の家族等が 13.6%，事業者は 12.1% であり，同居の主な介護者の要介護者との続柄は，配偶者が 23.8%，子が 20.7%，子の配偶者が 7.5% であった。

　こうした介護保険に関わる金銭的な負担については，日常生活費とともに老親の年金等の収入から支出されることになるが，不足する場合には要扶養状態ということになり，成年子の扶養能力が関係してくることになる。その際，扶養料の額は，親の最低生活費から親の収入を差し引いた額を超えず，かつ，子の扶養余力の範囲内の金額とするのが相当である（札幌高決平26・7・2判時2272号67頁）。複数の扶養義務者がいる場合，各自の分担額を検討する際，扶養義務者の配偶者の収入を斟酌することができるとした事例もある（広島高決平29・3・31判時2388号33頁）。

　介護保険の特定施設▫である介護付き有料老人ホームの入居一時金や月額費用，グループホーム▫入所中の費用負担についても，老親の収入で不足する部分は，複数の子の扶養余力の範囲内で負担させるのが相当であるとされている（東京高決平17・3・2家月57巻11号55頁，新潟家審平18・11・15家月59巻9号28頁）。

③ 扶養関係の変更・消滅

　扶養義務者ないし扶養権利者の順序，扶養の程度・方法について協議または審判があった後，事情が変更したときは，家庭裁判所は，先の協議または審判を取り消し，または変更することができる（民880条）。事情変更のあった場合としては，扶養されている老親の経済状態が好転した場合，逆に扶養の必要性が増した場合，扶養義務者である成年子の収入や資力が変化した場合，他に扶養権利者・扶養義務者が生じた場合などが考えられる。

　扶養の権利義務関係は，当事者の抽象的な身分関係に基づくものであるから，その人限りの一身専属的な権利義務関係である。したがって，扶養義務者であ

▫ 特定施設：日常生活上の世話，機能訓練および療養上の世話などの居宅サービスをトータルに提供する有料老人ホームやケアハウスなどであり，介護専用型特定施設として都道府県の指定・監督を受ける（介保8条11項）。
▫ グループホーム：認知症の要介護者が共同生活を営むための住居であり，家庭的な環境と地域住民との交流のもとで，日常生活上の世話および機能訓練を行う地域密着型特定施設であり，市区町村が指定・監督を行う（介保8条21項）。

る成年子の1人が死亡したとしても，遺産または相続人に対する扶養請求権の行使は認められない。また，扶養権利者である老親が死亡したときも，扶養請求権が相続されることはない（民896条ただし書き）。

4 過去の扶養料請求

　扶養は生活を維持するためのものであるから，過去の扶養というのは意味がないようにみえるが，しかし過去の扶養料請求を否定すると，扶養義務を怠った者が得をする不当な結果となってしまう。それゆえ，通説・判例は，原則として，複数の扶養義務者の1人が要扶養者の扶養料を全額負担した場合，他の扶養義務者に対して求償を請求することができるとしている（最判昭26・2・13民集5巻3号47頁）。兄弟姉妹間の扶養の場合に，現に扶養する1人が他の扶養義務者に対して過去の扶養料の求償を申し立てた最近の事例がある（東京高決平28・10・17判タ1446号128頁）。

　扶養の権利義務関係と相続関係は全く別の基準で定められているが，老親の引取扶養や子の1人により老親の療養看護が行われた場合，老親の遺産分割の際に寄与分として評価されるかが問題となる[4]。特に引取扶養の場合には，扶養義務者である相続人自身ではなく，その妻（いわゆる嫁）が夫の扶養義務の履行補助者として夫の親を介護・看護したことをもって，相続人である夫の寄与分として評価される[5]ことになる（東京高決平22・9・13家月63巻6号82頁）。なお，子の1人が老親の療養看護を理由に寄与分の審判を申し立てたが認められなかった場合でも，他の扶養義務者に対する過去の扶養料の求償を申し立てることはできるとされた事例がある（大阪高決平15・5・22家月56巻1号112頁）。

（本澤巳代子）

---

(4)➡XⅢ-4「介護は報われるか」
(5)　実際に老親を介護・看護した妻の労が直接報われるわけではないため，2018(平成30)年の民法改正では，このような相続人以外の親族が被相続人の療養看護を行った場合には，一定の要件のもとで，相続人に対して金銭請求することができる「特別の寄与」制度（民1050条）が創設された。➡XⅢ-4「介護は報われるか」

Column 8

家族介護と高齢者虐待

　高齢者の尊厳の保持にとって高齢者虐待を防止することは重要であるとの認識のもと,「高齢者虐待の防止,高齢者の養護者に対する支援等に関する法律(以下,高齢者虐待防止法という)」が2005(平成17)年11月に制定され,2006(平成18)年4月1日から施行されている。高齢者虐待は,養護者(高齢者を現に養護する介護施設従事者等以外の者)による虐待と介護施設従事者等による虐待に分類されている。高齢者虐待の態様は,①身体的虐待,②介護・世話の放棄・放任,③心理的虐待,④性的虐待,⑤経済的虐待に分類されている(高虐2条)。高齢者虐待の防止,虐待を受けた高齢者の迅速で適切な保護,適切な養護者に対する支援については,区市町村が第一義的責任を負うことになる(高虐3条)。区市町村は,虐待を受けたと思われる高齢者を発見した者からの通報(高虐7条)又は虐待された高齢者本人からの届出があった場合,高齢者の安全の確認及びその他事実の確認を行う(高虐9条)とともに,地域包括支援センター等との対応策を協議した上で,さらに必要に応じて高齢者の住所・居所への立入調査等を行い(高虐11条),虐待者と被虐待者を分離するか,分離しないかを判断することになる。

　同法により毎年公表される調査結果によれば,2019(令和元)年度は,養護者による高齢者虐待の相談・通報者3万6,730人のうち介護支援専門員が27.5%,警察が27.2%を占め,家族・親族は7.9%にすぎなかった。相談・通報を受けて区市町村が事実確認を行った事例は3万3,398件(95.1%)であり,そのうち訪問調査62.5%,関係者からの情報収集32.1%,立ち入り調査0.5%であった。被虐待高齢者1万7,427人のうち,虐待の種別では,「身体的虐待」が67.1%で最も多く,ついで「心理的虐待」が39.4%,「介護等放棄」19.6%,「経済的虐待」17.2%であった(複数回答)。被虐待高齢

者のうち女性が 75. 2%を占め，年齢は 80〜84 歳が 23. 5%，要介護認定済み 68. 0%のうち要介護 3 以上が 37. 5%であった。そして「虐待者とのみ同居」が 50. 5%で最も多く，「虐待者及び他家族と同居」を合わせると 86. 4%の被虐待高齢者が虐待者と同居していた。虐待者は「息子」40. 2%，「夫」21. 3%，「娘」が 17. 8%を占め，いわゆる「嫁」は 3. 2%にすぎなかった。虐待者の年齢は 50 歳代が 25. 9%を占め，息子の引きこもりによる 80・50 問題が，老母の扶養・介護の場面で高齢者虐待となって現れているともいえる。

　虐待への対応については「虐待者からの分離を行った事例」が 27. 9%であり，そのうち「介護保険サービスの利用」32. 6%，「医療機関への一時入院」18. 2%であった。これに対し，分離していない事例では「養護者に対する助言・指導」（高虐 14 条）54. 0%，「ケアプランの見直し」26. 3%であった。事態が深刻で命にかかわる場合などには，市区町村は特別養護老人ホームへの入所やショートステイなど，職権による一時保護を行うことができる（高虐 10 条，14 条 2 項，老福 10 条の 4，11 条）。このような場合にも，老人福祉法による措置は，介護保険給付に対して補足的なものとされているため，入所している施設での介護等は，できる限り速やかに介護保険契約による介護老人福祉施設サービスへと移行させることが必要となる。それゆえ，地域包括支援センターの業務である権利擁護事業として，地域包括支援センターは，成年後見制度の利用支援及び市区町村長の申立（老福 32 条）にも関わることとなる。なお，区市町村が被虐待者である老母を施設に保護し，虐待者である息子に老母の居場所を教えないことを理由に，息子が区市町村に対して処分取消請求や損害賠償請求をした事例もある（東京地判平 27・1・16 判時 2271 号 28 頁）。

（本澤巳代子）

IX 後見と看取り

1 新しい成年後見制度

1 成年後見制度とは

　成年者であったとしても，認知症やその他の理由から精神上の障がいにより，自分自身が行う取引の法的意味を理解できない場合，他者からの支援が必要となる。民法上の成年後見制度と特別法上の**任意後見**▪制度がそのための制度である。民法上の成年後見制度には，補助，保佐および（狭義の）成年後見という3つの類型がある。成年後見制度は，保護される者（本人）の残された能力をできる限り活用しつつ，その意思決定を支援する制度であるため，本人が法律行為の利害損得関係を判断する能力（事理弁識能力）の程度により利用できる制度が決まり（図1）。制度間を柔軟に移動する運用が目指されている。成年後見・保佐・補助が開始すると，嘱託・申請により後見登記が行われる（後見登記4条）

　成年後見制度は，1999（平成11）年に制定され，2000（平成12）年に施行された制度であり，介護保険制度が導入されるにあたり，介護サービスを受けるために契約を締結しなければならなくなったことから，従来の財産管理を目的とした禁治産・準禁治産制度(1)が抜本的に見直された経緯をもつ。障がい者関係の介護サービス等も2003（平成15）年に契約の締結が必要となり，成年後見制度の利用の必要性が増すことになった。

▪**任意後見**：任意後見は，成年後見とは異なり，本人が将来任意後見人となる者（受任者）との間で任意後見契約を締結することができ，後見人になる者や財産管理，身上監護に関する事務や代理権をどのようにするかなど契約であらかじめ定めておくことができるため，本人の自己決定の理念をより尊重した制度といえる。
　任意後見契約は公正証書により作成し（任意後見3条），契約後登記し（同5条），本人が精神上の障害により事理弁識能力

が不十分になったときに，一定の者の請求により，家庭裁判所が成年後見監督人を選任することにより開始する制度である。

(1)　禁治産制度は，本人の行為能力を全面的に制限する制度で，準禁治産制度は，重要な法律行為につき，保佐人の同意権のみを付与する制度で保佐人の権限が限定され，本人の保護に欠けることなどの問題点が指摘されていた。

2 補　　助

　補助は，「精神上の障害により」事理弁識能力が「不十分」な者（被補助人）のために，一定の者⁽²⁾の申立てにより，家庭裁判所が，補助開始の審判により開始し（民15条1項，民876条の7），補助人が選任される（民16条）。被補助人は，多くのことは自分でできるが，一部の重要な法律行為に限って他者の支援が必要な場合に利用する制度で，補助開始の審判に際し，同意権付与の審判（民17条1項）・代理権付与の審判（民876条の9　第1項）が行われる（民15条1項）。補助開始の審判にあたり本人の同意が必要など（民15条2項），本人の意思が尊重されている。

3 保　　佐

　保佐は，「精神上の障害により」事理弁識能力が「著しく不十分」な者（被保佐人）のために，一定の者が申立てをし，家庭裁判所が保佐開始の審判をすることで開始し（民11条1項，876条），保佐人が選任される（民12条）ことで利用が可能となる。被保佐人は，不動産の売買，相続の承認・放棄，遺産分割など民法が規定する重要な法律上の行為のほか，審判で認められた行為に，保佐人の同意が必要となる（民13条）。なお，代理権付与の審判については，被保佐人の同意が必要となる（民876条の4）。

4 成年後見

　成年後見は，「精神上の障害により」事理弁識能力を「欠く状況にある」者（被後見人）のために，一定の者が申立てをし，家庭裁判所が後見開始の審判をすることで開始し（民7条），後見人が選任される（民8条）ことで利用が可

---

(2)　一定の者については，2　成年後見人の選任❶」を参照。

能となる。成年被後見人が行った取引行為は，日用品の購入以外，成年後見人は取り消すことができる。成年後見人は，法定代理人であり，成年被後見人の財産につき管理し，処分をすることができる（民859条1項）。

表Ⅷ-1　法定後見制度の概要：補助・保佐・後見

類型		補助	保佐	後見
機関名	本人	被補助人	被保佐人	成年被後見人
	援助者	補助人	保佐人	成年後見人
	監督人	補助監督人	保佐監督人	成年後見監督人
開始の要件	対象となる人	精神上の障害（認知症・知的障害・精神障害など）により，事理を弁識する能力が不十分な人	精神上の障害により，事理を弁識する能力が著しく不十分な人	精神上の障害により，事理を弁識する能力を欠くのが通常の状態にある人
	鑑定の要否	原則として，診断書等でよい	原則として鑑定が必要	
開始手続	請求できる人	本人，配偶者，四親等内の親族，他の類型の援助者・監督人，検察官，任意後見受任者，任意後見人，任意後見監督人，市区町村長		
	本人の同意	必要	不要	
同意権・取消権	付与される範囲	特定の法律行為（民法12条1項各号が定める行為の一部に限り，申立ての範囲内）（日常生活に関する行為は除く）	民法12条1項各号が定める行為（日常生活に関する行為を除く）	日常生活に関する行為を除くすべての法律行為
	本人の同意	必要	不要	
	取り消せる人	本人と補助人	本人と保佐人	本人と成年後見人
代理権	付与される範囲	特定の法律行為（申立ての範囲内）		財産に関するすべての法律行為
	本人の同意	必要		不要
援助者の責務	職務	同意権・取消権，代理権の範囲における本人の生活，療養看護および財産の管理に関する事務		本人の生活，療養看護および財産の管理に関する事務
	一般的な義務	本人の意思の尊重と本人の心身の状態および生活の状況に配慮		

出所：小林昭彦・大鷹一郎『わかりやすい新成年後見制度』有斐閣，2000年を基に筆者作成。

2　成年後見人の選任

1 後見開始の審判の申立人▫

　精神上の障がいのある者が成年後見制度を利用するためには，家庭裁判所に対し後見開始の審判を求めることになる。この審判の申立権を，民法は，本人，配偶者，4親等内の親族，未成年後見人▫，未成年後見監督人，保佐人，保佐監督人，補助人，補助監督人と公益代表としての検察官に与える（民7条）。成年後見制度の利用により，本人は法律行為を制限されるとはいえ，意思能力を有することから，本人自らも申し立てることができ，その他の申立人は本人が申し立てない場合に，本人の利益のために申し立てることになる。未成年後見人等に申立権が認められているのは，制度間の移行が必要な場合に備えてである。民法以外にも，身寄りのない者が迅速にまた適切にこの制度を利用することができるように，市町村長（老福33条，知障28条，精保51条の11の2）にも申立権が付与されている。このほか，任意後見契約を締結した者であっても，本人のために法定後見が必要な場合には，任意後見受任者・任意後見人および任意後見監督人も申し立てを行うことができる（任意後見10条2項）。

　補助制度に関しては，同制度が一定の判断能力を有する者に対する制度であることから，本人の自己決定を尊重するために，補助開始の審判の申立てを本人以外の者が行う場合には，本人の同意がなければならない（民15条2項）。また，被補助人・被保佐人に対して，特定の法律行為について代理権付与の審判を行う場合にも，代理権の付与により本人の意思に反して財産が処分される可能性があることから，本人の自己決定の尊重の理念に照らし，本人の同意が必要となる。（民876条の4第2項，民876条の9第2項）。

▫ 申立人：成年後見制度が整備された当初は，後見人等の申立人について，最も多かったのは本人の子で全体の39.9%，配偶者が18.9%，本人は2.9%，市町村長は0.5%にとどまっていた（「成年後見事件の概況——平成12年4月から平成13年3月」）。しかし，近年では，本人の子が最も多いいのは変わりないが（22.7%），次いで市区町村長（約22.0%），本人（約18.6%）の順となり親族による申立ての割合は小さくなっている（「成年後見事件の概況——平成31年1月から令和元年12月」）。

▫ 未成年後見人：未成年後見人は，未成年者に親権者がいないときか，あるいは親権者が財産管理権を有しないときに開始する（民838条1号）。

　申立ての具体的な動機は，本人の預貯金等の管理・解約が最も多く，身上監護，介護保険契約，不動産の処分，相続手続きなどが続く。本人が「意思能力」がない状態でした契約等の法律行為は，無効となるため（民3条の2），取引の相手方にとっては不安定な法的地位におかれること，本人にとっても重要な法的取引をするにあたってそれを行うだけの法的な判断能力がなければ，不利益な契約を締結させられるという問題が生じるからである。家族であっても代理権がない者が行った法律行為は，追認がないかぎり，本人には効果は帰属しない（民113条）。家族による無権代理行為がある場合，後見人に就任した者は，その法律行為を追認することも追認拒絶することもできる。

2 成年後見人等の選任の基準

　家庭裁判所が，後見開始の審判に際して，成年後見人を選任するときには職権で選任するが，成年後見人が欠けたときや必要があると認めるときには，請求または職権により成年後見人を選任[1]することになる（民843条1項から3項）。選任にあたって，家庭裁判所は，成年被後見人の心身の状態，生活・財産の状況，成年後見人となる者の職業・経歴，成年被後見人となる者との利害関係の有無，さらに成年被後見人の意見その他一切の事情を考慮することになる。また成年後見人に法人を選任することもできるが，この場合には，本人の状況・意見のほか，法人の事業の種類・内容，その法人とその代表者と成年被後見人との利害関係の有無を考慮することになる（民843条4項）。

　成年後見等の開始の申立て時の添付書類には，「後見人等候補者事情説明書」がある。また，家庭裁判所は，成年後見人等の選任にあたっては，この候補者を考慮しつつ，本人の意思を尊重するために，成年被後見人となるべき者

---

(1)　現行制度が開始した当初，親族が90%以上の割合で選任されていた（「成年後見事件の概況——平成30年1月～12月」では，成年後見人等（成年後見人，保佐人及び補助人）と本人との関係は，子が全体の約35%，次いで兄弟姉妹約16%，配偶者が約19%，親族以外の第三者後見人は10%弱となっている）。しかし，2012〔平成24〕年には親族以外の第三者が後見人に選任される件数が全体の半数を超えるようになり，近年では第三者後見人が選任される割合が　約80%となっている（「成年後見事件の概況——平成31年1月から令和元年12月」では，親族後見人が約21.8，第三者後見人が78.2%である）。

（本人）の意見を聞き（家事1項3号），成年後見人選任の審判にあたっては，成年被後見人になるべき者・成年被後見人（本人）（家事項3号）と成年後見人となるべき者（同条2項1号）双方の意見を聞かなければならない。ただし，家庭裁判所は，これらに必ずしも拘束されるわけではなく，最もふさわしい者を成年後見人等に選任することになる。必要があれば，複数人の成年後見人等を選任することもでき（民843条3項），この場合，家庭裁判所は，複数人の後見人が共同してその権限を行使するか，例えば親族に身上監護権を専門職後見人には財産管理権をというように権限の分掌を定めることもできる（民859条の2　第1項）。また，個人では対応が困難のケース，若年の知的障害などで長期的なサポートが必要なケースでは，社会福祉協議会や社会福祉法人，リーガル・サポート（司法書士等による公益社団法人）などの法人が，成年後見人等に選任されている。

❸　後見人の欠格事由

　①未成年者，②家庭裁判所で免ぜられた法定代理人・保佐人・補助人，③破産者，④成年被後見人に対して訴訟をし，又はした者とその配偶者・直系血族，⑤行方のしれない者は，後見人になることができない（民847条）。成年後見人は，本人のために公益的な側面から職務を行うことになるため，財産の管理や身上の監護を行うのにふさわしくない者については，後見人となる資格は当然にないと考えられている。成年後見人に就任当時に上記事由に該当しなかったとしても，この事由に該当した場合には，後見人が欠けることになり，後見人の選任請求（民840条1項）または職権（民843条2項）により，家庭裁判所は新たに後見人を選任することになる。

3　成年後見人は何をするの？(1)財産管理権

1　成年後見人の財産管理権の意義

　　成年後見人の権限の柱に，本人の財産の管理に関する事務を行う権限がある。この権限を行使するにあたっては本人の意思を尊重し，かつその心身の状態・生活の状況に配慮しなければならない（身上配慮義務[(1)]〔民858条〕）。成年後見人は，(1)本人の財産を管理する権限（狭義の財産管理権）のみならず，(2)本人の財産に関する法律行為について代表する権限（法定代理権）（民859条）も有する。したがって，(1)に基づく保存・利用・改良行為だけでなく，(2)に基づく処分行為もできる。成年後見人がこのように広範な権限を有するのは，本人が事理弁識能力を欠く常況にあるため，本人が単独でできる法律行為が日用品の購入その他日常生活に関する行為に限定されており，これらの法律行為以外は取り消しの対象となっている（民法9条）。成年後見人は，本人が単独で行った日用品の購入等を除く契約等を取消すことができる（民120条1項）。取り消された場合，契約は遡って無効となるため，本人が代金等を売主に支払っていても，その代金の返還を求めることができる（民121条の2　1項）。仮に，当該契約が本人にとって有益であれば，成年後見人は追認することもできる（民122条，民124条2項1号）。成年後見人は，本人のために，本人に代わって必要な契約を締結する必要があるからである。

2　狭義の財産管理権

　　財産の「管理」とは，管理する目的物の価値を維持・実現・増加させる行為をいう。目的物の価値の変化を伴わない保存・利用・改良行為がこれにあたる。

---

(1)　身上配慮義務➡4　成年後見人は何をするの？②▣

成年後見人は，本人の財産（動産・不動産，預貯金・株式などの金融資産等）
管理することになる（民859条）。例えば，不動産であれば固定資産税の支払
いや雨漏れがあれば修繕を行うこと（保存行為）や本人が締結していた賃貸借
契約を解除すること（利用または改良行為）も可能である。本人の居住用不動
産に身体上の理由から改修が必要であれば，改修工事(2)を行うこともできる
（改良行為）。ただし，成年後見人の業務は，財産管理に関する「事務」を行う
ことであり（民858条），成年後見人自ら改修工事という「事実行為」を行う
必要はなく，必要な工事を行うにあたり，請負契約等を事業者との間で締結す
ることになる。契約締結は，**3**の法定代理権に基づき行う。

3 法定代理権（包括代理権）

　成年後見人は本人の財産に関する法律行為を代表する（包括代理権）（民859
条）。しがたって，本人の財産に関し価値の変更を伴う改良行為や処分行為を
行うことも可能である。成年後見人が行った代理行為により生じた効果は本人
に帰属する。すなわち，成年後見人が本人の所有する不動産等を売却すれば
（処分行為），本人は当該売買契約に従い所有権移転登記手続債務および当該不
動産の引渡債務を負い，その代金債権を取得■する。

　もっとも，本人の居住用不動産を，売却，賃貸，賃貸借の解除または抵当権
の設定その他これに準ずる処分行為を行うことは，本人に重大な影響を与える
可能性がある。そのため，成年後見人が，本人を代理して，居住用不動産につ
いて処分をする場合には，家庭裁判所の許可を得なければならない（民859条
の3）。

---

(2)　改修工事には，価値の変更を伴う場合も
　あるが，成年後見人は包括的代理権を有す
　るためこのような改良行為も可能といえる。
　ただし，居住用不動産の処分および処分に
　準ずる行為は，**3**。

■ 代金債権の取得：実際には，成年後見人が，
　契約に基づき生じた代理に，債務を履行
　し，代金を取得し（弁済を受け），管理す
　ることになる。

4 財産管理を行う前提となる業務

　財産管理に関する事務を適切に行うためには，本人の財産を把握しておく必要がある。そこで，成年後見人は，選任されると，遅滞なく本人の財産の調査に着手し，原則として1か月以内にその調査を終え，**財産目録を作成**[■]しなければならない（民853条1項）。財産目録の作成が終わるまで，急迫の必要がある行為についてのみ権限を有する。また，成年後見人は，本人の生活，教育，療養看護および財産の管理のために毎年支出することになる金額を予定し（861条1項），計画的に業務を遂行する必要がある。

　この他，成年後見人が事務を行うにあたっては，本人宛に発送された請求書等を確認するために，本人の郵便物等を管理する必要がある場合がある。そこで成年後見人は家庭裁判所の手続きを経て郵便物等の配達事業者に自身に配達させ（民860条の2），開封し，閲覧することができる（民860条の3）。

5 家庭裁判所による監督

　家庭裁判所は，成年後見人の事務を監督するため，後見の事務の報告や財産目録の提出を求めることができ（民863条1項。），その報告内容に不明瞭は点や不自然な点があれば，弁護士等にその調査を行わせることができる（家事124条1項）。家庭裁判所は，成年後見人に不正行為があれば，解任をしたり（民846条），**成年後見監督人**[■]を選任したり（民849条），追加で成年後見人を選任し権限を分掌させるなど，必要な処分を命ずることができる（民863条2項）。

[■] **財産目録の作成**：後見監督人がいる場合には，その立ち合いのもとその財産の調査や財産目録の作成を行わなければ効力が生じないが（853条2項），実際にはすべての業務に立ち会うことは困難で，内容的に不正なものでなければ，事後承認で足りると解されている。

[■] **成年後見監督人**：家庭裁判所は，所定の者の請求または職権により後見監督人を選任することができる（民849条）。選任された後見監督人は，後見人の財産の調査，財産目録の作成における立合い（民853条），後見事務の監督，後見人が欠けた場合の選任請求，急迫な事情がある場合の必要な処分，後見人等と本人との利益が相反する場合の代理など（民851条）の職務を行うことになる。なお，成年後見監督人も法人を選任することも複数選任することもできる。

日常生活自立支援事業を知っていますか？

主なサービスの内容

福祉サービスを安心して利用できるようにお手伝いします。
- さまざまな福祉サービスの利用に関する情報の提供、相談
- 福祉サービスの利用における申し込み、契約の代行、代理
- 入所、入院している施設や病院のサービスや利用に関する相談
- 福祉サービスに関する苦情解決制度の利用手続きの支援

※福祉サービスとは、介護保険制度などの高齢者福祉サービス、障害者自立支援法による
障害福祉サービスです。

毎日の暮らしに欠かせない、お金の出し入れを
お手伝いします。
- 福祉サービスの利用料金の支払い代行
- 病院への医療費の支払いの手続き
- 年金や福祉手当の受領に必要な手続き
- 税金や社会保険料、電気、ガス、水道等の
公共料金の支払いの手続き
- 日用品購入の代金支払いの手続き
- 預金の出し入れ、また預金の解約の手続き

日常生活に必要な事務手続きのお手伝いをします。
- 住宅改造や居住家屋の賃借に関する情報提供、相談
- 住民票の届け出等に関する手続き
- 商品購入に関する簡易な苦情処理制度（クーリング・オフ制度等）の
利用手続き

大切な通帳や証書などを安全な場所でお預かりします。
- 保管を希望される通帳やハンコ、証書などの書類をお預かりします。

※保管できるもの（書類等）　年金証書、預貯金通帳、証書（保険証書、不動産権利証書、
契約書など）、実印、銀行印、その他実施主体が適当と認めた書類（カードを含む）
※宝石、書画、骨董品、貴金属類などはお預かりできません。

全国社会福祉協議会「ここが知りたい日常生活自立支援事業」（2009年）4頁

Column 9

高齢者の財産管理と信託

　成年後見人は，本人のためにその財産を適切に管理し，処分することはできるが，私的に流用することは許されない。家庭裁判所は，不正行為をした後見人を処分し，場合によっては解任することになる（民847条）。ところで，不正行為を行う者の属性は，親族後見人が圧倒的に多い状況にあった（最高裁判所事務総局家庭局実情調査〔https://www.courts.go.jp/vc-files/courts/2020/20200312koukennintouniyorufuseijirei.pdf〕）。そのため，後見人の不正行為を防止する目的で，2012（平成24）年に後見制度支援信託制度が導入され，2018（平成30）年に後見制度支援預金制度が導入された。これらの制度の利用後，不正行為は減少傾向にあるといえる。

　成年後見制度利用信託は，被後見人本人の財産のうち，日常的な支払をするのに必要十分な金銭を預貯金等として後見人が管理し，通常使用しない金銭を信託銀行等に信託する制度である。後見人による信託契約の締結，信託財産からの払戻し，契約の解約には，家庭裁判所が発行する指示書が必要となる。

　後見制度支援預金制度も，本人の財産のうち，日常的な支払いをするのに必要な金銭を預貯金等として後見人が管理し，通常使用しない金銭を，信用組合や信用金庫に開設した後見制度支援預金口座に預け入れる仕組みとなっており，後見支援預金口座の取引には，家庭裁判所の指示書が必要となる。

　親族後見による財産管理は，選任された後見人が制度に関する理解が乏しい場合に生じやすいことが指摘されている。しかし，成年後見制度の枠組みで本人の財産管理をすることに対しては，家庭裁判所や成年後見監督人等による監督が入るため，財産管理の柔軟性に欠け本人の意思に沿った管理をしにくくなるとの批判も強い。投資等で収益をあげたり，賃貸物件を修繕することもできないとされている。また，本人に事理弁識能力がある段階では，成年後見制度は利用できない。

　そこで，例えば賃貸物件を所有する者が，その財産から収益を得ながら，

財産の管理を続けたいような場合には，自らの希望や方針に従い，財産を管理し収益をあげてくれる家族との間で信託契約（家族信託・民事信託という）を締結することが有用であるとされている。財産の管理・処分を委託する者を「委託者」，契約に従い信託財産について管理処分権を委託される者を「受託者」といい，信託契約から利益を受ける者を「受益者」という。信託契約により，信託財産が不動産の場合には信託を原因とする登記がされ，不動産登記簿の権利者として受託者が記載されることになる。信託契約では，委託者は自らを受益者とし，信託期間中（委託者の死亡までなど），受託者が受益者のために信託財産の管理し受益者に対して信託財産から給付を行い，期間終了により信託は終了する。残余財産は，帰属権利者が定められていればその者に帰属し（受託者を帰属権利者としてもよい），いずれの定めもなければ相続人が残余財産を取得することになる（信託 182 条）。また，委託者がまず自身が受益者となり，自身の死亡後配偶者に受益権を取得させ（信託 90 条 1 項 1 号），配偶者の死亡後受託者に残余財産を承継させるという内容にすることも可能である。ただし，信託法はこのような受益者連続の信託については期間を制限している（信託 91 条）。また，委託者と受益者が異なる場合に，受益者が他の相続人の遺留分を侵害している場合には，遺留分侵害額請求の対象となりうる。

　信託契約は，契約である以上，それを締結する際，契約締結時に意思能力がなければならならず，成年後見が開始した成年被後見人は締結することができない。また，信託管理人を本人の意思の確認，契約書の偽造等を防ぐために，公正証書により契約書を交わすことが推奨されている。また，信託監督人となるべき者を定めることで，信託行為が適切に行われているかを監視することもできる。

　なお，委託者が認知症が進行した場合の身上監護に関しては信託契約の対象とはならないため，あらかじめ任意後見契約等を締結し，身上監護に関する事務をその対象としておくなどの対策をとる必要はある。　　（冷水登紀代）

4　成年後見人は何をするの？⑵高齢者の身上監護

1　民法 858 条に基づく成年後見人の職務

　成年後見人の職務は，成年被後見人のために財産管理に関する事務と「生活，療養看護（以下，「身上監護」とする）」に関する事務を行うことに分けられ，これらの事務を行う場合には本人の意思を尊重し，その心身の状態及び生活に配慮する義務を負う（**身上配慮義務**◼）（民 858 条）。成年後見人の職務について「事務」を行うと規定されているのは，1999(平成 11)年改正前の制度（禁治産制度）のもとでは，成年後見人は，本人の療養看護に努めなければならない旨が規定されており，介護労働などの事実行為まで負担しなければならないとすると，成年後見人の負担が大きくなりすぎるとの批判があったため，事実行為ではなく「事務」を行う旨が明記された。また，身上監護に対象が限定されているのは，本人の身上面での多様なニーズに対しての注意義務を含むことができないなどの批判があり，財産管理および身上監護の事務に際して，本人の意思を尊重しながら身上配慮義務を負うことが明記された。

　ところで，近年，成年後見人に選任される者⑴は，弁護士，司法書士，社会福祉士などの職業後見人の割合が増えている。そして，このような職業後見人の増加を背景としてか，本人の意思を十分に尊重した身上監護が適切にされていないという批判がされるようにもなってきた。2016(平成 28)年に制定された「成年後見利用促進法」では，成年後見制度において，本人の自発的意思の尊重することと財産管理のみならず適切な身上の保護を行うことができるようにとの観点から，**地域連携ネットワーク**◼による支援体制の拡充が目指されている。

◼ **身上配慮義務**：成年後見人の善管注意義務（民 869 条により民 644 条を準用）を具体的に表現したものであり，客観的な義務と位置づけられる。
(1)➡ 2　成年後見人の選任**1**脚注(1)
◼ **地域ネットワーク**：成年後見人等が本人に対して職務を行うにあたり，本人と日常的にかかわる介護サービス事業者・ケアマネージャー・医療機関がチームとなって支援し，さらに市町村直轄または委託の中核機関が協議会の事務局を担い，そ

の協議会が中心となって，法律・福祉の専門職，地域包括支援センター・社会福祉協議会，金融機関，家庭裁判所等と連携し，チームを支援したり地域の課題に取り組み，家庭裁判所による後見の監督を補完することで後見人の不正を防止する仕組みである。

② 身上監護の事務

　身上監護の事務として，介護サービスの提供を受けるための手続き，生活費や医療費，施設への入居費用の支払いなどが挙げられる。しかし，介護サービスの提供を受けるためには，事業者との契約が必要であり，同様に施設入所契約，診療契約⑵などの締結も必要である。これらの行為を身上監護に関する事務と解するか財産管理に関する事務と解するかの線引きは必ずしも明確ではないが，複数人の後見人において，身上監護の事務と財産管理の事務との分掌がされることもあり，一定の線引きは必要となる。日常生活，介護サービス，医療などの契約とその支払いについては，身上監護に関する事務に含め，それ以外の事務を財産管理に関する事務と解する考え方がある。この考え方に従えば，施設への入所・入居に関しても，日常生活，身上監護に関する事務ともいえる。しかし，どのような施設と契約するかは，本人の財産状況に影響するため，権限が分掌されている場合には，身上監護の事務の範囲を超えているとも考えられる。このように考えると，施設の入所に関する契約は，財産管理を行う成年後見人が，毎年支出することになる金額を予定し（民861条1項），契約を締結することが必要となる。いずれにしても後見人間の連携が必要である。

③ 本人の意思の尊重・身上配慮義務

　成年後見人の職務は，成年被後見人の身上監護に関する「事務」を行うことであり，介護等の事実行為を行うことまでは要求されない。しかし，本人に必要な介護サービスの提供を受けるにあたって，本人の希望を確認しながら，どの事業者と契約を締結することが適切かを本人が判断するために必要な情報を収集し，本人の意思決定を支援することが必要となる。また，契約締結後は本

⑵　成年後見人は，身上監護の事務に関して代理権はあるが，本人を施設や病院等に強制して入所させたり，入院させたりする権限はない。ただし，精神保健福祉法上，精神科病院の管理者は，後見人の同意に基づき，本人を入院させることは認めている（精神福祉法33条1項，2項）。

人のニーズに合ったサービスが提供されているかを確認し，本人の状態に合わせて提供されるサービスを見直す必要はないかを検討することも必要となる。

❹ 成年後見人の監督者責任

　民法は，精神上の障害により，自己の行為の責任を弁識する能力を欠く状態（責任無能力）にあるときに他人に損害を加えた者に対しては，被害者からの損害賠償請求に対し，責任を免れることを認めている（民712条）。この場合，責任無能力者の法定の監督者は，責任無能力が第三者に損害を加えたときには，賠償責任を負担することになるが（民714条），成年後見人が，この法定の監督義務者として，被害者に損害賠償責任を負担するかが問題となる。

　JR東海事件■では，成年後見人は，民法858条の身上配慮義務を負っているものの，この規定は身上監護に必要な契約を締結するなどの事務を行う場合に，本人の身上に配慮することを求めているもので，介護を行うことや本人の行動を監視することまで求めているのではないため，成年後見人であるということだけで直ちに法定監督義務者とはならないとした。ただ例外的に，責任無能力者との身分関係や日常生活における接触状況に照らし，第三者に対する加害行為の防止に向けてその者当該責任無能力者の監督を現に行い，その態様が単なる事実上の監督を超えているなどその監督義務を引き受けたとみるべき特段の事情がある場合には，衡平の見地から法定の監督義務に準じる者として責任を負うとした。

■ JR東海事件（最高裁平28・3・1民集70巻3号681頁）：この事件は，成年後見人の責任を直接問われた事件ではなく，認知症に罹患した91歳の者Aが，X鉄道会社の駅構内の線路に立ち入り列車に衝突して死亡した事案において，X鉄道会社がAの相続人である妻Y_1と長男Y_2に対して，列車の遅延や代替輸送にかかった費用等につき損害賠償請求をした事件である。

5　老親を看取る：本人の意思は？

1 手術の同意・延命治療の許否

　自らの手術をするか，延命治療をするかどうかという身体に関する処分は，本人に意思がある限り，本人だけが決定できる。医師は，本人の意思に従い必要な措置を行うことになる。成年後見人の職務範囲は，身上監護に関する事務であり，診療契約を締結することはその職務範囲である。しかし，被後見人の身体を傷つける手術への同意や延命治療の許否をする権限は含まれていないと解されている。もっとも，本人の意思を尊重し，契約締結に関しどの病院で治療等を行うかやどのような治療方法があるかなど必要な情報を収集し，本人に情報を提供することは，身上配慮義務（民858条）に基づき求められる。ただし，本人の意思がない場合（同意能力を欠く場合）には，実際には，医療現場では親族の同意が求められることが多く[1]，そうした親族がいない場合や事実上できない場合に成年後見人に同意権が認められるかについて，明確な法的根拠はない[2]。

　臓器移植をするかどうかに関して，本人は事前に書面で意思表示をしている場合の対応は制度化されている。これに対して，延命治療の許否は制度化されていない。本人の意思の尊重という観点からは，本人の意思を表明する文書（リビング・ウィル■）の方式，その法的効果を保障するための法整備を検討する必要がある。

2 人の「死」

　一般に，人の死（自然死）は，「脈拍の不可逆的停止，呼吸の不可逆的停止，

(1)　人の「死」により，人の権利能力は消滅し（民3条1項では，人は出生により「私権」の主体となる権利能力の始期を規定するが，終期に関する規定はない），同時に相続が開始する（民882条）。延命治療の判断をゆだねられる推定相続人となる親族は，その意味では，本人と利害が対立するともいえる。
(2)　立法論として，成年後見人に医療同意権を認めるべきとの提案がある一方で，現行法のもとでは，医療慣行を踏まえ，同意で

きる親族等がいない成年被後見人について，緊急避難や事務管理の法理で対応すべきとする学説がある。
■リビング・ウィル（終末期医療における事前指示書）：日本尊厳死協会は，医療関係者や家族等に対する延命治療拒否の意思を事前に表明するための様式を提示しており，一部の医療現場でも定着しつつある。

瞳孔の拡大」という三つの兆候で判定する心臓死が前提とされている（三兆説）。

　しかし，1997（平成9）年に臓器移植法が成立し，「死体（脳死した者の身体▪を含む）」から臓器(3)の摘出が認められることとなり（臓器移植6条1項），臓器移植という場面に限って例外的に脳死という判断基準が認められた。脳死の場面では，臓器の提供をするかどうかについては，本人は生前に書面で意思(4)を示すことができ，実際の移植時にも親族等の拒否・承諾を確認する手続きが定められている。

　自然死以外にも，法律により人の死があったものとして扱われる①認定死亡と②失踪宣告がある。①は，巨大地震や水難などの自然災害や火災などの事故によって死亡した蓋然性が高い場合には，死亡地の取調をした官庁・公署公が市町村長に死亡を報告し，戸籍に死亡の記載をする制度である（戸89条本文）。行政手続上の便宜的扱いであるため，生存の証拠があれば当然に効力を失う。②は，住所や居所を去り生死不明な者（不在者）につき，利害関係人が家庭裁判所に失踪宣告を申し立て，家庭裁判所による**失踪宣告**▪を受けることにより，その不在者が死亡したとみなされる制度である（民30条から31条）。失踪者が生存の証明がされれば，失踪宣告の取消しの手続きが必要となる（民32条）。

3　死亡の届出

　親族など一定の関係にある者が死亡した場合，その同居親族等は，死亡の事実を知った日から7日以内に市町村長に死亡の届出(5)をしなければならない（戸籍法87条1項1号）。死亡届は，行政上の義務である。死亡届には，①死亡診断書（資料⑫）又は②死体検案書（資料⑫）を添付しなければならない（同86条2項）。①死亡診断書は，死者が病院等でなくなり，医師が死亡の事実と

▪脳死した者の身体：脳幹を含む全脳の機能が不可逆的に停止するに至ったと判定された者の身体をいう（臓器移植6条2項）。

(3)　臓器移植法にいう「臓器」とは，人の心臓，肺，肝臓，腎臓その他厚生労働省令で定める内臓及び眼球をいう（臓器移植5条）。

(4)　本人が臓器の提供の「意思がない」という意思を表示していれば，臓器移植はできない。本人が臓器の提供の意思を書面で表示していた場合でも，「遺族が当該臓器の摘出を拒まないとき又は遺族がないとき」，本

人が臓器の提供について表示していない場合には，「遺族が当該臓器の摘出について書面により承諾しているとき」に臓器の摘出が可能となる（臓器移植6条1項）。

▪失踪宣告：①不在者の7年以上の生死不明により認められる普通失踪（民30条1項）と②危難が去った後1年の生死不明により認められる特別失踪がある。失踪宣告が取り消されれば，相続により財産を得た者は，原状回復義務を負う（民32条）。

(5)　死亡届の届出義務者の順位は，①同居の

日時を確認し作成するもので，②死体検案書は，自宅などで死亡した場合に，事件性の有無を確認するために警察の事情聴取や検死を受け，医師が死亡の事実を確認し，作成するものである。

4　成年後見人による死後の事務

　成年被後見人が死亡した場合，成年後見は終了■し，成年後見人の代理権も消滅する（民111条1項）。本人の死亡により相続が開始し（民882条），相続人に権利義務が承継されることになる（民896条本文）。成年後見人は，緊急時の応急処分を除き（民874条，民654条），2か月以内に後見の計算を行い（民870条），相続人に本人の財産を引き渡して任務を終えることになる。しかし，成年後見人が成年被後見人の入院にあたり病院との間で契約を締結しているため，成年被後見人が入院中に死亡し，その遺体の引き取る親族がいない場合には，成年後見人が入院費用の支払い，遺体の引取り・火葬・埋葬など，応急処分義務に基づくものかどうかあいまいな業務を事実上行わざるをえないこともあった。2016(平成28)年に議員立法により成立した「成年後見の事務の円滑化を図るための民法及び家事事件手続法の一部を改正する法律」により，成年後見人は，必要があるときに，相続人の意思に反することが明らかなときを除き，①相続財産に属する特定の財産の保存に必要な行為や，②病院費用の支払いなど弁済期が到来した相続財産に属する債務の弁済を行うことができるようになった。また，①②に加え，家庭裁判所の許可を得て，③火葬・埋葬に関する契約の締結，④②を除くその他相続財産の保存に必要な保存行為を行うことができることになった（民873の2）。③には，「葬儀に関する契約」は含まれない。なお，保佐人，補助人には，死後の事務に関する規定はない。　　　（冷水登紀代）

親族，②その他の同居者，③家主，地主，家屋もしくは土地の管理人である（戸87条1項）。同居親族以外の親族，後見人，保佐人，補助人，任意後見人および任意後見受任者は死亡届が「できる」（戸87条2項）。
■ **成年後見の終了**：成年後見の終了事由には，絶対的終了事由と相対的終了事由がある。絶対的終了とは，①本人の死亡，②本人の事理弁識能力の回復により後見の開始が取り消された，③保佐・補助に移行した場合である。相対的終了とは，後見そ

のものは終了していないが，成年後見人が①交代し，②死亡し，③辞任し，④解任され，⑤欠格事由に該当した場合である。

資料⑫ 死亡届

死 亡 届

平成 26 年 8 月 10 日届出

東京都千代田区 長殿

受理 平成　年　月　日 第　　　　号	発送 平成　年　月　日
送付 平成　年　月　日 第　　　　号	長印
審査調査　戸籍記載　記載調査　調査票　附票　住民票　通知	

(1)	(よみかた)	すずき　た　ろう					
(2)	氏　名	鈴　木　太　郎		☑男　□女			

(3) 生年月日　昭和23年12月14日　（生まれてから30日以内に死亡したときは生まれた時刻も書いてください）　□午前　□午後　　時　分

(4) 死亡したとき　平成 26 年 8 月 10 日　☑午前 □午後　4 時 10 分

(5) 死亡したところ　東京都港区虎ノ門1丁目1　番地1 号

(6) 住所（住民登録をしているところ）　東京都千代田区永田町二丁目3　番地5 号
世帯主の氏名　鈴木太郎

(7) 本籍（外国人のときは国籍だけを書いてください）　東京都千代田区箪町4　番
筆頭者の氏名　鈴木太郎

(8)(9) 死亡した人の夫または妻　☑いる（満60歳）　いない（□未婚　□死別　□離別）

(10) 死亡したときの世帯のおもな仕事と
□1.農業だけまたは農業とその他の仕事を持っている世帯
□2.自由業・商工業・サービス業等を個人で経営している世帯
☑3.企業・個人商店等（官公庁は除く）の常用勤労者世帯で勤め先の従業者数が1人から99人までの世帯（日々または1年未満の契約の雇用者は5）
□4.3にあてはまらない常用勤労者世帯及び会社団体の役員の世帯（日々または1年未満の契約の雇用者は5）
□5.1から4にあてはまらないその他の仕事をしている者のいる世帯
□6.仕事をしている者のいない世帯

(11) 死亡した人の職業・産業（国勢調査の年…　　年の4月1日から翌年3月31日までに死亡したときだけ書いてください）
職業　　　　　産業

その他

届出人
☑1.同居の親族 □2.同居していない親族 □3.同居者 □4.家主 □5.地主
□6.家屋管理人 □7.土地管理人 □8.公設所の長
住所　東京都千代田区永田町二丁目3　番地5 号
本籍　東京都千代田区丸ノ内1丁目1　番地　筆頭者の氏名 鈴木太一
署名　鈴木太一　印　昭和50年7月2日生

事件簿番号		日中連絡のとれるところ 電話（　） 自宅　勤務先　呼出（　　方）

記入の注意

鉛筆や消えやすいインキで書かないでください。
死亡したことを知った日からかぞえて7日以内に出してください。
死亡者の本籍地でない役場に出すときは、2通出してください（札幌市内に提出する場合は、1通で結構です。）。2通の場合でも、死亡診断書は、原本1通と写し1通でさしつかえありません。

→「筆頭者の氏名」には、戸籍のはじめに記載されている人の氏名を書いてください。

→内縁のものはふくまれません。

□には、あてはまるものに☑のようにしるしをつけてください。

→死亡者について書いてください。

届け出られた事項は、人口動態調査（統計法に基づく基幹統計調査、厚生労働省所管）にも用いられます。

出所：法務省 HP，http://www.moj.go.jp/ONLINE/FAMILYREGISTER15-4.html を一部改変）。

死亡診断書（死体検案書）

この死亡診断書（死体検案書）は、我が国の死因統計作成の資料としても用いられます。かい書で、できるだけ詳しく書いてください。

記入の注意

氏名	鈴木太郎	9男 2女	生年月日	明治 大正 昭和 平成	23 年 12 月 14 日 (生まれてから30日以内に死亡したときは生まれた時刻も書いてください) 午前・午後 時 分

← 生年月日が不詳の場合は、推定年齢をカッコを付して書いてください。

夜の12時は「午前0時」、昼の12時は「午後0時」と書いてください。

死亡したとき	平成 26 年 8 月 10 日	午前・午後 4 時 10 分

(12)(13) 死亡したところ及びその種別

死亡したところの種別 1病院 2診療所 3介護老人保健施設 4助産所 5老人ホーム 6自宅 7その他

死亡したところ 東京都港区虎ノ門1丁目1 番地 番 1号

(死亡したところの種別1〜5) 施設の名称 ○○○○病院

←「老人ホーム」は、養護老人ホーム、特別養護老人ホーム、軽費老人ホーム及び有料老人ホームをいいます。

死亡の原因

I (ア)直接死因 脳出血 発病（発症）又は受傷から死亡までの期間 10時間

(イ)(ア)の原因 動脈硬化症 4か月

(ウ)(イ)の原因

(エ)(ウ)の原因

II 直接には死因に関係しないがI欄の傷病経過に影響を及ぼした傷病名等

手術 1無 2有 部位及び主要所見 手術年月日 平成 昭和 年 月 日

解剖 1無 2有 主要所見

(15) 死因の種類
1病死及び自然死
外因死 不慮の外因死〔2交通事故 3転倒・転落 4溺水 5煙、火災及び火焔による傷害 6窒息 7中毒 8その他〕
その他及び不詳の外因死〔9自殺 10他殺 11その他及び不詳の外因〕
12不詳の死

(16) 外因死の追加事項

傷害が発生したとき 平成・昭和 年 月 日 午前・午後 時 分
傷害が発生したところの種別 1住居 2工場及び建築現場 3道路 4その他（ ）
傷害が発生したところ 都道府県 市郡 区町村
手段及び状況

(17) 生後1年未満で病死した場合の追加事項
出生時体重 グラム
単胎・多胎の別 1単胎 2多胎（子中第 子）
妊娠週数 満 週
妊娠・分娩時における母体の病態又は異状 1無 2有 3不詳
母の生年月日 昭和 平成 年 月 日
前回までの妊娠の結果 出生児 人 死産児 胎（妊娠満22週以後に限る）

(18) その他特に付言すべきことがら

(19) 上記のとおり診断（検案）する
診断（検案）年月日 平成 年 月 日
本診断書（検案書）発行年月日 平成 年 月 日
病院、診療所若しくは介護老人保健施設等の名称及び所在地又は医師の住所 東京都港区白金台1丁目3 番地 番 6号
（氏名）医師 法務康 印

203

X　相続の開始と相続人

1　「相続」は何のためにあるのか：相続の歴史・根拠

☐1　相続法の歴史

　相続法とはおよそ，ある人が亡くなった後に残された財産を「誰が」「どのくらい」「どのように」承継するか（相続）について定めたルールのことをいう。

　現代の相続法では，子の相続権は平等である。しかし，そもそも江戸時代には相続のあり方は地方と身分により多様であったといわれている。明治政府は日本の中での法統一を目的の一つとしていた。1898（明治31）年に公布された民法，いわゆる**明治民法**▪と呼ばれる法律は，ざっくり言えば「家」を社会の基本とし，「家」の中では戸主が大事であること，男子が大事であること，年長者が大事であることという3方針をとっていた[(1)]。明治民法の相続法では，**被相続人**▪がだれかによって，家督相続と遺産相続の2つの相続制度を有していた。家督相続とは，戸主の財産が家の財産（家産）として，次の戸主（嫡出長男子）に単独承継される相続形態である。他方，遺産相続とは，戸主以外の家族の死亡により財産上の地位を原則的に直系卑属に共同相続させる相続形態であり，配偶者は直系卑属がいない場合しか相続できなかった。そして遺産相続より家督相続の方が，法的にも社会的にもはるかに重要であった。

　第二次世界大戦後，民法第4編第5編が改正されたことにより，「家」制度は廃止され，これにともない，家督相続も廃止された。相続は純粋に被相続人の財産上の権利義務を承継するものとされたのである。これにより，「長男」

▪**明治民法**：1898（明治31）年に公布された民法のこと。相続編には，家督相続と遺産相続の二つがおかれ，家督相続は戸主が有する権利（戸主権）の承継であった。法定家督相続人である直系卑属は相続放棄が認められず，「家」の財産と祭祀財産の承継は，家督相続の特権であるとされていた。

(1)➡ I－1「家族法の歴史と基本理念」

▪**被相続人**：亡くなった人のことを被相続人という。なお，亡くなった人の財産を相続により相続する人のことを相続人という。法律が定めた相続人を法定相続人といい，ある人が亡くなったときに相続人となるはずの者を推定相続人という。被相続人が生前有していた財産は，原則的にすべて相続される。相続される財産を相続財産または遺産という。

と「それ以外」の子どもとの間の差はなくなり，子ども同士の**法定相続分**▪は原則的に平等となった。加えて，個人の尊厳と両性の本質的平等（憲24条）が認められ，「夫」と「妻」との差も解消された。

　戦後改正された規定さえも，家族のあるべき姿にそぐわないならば，さらなる改正の対象となる。1980(昭和55)年には，配偶者相続分が引き上げられ（民900条），配偶者と子が相続人である場合の妻の相続分は引き上げられて2分の1になった。また，寄与分制度の創設（民904条の2），配偶者遺留分の引き上げ（民1028条）などの改正が行われた(2)。加えて，2018(平成30)年改正では配偶者居住権などの新しい制度が創設された(3)。平均寿命が高くなり少子化が進んだ結果，相対的に配偶者相続権を保護する必要が増したこと，また，子同士の不平等として残されていた嫡出子と非嫡出子の相続分も，2013(平成25)年に平等になった（民900条）が，その議論の過程で生存配偶者の生活への配慮から相続法制を見直すべきと問題提起がなされたことの結果である。

　被相続人が生存中に死後の財産処分を自由に決定できる，遺言という制度も相続法では重要である。遺言書は，自らが作成するか，公証人役場で公証人に遺言の内容を述べ伝えて作成することになっている(4)。ところが，このままでは，耳の聞こえない者・口がきけない者にとって遺言書を作成する方法が限定されてしまうため，1999(平成11)には，耳が聞こえない者や口がきけない者に公正証書遺言を利用することを可能にし，口がきけない者に秘密証書遺言・死亡危急時遺言・船舶遭難者遺言を利用可能にする改正がなされた。また，2018(平成30)年改正は遺言制度についても，手を加えている。法定相続のルールをそのまま当てはめると実質的な不公平が生ずる場合があるとの指摘がされ，遺言の利用を促進するための方策が盛り込まれた(5)。

▪ **法定相続分**：法律であらかじめ決められている相続分のこと。
(2)　国際婦人年も影響したと言われている。
(3)➡ Column 13「配偶者保護のための方策」
(4)　遺言は民法に定めた方式でなされなければならないが，いろいろな方式があり，その方式によって手続きの進め方が違う。➡ XII−1「遺言のスタイル」で，そのスタイルと手続きの進め方について学ぶ。
(5)➡ XII「遺言」

そのほかにも，2018(平成30)年改正は，それまでの判例を条文化し精緻化することにより，細かい見直しをしている。

2 相続の根拠

相続は何のための制度であろうか。また死者の財産は家族が相続するのが当然なのであろうか。

相続は，「被相続人（ある自然人）が生前有していた法的権利義務を，死亡を原因として，特定の者に承継させること」と定義される。現在は，継承される対象は，明治民法のように身分的な諸々を伴わず，財産権に限られる。

現代の相続の態様には2通りある。一つは被相続人が遺言書を作成し「誰に」「どの財産を」「どの程度」承継してもらうのかに関して意思表示をする場合（遺言相続）であり，二つは法律に決められている相続人が，法律で決められた割合に従って被相続人の財産を承継する場合（法定相続）である。

実は，そもそも家族がどの程度財産を承継するのか，そして家族のだれが相続するかは，国と時代によりさまざまである。相続権が一定範囲の親族に定められている理由について，いろいろな見解が見られる。たとえば「血の代償（代価）説」，なんだか怖い名前だが，被相続人と相続人の血縁関係を重視し相続権を認めているとするものである。また，相続人が承継することが被相続人の生前の意思に合致するとする「意思推定説」や，日々の生活をともにする者に財産が承継されると考える「縦の共同体説」もある。さらに現在では，被相続人の財産維持には家族の協力があったとして，家族の潜在的持分を具体化するもの（潜在的持分の清算），被相続人の財産承継により相続人の生活が補償されるとするもの（生活補償），相続により不測の損害を被る取引の安全（円滑）を保障するもの（取引の安全の保障）という見解がある。

2　相続のしくみと戸籍

1 死亡後の手続き

　相続は被相続人の死亡と同時に開始する（民882条）。つまり，死亡と同時に相続人に権利が移るはずである。相続人は一人ではないことが多いので，被相続人の死亡と同時に相続財産を相続人全員で「共有」し，相続人を調査・確定し，**相続財産**▪を調査・評価する。もし被相続人の財産を相続すると決めたならば，だれがどの財産を承継するかを決め，権利を移す必要がある。

　また，「遺言書」の有無を確認する必要もある。被相続人の生前の意思が確認されれば，それを尊重して遺産分割を行わなければならないからである。遺言書が発見されれば，遺言書に書かれた被相続人の意思に従って遺産が分割されることになる。遺言書は法律で定められた形式で作成しなければならない[1]。遺言書の内容を相続人または**遺言執行者**▪が実現する。

2 戸籍と相続

　戸籍は日本人の身分関係を示すものである[2]。「誰が相続人か」はとりあえず戸籍を見れば予想できる。

　「現戸籍」とは，現在生存している日本人の親族関係が記載されているデータである。戸籍は現在ほぼ電算化（コンピュータ化）されている。戸籍の附票とは，戸籍に記載されている人の住所の履歴のことであるが，電算化された附票には，各自治体で改製された年月日以降の住民登録地のみが記載されている。

　「戸籍全部事項証明書」とは，戸籍内の全員の内容を書いた書面であり，かつては「戸籍謄本」と呼ばれていた。なお，かつての「戸籍抄本」は「戸籍個

---

[1]　遺言は相続法に定めた形でなされなければならないが，いろいろな形があり，その形によって手続きの進め方が違う。➡Ⅻ−1「遺言のスタイル」で，そのスタイルと手続きの進め方について学ぶ。
▪**遺言執行者**：遺言書の内容を実現する人のことを遺言執行者という。遺言書を書く場合，死後，遺言書の内容を実現する人を指定することも，遺言執行者をある人に決めてくれるよう委託することも可能である（民1006条）。遺言執行者は相続

人の代理人とみなされ（民1015条），やむを得ない理由がなければ，第三者にその任務を行わせることができない（民1016条）。➡Ⅻ−8「遺言内容の実現」
[2]➡Ⅰ−2「家族法と戸籍」参照。戸籍から一人の人生をたどるには難しく，反面，その人ではない人のプライバシーが載りすぎている，という問題もある。

人事項証明書」という。

「除籍」とは，死亡・離婚・離縁・婚姻などにより，戸籍を抜け独立することをいう。全員が除籍となって生存している人がいなくなった戸籍は，「除籍簿」になる。

「改製原戸籍」（かいせいげんこせき）とは，法律の改正により戸籍の書式が変更されたことにともない，新しい書式で作製された戸籍に対して，その改製前の戸籍のことをいう。現戸籍と聞き間違えないために原戸籍（はらこせき）と呼ばれることもある。

　今の戸籍法は1947（昭和22）年に成立したが，その後1957（昭和32）年と1994（平成6）年に，戸籍は大きく改製（作り替えること）された。1957年の改製は，民法が戦後改正され，「家」制度がなくなったことに戸籍上はっきりさせるためになされた（1947年戸籍法では「家」制度が否定しきれていなかった，ということである）。1994年改製は戸籍事務の電算化（コンピュータ化）により行われた。2018（平成30）年5月1日現在，1896の市区町村のうち，1892の市区町村（全体の約99.79%）において電算化が完了している[3]。電算化に伴い，戸籍は，A4サイズの改ざん防止用紙に横書きで印刷する形で出力されるようになった。

　現在の戸籍には，①本籍，②氏名，③戸籍事項，が記載されている。③の戸籍事項の欄には，改製日と改製事由が記載される。多くの戸籍の改製事由には，平成6年法務省令51号附則2条1項による改製と記載されている。本籍の移動（転籍）により編製された場合には，転籍日と従前本籍地が記載される。次に，身分事項欄には，出生・養子縁組・離縁・婚姻・離婚・死亡などに関する記載がされる。死亡については，死亡日時・場所・届出日・届出者が記載される。電算化された戸籍が編製された日以前に除籍になった人については，筆頭

(3)　法務省『戸籍法の改正に関する中間試案の補足説明』7頁　2021年2月22日閲覧
http://www.moj.go.jp/content/001258136.pdf

者以外は記載されない。

　戸籍謄本の提出が必要な手続きとしては，遺産分割の調停や審判手続，遺言書の検認手続，相続放棄の申述手続等があげられる。相続人は現在の戸籍（現戸籍）・住民票，被相続人は出生時から死亡時までの連続した戸籍（改製原戸籍謄本，戸籍全部事項証明書，除籍謄本）が必要となる。

　出生時から死亡時の戸籍をそろえるのは大変な作業であるが，その作業は相続人をもれなく「発見」するために必要である[4]。相続人が一人でも欠けていると遺産分割の無効につながることになる[5]。そうでなくても，最初の段階で被相続人の戸籍を徹底してさかのぼって相続人を探さなかったために，ある程度遺産分割の話し合いが進んでから新規「参加者」が増えると，それまでせっかく積み重ねてきた相続人同士の話し合いは，根底から崩れかねない。しかし，親族の死という精神的な打撃の中で除籍をたどる作業をするのは，単なる「障害物レース」では済まない負担になることもある[6]。

3　法定相続情報証明制度

　2017(平成29)年から，「法定相続情報証明制度」が始まった。相続人と被相続人の全員分の戸除籍謄抄本が出せる場合には，全国の法務局で被相続人及び戸籍の記載から判明する相続人を一覧にした図を作成してもらうことができる。それまでは銀行や税務署などあちこちで戸籍の束を提出しなければならなかったが，この書類を各種相続手続きに利用することができ，また足りなくなった場合，申出人は申し出の翌年から5年間再交付を申し出ることができる。

　ただし，被相続人死亡当時の戸籍の内容が必ずしも相続人を示すとは限らないことに注意しなければならない。

---

(4)　たとえば再婚の子が初婚の子の存在を知らなかったり（面会交流についての意識が薄い世代こそ「親が死んでから半血兄弟の存在を初めて知る」ショックに見舞われがちである），認知の記載を見落としたりしがちである。

(5)　たとえば相続人の一人がいない場合には，その人を無視して手続きを進めることはできない。不在者や失踪宣告の手続をする必要がある。➡Ⅸ-5「老親を看取る」を参照。

(6)　夫婦同氏制度は，生まれた時点まで戸籍をさかのぼるのをさらに困難にする側面もある。

3　配偶者はどれくらい相続できるのか

1 夫婦関係と相続

　ある人が死亡した場合，「誰が」「どの程度」相続権■を持つのであろうか。今の感覚から言えば，妻や夫つまり配偶者(1)が相続するのは当然といえるだろう。しかし配偶者が常に相続人となったのは1947(昭和22)年改正以降のことである（民890条）。それはともかく，配偶者は相続人としての側面では配偶者相続人と呼ばれる。配偶者以外にも，被相続人の血族が相続人となり，彼らを血族相続人という。血族相続人には順位があり，子（代襲相続の場合には孫，ひ孫など），直系尊属（父母・祖父母等），兄弟姉妹（代襲相続の場合には甥姪）の順である（民887・889条)(2)。

表X−1 遺言がない場合の相続の割合

相続人	相続割合
配偶者と子	配偶者 1/2，子（全員で）1/2
配偶者と直系尊属	配偶者 2/3，直系尊属（全員で）1/3
配偶者と兄弟姉妹	配偶者 3/4，兄弟姉妹（全員で）1/4

血族相続人がいない場合には，配偶者は遺産のすべてを受け継ぐ。
配偶者相続人がいない場合には，血族相続人が遺産のすべてを受け継ぐ。

2 配偶者相続権のありかた

　相続のあり方は，国と時代によりさまざまである。配偶者は被相続人との血縁がないことが多いので，配偶者の相続権は，特に変化してきた。明治民法では，被相続人に直系卑属がいれば，配偶者は相続できなかった（明治民法994

■ **相続権**：法定相続人が相続財産を相続する権利のことをいう。すでに法定相続人とされている者（推定相続人）が，将来，亡くなった人の財産を相続することができる権利と，現実に人が亡くなり，相続が発生した場合に相続人が有することとなる権利の2種類の意味で使われる。相続分は遺言により変更されることがある。
(1)　この場合の婚姻とは，かなり乱暴に単純化すれば，婚姻していて離婚が成立していない状態のことである。ただ，死が迫って

いる状態で，婚姻意思や（協議離婚の場合には）離婚意思を伴って届出がなされているかは，微妙なケースもありうる。➡Ⅱ−1「夫婦になるために必要なこと」，Ⅴ−1「離婚届の意味(1)」
(2)➡X−4「子どもはどれくらい相続できるのか」

条以下）。戦後の民法改正で，血族相続人の有無にかかわらず配偶者に相続権が認められるようになったが，その当時は子に対する配偶者相続分は3分の1であった（1947(昭和22)年改正900条1項）。しかし，それでは少なすぎるという批判が起こった。例えば，配偶者として今まで被相続人とともに住んでいた家に住み続けようとしても，相続分が3分の1では遺産分割に際し心配が残る。そこで，1980(昭和55)年に配偶者の相続分を2分の1とする改正が行われた[3]。

　平成の最後に，民法は大きな変革期を迎えている。財産法もずいぶん変わったが，相続法も負けていない。改正の理由としてはまず，少子高齢化に伴い，子は相続までに経済的に独立している場合が多く，反面では高齢化した配偶者を相続の際に保護する必要が高まったことがある。もう一つは，2013(平成25)年に嫡出子と非嫡出子の相続分の不平等を違憲とする大法廷判決が出されたことから（最大決平25・9・4民集67巻6号1320頁）[4] 同年12月には嫡出子と非嫡出子の相続分を平等とする民法改正がなされ，また，配偶者の死亡により残された他方配偶者の生活の配慮などの観点から，相続法制を見直すべきとする問題提起がなされたことである。ここから，2018(平成30)年の相続法改正に至った。新設された配偶者居住権，配偶者短期居住権という制度は，配偶者にしか得られない財産権である[5]。1947(昭和22)年改正以降では，身分と相続で得られるものがつながっていたのは，そもそも相続の対象から外される一身専属権（896条ただし書）と，原則的に慣習にしたがう祭祀財産（897条）だけであったので，この新しい権利が注目される[6]。

3 妻は妻でも……

　では，婚姻届は提出していないものの「妻」として生活している「内縁配偶

---

(3)➡X-1「相続は何のためにあるのか」
(4)➡Ⅲ-2「結婚しないと子どもを生めない
　の？」
(5)➡XI-3「特殊な相続財産(1)」
(6)➡XI-1「相続できるもの・できないもの」

者[7]」には相続する権利があるのだろうか（問題は「内縁の夫」でも同じである）。配偶者であるかどうかは戸籍が基準となる。この点，判例は「生き別れ（離別）」と「死に別れ（死別）」に分けて考えている。生存中の解消の際には，財産分与の規定の類推適用が認められている。これに対し，内縁配偶者には相続権はないものとされている。ずいぶん極端な違いになることから，内縁配偶者が死亡した場合にも，財産分与の規定の**類推適用**▫ができないかが争われたことがある。最高裁判所は，「死亡による内縁解消のときに，相続の開始した遺産につき財産分与の法理による遺産清算の道を開くことは，相続による財産承継の構造の中に異質の契機を持ち込むもので，法の予定しないところである」として財産分与の規定の類推適用を否定した（最判平 12・3・10 民集 54 巻 3 号 1040 頁）。

　ただし，もし相続人が存在しない場合には，内縁配偶者にも相続に似た形で財産を得られる可能性がある。**特別縁故者**▫という制度である。

---

(7)➡ Column 5「内縁関係と離死別」

▫ **類推適用**：本来はその条文を適用して問題を解決することはできないが，利益状況等が同じであり，その条文を適用して解決策を求めることにより適切な結論を導き出せるというような場合に，本来適用できない条文を用いることをいう。婚姻夫婦の財産分与については➡Ⅴ-7「財産分与の対象と方法」

▫ **特別縁故者**：相続人がいない者の場合，相続財産は最終的に国庫に帰属することとなるが，その前に，被相続人と縁のある者（特別縁故者）に分与の申立てを認めている。特別縁故者は被相続人との関係性を考慮し決定される。最近，身寄りのない高齢者が増加するにともない，特別縁故者の範囲も柔軟に考えられている。➡Ⅹ-7「相続人が存在しないとき」・Column 10「身寄りのない者の財産と国庫帰属」

4　子どもはどれくらい相続できるのか

❶ 誰がどの程度相続できるか：相続人・相続割合

　民法は遺言のない相続について，887条以下で誰が相続人になるかを決め，900条で相続人の相続分を定めている[(1)]。血族相続人では，子█がいれば子が相続する（第1順位）。子と配偶者が相続人であるときは，配偶者が2分の1，子は全員で2分の1を相続し，配偶者がいないときには子が全部を相続する。そのほか，直系尊属は第2順位，兄弟姉妹は第3順位であり，つまり子がない場合に，第2順位の直系尊属が相続する。子，直系尊属または兄弟姉妹が数人あるときは，各自の相続分は等しい[(2)]。

❷ ここでの子とは

　子[(3)]には実子と養子がある。子と親は，順位は違うが互いに相続人となりうる。実親子関係では，以前は嫡出子と非嫡出子の間に相続分に違いがあったが，今は平等である（2013（平成25）年改正）。養子には，普通養子と特別養子があるが，普通養子[(4)]の場合には，養親に加えて実親からも相続できる。特別養子[(5)]の場合には，養親の相続人になるが，実親との親族関係は切れているため，実親からは相続できない。

　なお，事実上の養子と言われる人たちがいる。養子縁組届を出していないが，当事者は「親子」と思っており社会的にも「親子」として暮らしている人たちのことである。この人たちは，縁組届を出していない以上相続人にはなれない。ただし特別縁故者になる可能性は残る[(6)]。

---

(1)➡X-3「配偶者はどれくらい相続できるのか？」にある表X-1
█ 子：「子」は養子縁組によって親子となっている場合にも対象となる。普通養子縁組か特別養子縁組であるかは問わない。相続開始時に，すでに離縁している場合には相続することができない。
(2)　ただし，兄弟姉妹が相続人で被相続人との間で父母が共通する者と一方のみが共通する者が混在する場合には後者の相続分は前者の半分である。

(3)　親子については➡Ⅲ「親子」。
(4)➡Ⅲ-8「他人の子どもを養子にする(1)」いわゆる配偶者の連れ子については，養子縁組をしていなければ相続人にならない。
(5)➡Ⅲ-9「他人の子どもを養子にする(2)」
(6)➡X-7「相続人が存在しないとき」とColumn 10「身寄りのない者の財産と国庫帰属」

3 胎児と死後認知の子

　つぎの問題は，胎児である。たとえば，妊娠中の妻を残して夫が死亡した場合，その胎児は相続人となれるか。なれなかったら，その子の兄や姉に当たる者が子としての相続分を独り占めするかもしれないし，ほかに子がいなければ夫の両親（第2順位）に遺産が行くことになるかもしれない。

　本来は，相続財産を承継するためには，相続開始時に生存する必要があるが（同時存在の原則），生まれるまでのほんの数か月の差でこれは大きな違いになる。この点，胎児は，相続については，すでに生まれたものとみなされる（民886条）。父親の死亡直後に出生した子の場合は，父親の財産を相続することができなくなるなどということのないように，相続開始時に胎児である場合には，例外的に相続能力を認める規定である。他にも，**不法行為の損害賠償**■，遺贈[7]について胎児はすでに生まれたものとみなされる。

　胎児はどのように相続の話し合いの場に参加するのであろうか。いわゆる，胎児の権利能力をいつの時点で認めるかについての問題である。判例は，胎児が生きて生まれるまでは相続権を認めず，生きて生まれた際に，相続開始のときにさかのぼって相続権を有していたものと認める。もっとも，生まれたばかりの子が話し合いに参加できるわけもないので，親権者が代わりに……と言いたいところであるが，親権者と子は，どちらかが多くとればどちらかが少なくなるという関係にあるので，利益相反行為として家庭裁判所のお世話になる可能性が高い[8]。

　なお，被相続人の死後，生存配偶者が被相続人の精子を用いて懐胎・出産した場合に，生まれた子は父に認知請求できるかが問題となった。最高裁はこの場合には，父子関係を生じさせることについて社会的合意がないことから**死後**

■**不法行為の損害賠償**：不法行為をされた場合には損害賠償を請求できる（民709条）。また民法721条は，「胎児は，損害賠償の請求権については，既に生まれたものとみなす」としている。男性が鉄道事故に遭ったが，その男性の子が女性のおなかの中にいた場合，その子は母親とは別に単独で損害賠償を請求することができる。胎児の代理人として母親が損害賠償につき和解をした場合であっても，その結果は胎児を拘束しない（大判昭7・10・6民

集11号2023頁）。

(7)➡Ⅻ－6「遺言による贈与(1)」，Ⅻ－7「遺言による贈与(2)」

(8)➡Ⅳ－3「子どものものは親のもの？」

■**死後認知**：婚姻外の関係で生まれた子（非嫡出子）から，父が生きている間はもちろん父の死後3年間は認知を請求することができ，認知請求が認められた場合には，さかのぼって子として扱われるため，父の相続人となり，相続分に応じた価額の請求をすることができる。ただし，遺

認知▪は認められないとした（最判平 18・9・4 民集 60 巻 7 号 2563 頁）[(9)]。

４ 代 襲 相 続

　被相続人が死亡したが，配偶者はなく，その子４人のうち１人が孫２人を残して先に死亡していた場合，相続人は生きている子３名であろうか。相続人である子が相続開始時に死亡している場合には，相続人が相続するはずであった相続分はその直系卑属が相続するので（民 887 条２項），この場合，子の分としてまず相続分は４分の１ずつになり，孫２人は，自分の親（被相続人の子）の相続分を分け合い（民 901 条），８分の１ずつを相続する。

　代襲相続は，相続人であるはずの者が生存していれば被相続人が生前有していた財産を相続するであったであろう，直系卑属の期待利益を保護するために認められている。「誰が」「誰を」代襲するのかということであるが，相続人の直系卑属が，被相続人の子を代襲する場合と，被相続人の兄弟姉妹の子が，被相続人の兄弟姉妹を代襲する場合がある（民 889 条２項）[(10)]。代襲者となるためには，①相続人の直系卑属であること，②相続開始時に生存していること，③相続人から相続できる立場であること（欠格▪事由がなく廃除▪をされていないこと），④相続人が相続できないこと（具体的には被相続人よりも先に死亡していたり，欠格事由にあたったり廃除されたりすること）が必要である。④については，相続人が相続放棄をした場合には，はじめから相続人とならなかったものとみなされるため，代襲相続は発生しない。

産分割協議そのものをやり直すよう請求することはできない。

(9)　死後認知が認められれば出生時にさかのぼり子として扱われるため（➡Ⅲ-3「未婚の母と子ども」），父の相続人となり，遺産分割協議そのものをやり直すよう請求することはできないが，相続分に応じた価額の請求をすることができる（➡ⅩⅢ-6「遺産分割の種類・方法」）。最高裁が死後人工授精の子からの死後認知請求を認めなかったため，相続が開始してから相続人が胎児とし

て発生するという事態は生じない。➡Ⅲ-5「生殖補助医療と親子関係(1)」

(10)　孫についても代襲原因が発生すれば，孫の子が代襲相続人になる（再代襲）。しかし兄弟姉妹の子については，再代襲は認められない。代襲原因は，相続開始以前の被代襲者の死亡である。
▪欠格➡Ⅹ-5「相続人になれない子ども」
▪廃除➡Ⅹ-6「親の意思で相続人を決定するのか」

5　相続人になれない子ども：相続欠格

1　相続人となる「資格」

　戸籍上は相続人に見える場合であっても，相続人ではない場合がある。たとえば，早く遺産がほしいからと親を殺してしまった子が親の財産を相続することができるであろうか。あるいは，自宅で介護するといって親を引き取る一方，親を虐待していた子は親の財産を相続することができるであろうか。相続人が民法891条に定める事由に該当する場合には，相続が開始しても相続財産を承継することは認められない。これを**相続欠格**◾️という。

　これに対し，**遺留分**◾️を有する推定相続人が，被相続人に対して虐待をし，もしくはこれに重大な侮辱を加えたとき，または推定相続人にその他の著しい非行があったときは，被相続人は，その推定相続人の廃除[(1)]を家庭裁判所に請求することができる（民892条）。廃除の方法は，被相続人が自ら家庭裁判所に出向く場合も，遺言で残す場合もあるが，いずれにしても被相続人が積極的に相続人から外す制度であり，理由が必要である。その理由が本当かを，家庭裁判所が判断する。

　相続欠格の存在理由としては，相続的協同関係が破壊されたことによるという説，公益的観点からの制裁制度という説，そして，条項によりどちらかに分かれるという説の3つの見解がある。相続人同士の，互いに相続し・相続される関係のことを相続的協同関係という。最初の説は，このような家族の協同生活関係を破壊した者は相続権を失うという考え方である。二つ目の説は，欠格は相続秩序が破壊されたという公益的観点から与えられる私的制裁であるという見方である[(2)]。

◾️**遺留分**：被相続人の財産が法定相続人以外の者に相続された場合に，法定相続人に最低限の相続分を保障する制度（民1028条以下）。家族の生活保障の意味合いもあり，兄弟姉妹には遺留分はない。遺留分を侵害する相手方に遺留分侵害額請求権を行使することによって侵害された相続分の価値を回復する。なお，遺留分は家庭裁判所の許可により相続開始前に放棄することが可能である（民1049条）。➡ ⅩⅢ-7「最低限は保障されるか」

(1)➡ Ⅹ-6「親の意思で相続人を決定するのか」
(2)　廃除については，最初の2つの説が主張されている。

2 相続欠格事由

　相続人が「何をすると」相続欠格事由に該当することとなるのだろうか。5つの事由が定められている。

　第一は，故意に被相続人または先順位もしくは同順位の相続人を死亡するに至らせ，または至らせようとして，刑に処せられた場合である（民891条1号）。「殺人の意思（故意）」が必要であり，過失致死や傷害致死は含まれない。判例は，「殺人の意思」に加えて「殺人によって相続の利益を得ようとする意思」が必要であるとしている（二重の故意■）。たとえば，子による介護殺人の場合，子の相続順位は非常に高いし，「殺人の意思（故意）」がある場合には第一の故意はあるので，相続上の利益を得ようとする意思があるかが相続欠格になるかどうかのポイントになりそうである。また，実際に刑に処せられることが必要である。

　第二に，被相続人が殺害されたことを知っていながら告訴・告発■しなかった場合である（同条2号）。ただし，告訴・告発しなかった者に是非の弁別がないとき，殺害者が自己の配偶者もしくは直系血族であるときは欠格とはならない。現代の刑事法では，捜査は相続人とは切り離されて行われるはずなので，この条項の不要論も出されている。

　第三に，詐欺または強迫によって被相続人の相続に関する遺言の作成・撤回・取消し・変更を妨げた場合である（同条3号）。被相続人が作成した遺言の中で，相続にかかわる遺言内容に関して作成・撤回・取消し・変更を妨げた場合が対象となる。ただし，単に被相続人に対して詐欺・強迫があればよいのではなく，やはり当該行為によって相続上の利益を得ようとする故意を有していることが必要となる（二重の故意必要説）。したがって，被相続人を詐欺また

■二重の故意：相続人が相続に関する被相続人の遺言書を破棄または隠匿した場合であっても，「遺言書の破棄または隠匿行為が相続に関して不当な利益を目的とするものでなかつたときは，これを遺言に関する著しく不当な干渉行為ということはできず，このような行為をした者に相続人となる資格を失わせるという厳しい制裁を課することは，同条五号の趣旨に沿わない」とした判例がある（最判平9・1・28民集49巻6号24頁）。

■告訴・告発：告訴とは，犯罪被害者その他一定のものが，捜査機関に対して犯罪事実を申告して犯人の処罰を求める意思表示をいう。告発は，犯人以外の第三者が捜査機関に対して犯罪事実を申告し，犯人の処罰を求める意思表示をいう。なお，親告罪の場合には，告訴権者の告訴がない限り犯人を訴追することはできない。

は強迫したとしても，他の相続人のことを考え，自己に不利になる内容に遺言書を変更させたような場合には，本条項は適用されない。

第四に，詐欺または強迫により被相続人に相続に関する遺言をさせ，またはその撤回・取消し・変更をさせた場合である（同条4号）。たとえば，相続人の一人が被相続人を強迫して，自分の相続分を法定相続分より多くなるよう指定させた場合である。

最後に，相続に関する被相続人の遺言書を偽造・変造したり，破棄・隠匿した場合が挙げられる（同条5号）。

3　相続欠格の効果

相続欠格事由が相続開始前に生じた場合にはその時から，欠格事由があることが相続開始後に判明した場合には相続開始時にさかのぼって，その者の相続資格が法律上当然にはく奪される。相続欠格か否かは，被相続人ごとに決せられる（相対的効力）(3)。欠格事由がある者を含めて遺産分割をしてしまった場合，相続人ではない者が遺産分割に参加したことになるので，相続回復請求の問題となる(4)。

欠格事由に該当している相続人に対し，被相続人が相続させたいと考えている場合，それでも強制的に相続権ははく奪されてしまうのだろうか。被相続人の意思を尊重する必要があることから，相続欠格者に対して被相続人がそれを許す（宥恕）意思があるのであれば，相続人として相続することを認める考え方がある。ただし，民法にそのような制度はない。

なお，相続欠格かどうかは戸籍に記載されない。

▫ **偽造・変造**：偽造とは，相続人が被相続人の名で遺言書を作成することである。変造は，被相続人が作成した遺言書に加除訂正等の変更を加えることである。変更を加えられた部分は無効となる。なお，変更は私文書偽造罪（刑159条1項）となる。

▫ **破棄・隠匿**：破棄は，遺言書を毀滅したり，解読不能な状態にすること，隠匿は，遺言書の発見が困難であるような状態にしてしまうことである。なお，隠匿は，信

書隠匿罪（刑263条）となる。

(3)　たとえば，子が母を殺害した場合，①母の相続に関しては，被相続人を殺害しているので相続欠格者となり，②のちに父が死亡した場合には，同順位にある母を殺害していることから，父の相続について相続欠格者となる。

(4)➡Ⅹ-8「相続財産を取り戻せ」

6　親の意思で相続人を決定するのか：廃除

❶ 廃除の対象者と事由

　被相続人が，自らの意思で相続人のうちの１人を相続人から「廃除」しよう
とすることは可能なのか。また，どのような理由でも可能なのか。

　まず，遺留分[(1)]を持っていない相続人である兄弟姉妹は廃除の対象者になっ
ていない。なぜならば，その兄弟姉妹以外の者にすべての遺産を渡すよう遺言
をすれば，その人に遺産は渡らないので，このような特殊な手続きは不要だか
らである。また，そのような遺言をするために特別な理由も必要ない。

　問題は，遺産を渡したくない相手が配偶者や子である場合である。彼らには
遺留分があるし，単なる悪感情だけでは廃除はできない。第一に被相続人に対
して虐待をしたとき，第二に被相続人に重大な侮辱を加えたとき，第三に推定
相続人■にその他の著しい非行があったとき，が廃除事由となっている（民892
条）。

　特に「虐待」に注目しても，一方配偶者は他方配偶者からの暴力[(2)]から守ら
れなければならないが（配偶者暴力２条以下），それはやっと社会的に当たり前
のこととされつつある。親子間では高齢者虐待件数の増加がみられる[(3)]。高齢
者に対する暴力とは，高齢者に対する暴行，介護放棄，養護者以外の同居人に
よる放置，高齢者に対する著しい暴言または著しく拒絶的な対応，その他の高
齢者に著しい心理的外傷を与える言動を行うこと等のことである（高虐２条）。
また，父母からの虐待を理由に子から父母の廃除を求めて認められた例が耳目
を集めた。

　廃除には，家庭裁判所に廃除の請求をし，廃除の審判を受けることが必要で

---

(1)➡ⅩⅢ−7「最低限は保障されるか(1)」

■ 推定相続人：相続が開始する以前の段階で，
　将来相続人となるであろうと思われる者
　のことである。判例では，「推定相続人は，
　将来相続開始の際，権利義務を取得しう
　る期待権を有するだけで，相続開始前に
　は被相続人の個々の財産に対し権利を有
　しない」（最判昭30・12・26民集９巻14
　号2082頁）とされている。

(2)　夫からの暴力を理由とする婚姻関係事件
　数は増加傾向にある。2019（令和元）年度の

家庭裁判所における婚姻関係事件の既済総
件数は60,542件，うち妻からの申立総数は
44,040件，妻からの申立ての動機は，「性格
が合わない」（17,242件）に次いで「暴力を
振るう」（9,039件），「異性関係」（6,800件）
の順となっている。

(3)　2018（平成30）年度「高齢者虐待の防止，
高齢者の養護者に対する支援等に関する法
律」に基づく対応状況等に関する調査結果
によれば，身体的虐待が最も多く，全体の
67.8％であった。また虐待者との同居の有

219

ある。生前には，被相続人が自ら家庭裁判所に赴き推定相続人の廃除を請求することにより行われる（民892条）。被相続人の請求に基づき，家庭裁判所において後見的立場から，廃除を相当とするか否かにつき判断する。

　また，相続廃除は遺言によっても行うことが可能である。遺言により廃除した場合には，遺言執行者が相続開始後，遅滞なく相続人の廃除を家庭裁判所に請求する（民893条）。

2 廃除が認められた裁判例

　「重大な侮辱」の具体的事例として，以下の裁判例をあげることができる。

○裁判例①（東京高決平4・12・11判時1448号130頁）

　両親A₁A₂から子Bに対する廃除請求。Bは小学校低学年のころから問題行動を起こし，中学・高校時代にぐ犯事件を繰り返し，多くの保護処分を受けた。また，反社会的勢力の構成員と同棲・婚姻した。その経緯から，A₁A₂は多大な精神的苦痛を受け，また，その名誉が毀損され，その結果A₁A₂とBとの家族的共同生活関係が全く破壊され，今後も修復が著しく困難な状況となっているとして，廃除が認められた。

○裁判例②（東京高決平23・5・9家月63巻11号60頁）

　養親Cから養子Dに対する廃除請求。CはDを廃除する公正証書遺言をしていたことによる。Dは海外在住だったが，10年近くの間，Cが入院手術を繰り返していることを知りながら，年1回程度帰国して生活費などとしてCから金員を受領するのみで，看病のために帰国したりCの面倒を見たりすることは

無では，同居が87.0%，世帯構成は「未婚の子と同一世帯」が35.7%で最も多く，続柄では，「息子」が39.9%で最も多く，次いで「夫」21.6%，「娘」17.7%であった。

なかった。CはDに離縁訴訟を提起していたが，Dが書類を出さなかったことで訴訟が遅延し，その間にDは死亡した。Cが自らに対する離縁訴訟を提起したことなどを知った後，連日Cに電話をかけ，Cが体調が悪いと繰り返し訴えるのも意に介さず長時間にわたって訴訟を取り下げるよう執拗に迫り，離縁訴訟をいたずらに遅延させたことは，著しい非行に該当するとされ，廃除が認められた。

3　廃除の効果と，廃除の取消し

　相続廃除審判の確定により廃除された者は，その時から相続権を失う。遺言により廃除された場合は，審判の確定にともない，被相続人の死亡時にさかのぼって効力が発生する。廃除されると，廃除された者との関係で（相対的効果），遺留分権を含めた相続権を失う。

　廃除審判が確定した場合，廃除の意思を表示した者は10日以内に戸籍事務管掌者に届出をするものとされている（戸97条による戸63条1項準用）。廃除された者の戸籍には，身分事項欄にたとえば「父某の推定相続人廃除の裁判確定」と記載される。

　なお，被相続人は，いつでも，推定相続人の廃除の取消しを家庭裁判所に請求することができる（民894条）。そもそも廃除事由があっても廃除手続きをしない人も多い。この点が，家庭裁判所での手続きを要しない欠格と大きく違うところである。

7　相続人が存在しないとき

1　相続人がいない？

　「相続人がいない」ということが最近ニュースで取り上げられるようになった。相続には「財産をもらう」という印象が強いので，そのような事態はイメージしにくいかもしれない。大まかにいうと以下のような4ケースが多い。①身寄りがない，つまり推定相続人がいないケース（戸籍に未反映の相続人が存在する可能性すら極めて低いケース），②親戚付き合いが薄く，相続人はいるのかもしれないが生死や住所を知らないケース，③親戚付き合いが薄く，先順位相続人が放棄したのにその事実を後順位相続人が知らないケース（熟慮期間が開始しないので相続人が定まらない），④遺産分割が明確に行われていない，または遺産分割手続が登記などに反映されていないケースである。このうち財産からの見方が④，人からの見方が①〜③で，ここで説明するのは主に①のケースである。②の場合には，まずは戸籍から住所を探し，それでたどり着けない場合には不在者の財産管理制度や失踪宣告を利用することになる。

　被相続人の出生時まで戸籍をさかのぼっても推定相続人が見当たらない場合，遺された相続財産は一体「誰に」「どのように」承継されるのだろうか。被相続人が遺言書を作成している場合には，遺言に従い承継されることとなり，相続人は存在しなくても遺言により相続財産を受け取る者（受遺者）がいる場合は，相続人は「いる」ものとして扱う。遺言もない場合，法定相続人を探すべきだろうか。相続人のあることが明らかでないときは，まずは相続財産は，**相続財産法人**▪となり（民951条），**相続財産管理人**▪が管理する。「相続人のあることが明らかでないとき」とは，相続人が存在しないことをいう（主に上の①）。

▪**相続財産法人**：わが国の相続制度では，相続人は一定範囲の親族に限定されており，相続人が存在しない場合には，相続財産は最終的に国庫に帰属する。相続人が存在しない場合，相続開始と同時に相続財産の所有者となる者が存在しないといった事態を避けるため，民法では，相続財産をいったん相続財産法人とし，相続人以外の一定の者について相続財産を承継することを認めたのである。

▪**相続財産管理人**：相続財産の目録作成その他相続財産の保存に必要と認める処分を行う。権限を超える行為を行うときは，家庭裁判所の許可が必要である。また，家庭裁判所は，管理人と被相続人との関係その他の事情により，相続財産の中から，相当な報酬を管理人に与えることができる。ただし，相続人が現れた場合，相続財産管理人の代理権は，相続人が相続の承認をしたときに消滅する（民956条）。

② 相続財産法人と相続財産管理人

　相続人のあることが明らかでないときは，被相続人の相続財産は法律上当然に，相続財産法人となる（民951条）。相続財産法人とは，相続財産の清算を目的とする権利主体となる。相続人のあることが明らかでないときとは，推定相続人がすべて死亡している場合のほか，相続人全員に欠格事由があったり廃除されたりした場合，全員が相続放棄したことにより相続人が存在しなくなった場合などである。反面，相続人のあることが明らかになったとき，法人は成立しなかったものとみなされる。相続財産法人には，相続財産管理人が選任される。家庭裁判所は，利害関係人◼または検察官の請求によって，相続財産管理人を選任しなければならない（民952条1項）。

③ 相続人の捜索と相続財産の清算

　相続人が不存在とされる場合，手続きは以下のように進められる（図X-2）。

　まず，家庭裁判所は，相続財産管理人を選任した旨を公告◼しなければならない（民952条2項）。つぎに，公告のあった後2か月以内に相続人のあることが明らかにならなかったときは，相続財産の管理人は，遅滞なく，すべての相続債権者および受遺者に対し，一定の期間内にその請求の申出をすべき旨を公告しなければならない。2か月以上の期間を定める必要がある（民957条1項）。さらに，この期間が満了した後であっても，なお相続人のあることが明らかでないときは，家庭裁判所は，相続財産の管理人または検察官の請求によって，相続人があるならば一定の期間内にその権利を主張すべき旨を公告しなければならない。ただし，6か月以上の期間を定める必要がある（民958条）。

　後に相続人のあることが明らかになった場合，それまでに管理人が行った権

◼利害関係人：相続財産の帰属について法律上の利害関係を有する者をいう。具体的には相続債権者，相続債務者，相続財産の担保権者，特別縁故者などをあげることができる。実務上は，葬儀費用を立て替えた者，相続財産を管理していた者，福祉施設の福祉事務所長などがある。

◼公告：ある事項を広く一般に知らせること。法律によりそのやり方はさまざまであるが，ここでは家庭裁判所の掲示場その他裁判所内の公衆の見やすい場所に掲示し，かつ，官報に掲載してすることになっている。

図Ⅹ-2　相続財産の清算

相続財産管理人の選任・公告　民952条
　　　⇩　2か月以内に相続人の存在が明らかにならない
相続債権者および受遺者に対する公告　民957条
　　　⇩　2か月以上の期間を定める
相続人捜索の公告　民958条
　　　⇩　6か月以上の期間を定める
相続人不存在の確定
　　　⇩　3か月以内に特別縁故者[(1)]の申立て・財産の分与　民958条の3
特別縁故者に処分されなかった財産の国庫への帰属　民959条

限内の行為については，その効力に影響を与えない。相続人不存在の制度は，相続債権者その他の利害関係人の利益や取引関係を保護するのみならず，相続財産の管理・清算をしつつ相続人の出現を待つという性格を有することから，それまでの管理人の行為には影響を及ぼさないとしたものである。

　たとえば，アパートを借りている身寄りのない独居老人が，地域社会からも孤立した状態で孤独死した場合，アパートの家主に悩ましい費用や問題が発生する[(2)]。相続人が存在しない場合には，遺体は自治体が無縁仏として供養し，賃貸人（家主）は利害関係者として相続財産管理人の選任を家庭裁判所に自ら申し立てることができる。誰かが相続財産管理人の選任を申し立てたことを公告により知った場合には，賃貸人は相続債権者として家庭裁判所に請求を申し出て，未払い賃料などの債権を回収することとなる。

---

(1)　相続人不存在が確定した場合であっても，家庭裁判所は，被相続人と生計を同じくしていた者，被相続人の療養看護に努めた者その他被相続人と特別の縁故があった者の請求によって，これらの者に，清算後残存すべき相続財産の全部又は一部を与えることができる（民958条の3第1項）。この請求は相続人不存在の確定後3か月以内に行わなければならない。➡ Column 10「身寄りのない者の財産と国庫帰属」
(2)　単身で賃貸住宅に入居している高齢者が

死亡した場合，賃貸人（家主）には，残置物の引き取りや処理費用・原状回復費用（消臭・消毒費）・空室発生費用・家賃の下落等の損害が発生する。相続人がいる場合には相続人に残置物の引取りを請求することになるし，法律的に可能な範囲で相続人に費用を請求する。相続人がいない場合には，保証人に連絡するか，管理会社により残遺物処分がなされることとなる。

8　相続財産を取り戻せ：相続回復請求

■1 相続回復請求権の意義と沿革

　相続回復請求権■とは，本来は相続資格をもたないのに相続人のように見える者や相続人であると言い張る者（不真正相続人）が相続人として相続財産を支配しているのに対して，正当な相続権を有している相続人（真正相続人）が，侵害された相続権の回復を請求することをいう(1)。特に，戸籍上は相続人となっているが民法に規定される相続人にあたらない者（実際には相続人でない者）のことを表見相続人という(2)。相続回復請求権は，相続人またはその法定代理人が相続権を侵害された事実を知ったときから5年間行使しないときは，時効によって消滅する。相続開始のときから20年を経過したときも同様である（民884条）。

　明治民法では，相続回復請求権の中心は家督相続にあった。戸主は誰かを決める家督相続のトラブルは，長引けば「家」の運営に大きな支障をきたすため，短めの5年という時効期間が設けられた。戦後，その規定をほぼそのまま共同相続である現在の相続に使っている。したがって，請求権の意義としては権利の回復だが，実際には，消滅時効を定めたことで，権利関係の早期安定，回復を図ることが民法884条の意義といえる。

■2 法 的 性 質

　相続回復請求権は，真正相続人が不真正相続人に対して自己の正当な権利を主張し，相続権を回復するために認められている権利とされる。しかし，■1のような経緯なので，具体的に何を求めることのできる権利なのか，条文からは

---

(1)　「本来は相続資格のない者」には，相続欠格・相続廃除により相続権をはく奪された者や，虚偽の出生届により子と記載されていた者，全くの第三者など，多様なケースがある。

(2)　表見相続人の例としては，①「藁の上からの養子」（他人の子を引き取った者がその子を実子として出生届を出し育てること）のように戸籍と法的親子関係が異なる場合，②長男が父親を殺害したなど，相続欠格者である場合，などがある。ただし①の場合

には親子関係不存在の主張が権利濫用とされる場合がある。②については➡Ⅹ-5「相続人になれない子ども」

性質ははっきりしない。個々の相続財産について有する個々の返還請求権の集合体とする集合権利説と，個々の相続財産に関する権利よりむしろ相続権そのものの侵害から保護されるとする独立権利説という二つの考え方がある。判例と実務は集合権利説による[3]。

3　当　事　者

　相続回復請求権の原告は，相続権を侵害された真正相続人である[4]。真正相続人の相続人は，相続人が真正相続人の相続につき侵害を受けているとすれば相続回復請求権を行使することができる。判例は，相続回復請求権は一身専属的な性格を有するものであるから，相続の対象とはならないとした（大判大7・4・9民録24輯653頁。ただし，これは明治民法の判決である）。相続回復請求権の被告は相続権を侵害した者またはその者からの承継人に限られる。

　なお，侵害したのが共同相続人である場合，たとえば，相続人の1人が外れた状態で遺産分割が行われた場合や，共同相続なのにもかかわらず虚偽の書類を使って単独相続であるかのような登記をした場合，相続回復請求権を行使することが可能であろうか。このような場合も，判例は民法884条の適用を特に否定すべき理由はないとして，まずは民法884条の適用を承認している。

4　行使方法・効果

　相続回復請求権は，裁判によらずに裁判外で行使することも可能である。裁判外で請求する行為は民法150条の催告とされ，時効の完成猶予事由となる。裁判上請求し，確定判決又は確定判決と同一の効力を有するものによって権利が確定したときは，時効は，同項各号に掲げる事由が終了した時から新たにそ

---

(3)　集合権利説によれば，相続回復請求権は，個々の侵害されている財産権の集合したものと考えられ，目的物を特定して請求することが必要であり，また，物権的請求権の集合体であるとされることから，表見相続人から特定承継した者に対する請求も可能である。これに対し独立権利説によると，相続回復請求権行使の目的は相続権の回復であり，相続権が立証されれば個別的な権原の主張・立証をしなくとも相続回復請求が可能となる。請求の際には目的の特定も

不要であり，請求の相手方は表見相続人のみで，表見相続人からの特定承継人は含まれないこととなる。なお，特定承継とは，売買，贈与など，ある特定の財産を承継すること。対語は包括承継で，ある人の権利義務を（一身専属権を除いて）一括して承継することである。相続は包括承継の代表例である。特定承継をした者を特定承継人という。

(4)　真正相続人に準ずる者として，第一に相続分の譲受人，第二に包括受遺者（民990

の進行を始め（民147条2項），時効期間は10年となる（民169条1項）。

　5年の時効期間は，単なる相続開始の事実だけでなく自分が真正の相続人でありながら相続権を侵害されたことを知った時から開始する。また相続開始のときから20年を経過した場合には消滅する（民884条）。

5　相続人間での相続回復請求

　確かに共同相続人に対しても相続回復請求権が可能であり，それはつまり被告である侵害者は民法884条の消滅時効を援用できるということを意味する。ただし，判例は，共同相続人による相続権の侵害が悪意・有過失である場合には，もともと相続回復請求制度の適用が予定されている場合にはあたらず，民法884条は適用されないとする。つまり，共同相続人のうちの一部が，自分以外の相続人の持分に属することを知っているとき，またはその部分につき自分に相続による持分があると信ぜられるべき合理的な事由がないとき，それは，本来相続回復請求制度が対象として考えている場合にはあたらないため，彼らは消滅時効を援用できない（最大判昭53・12・20民集32巻9号1674頁）。

　では，表見相続人からの特定承継人に対して，真正相続人は相続回復請求権を行使することになるのであろうか。表見相続人が相続回復請求権による消滅時効を援用できる場合に，表見相続人からの特定承継人もその消滅時効を援用できる。しかし，特定承継人自身が「善意かつ合理的な事由」を有していたとしても，前主である表見相続人に「善意かつ合理的な事由」がない場合には，特定承継人は民法884条の消滅時効を援用できないとされている（最判平7・12・5家月48巻7号52頁）。

（佐藤啓子）

条），第三に相続財産管理人（民953条），
第四に遺言執行者（民1012条，民1014条）
が原告になりうる。

Column **10**

身寄りのない者の財産と国庫帰属

　相続人のいない被相続人の相続財産は，基本的に国家に帰属する。しかし，その全部または一部を，国ではなくその被相続人と特に親しかった者に帰属させることができる。これが特別縁故者制度である。被相続人が遺言をしないにもかかわらずこのようなことが認められるのは，この日本では遺言を残す人が少ない点への配慮による。また，内縁配偶者や事実上の養子など，相続人にはならないが，相続人がいない場合について分与の可能性を確保したものである。

　どのような者が特別縁故者となるか。条文には「被相続人と生計を同じくしていた者，被相続人の療養看護に努めた者その他被相続人と特別の縁故があった者」とある（民958条の3）。第一の被相続人と生計を同じくしていた者として，内縁の配偶者，事実上の養子，子の親族でありながら代襲相続人ではない者などが想定される。第二に被相続人の療養看護に努めた者とあるので，被相続人の「世話をした」人，たとえば子や甥姪の配偶者がその役割を果たした場合が考えられる。第三に，その他被相続人と特別の縁故があった者が挙げられる。

　特別縁故者に該当すると思われる者は，自ら家庭裁判所に請求する。これを受けて家庭裁判所は，清算後残存すべき相続財産の全部または一部を与えることができる。なお，請求する期間は3か月以内とされている（民958条）。これにより処分されなかった相続財産は，国庫に帰属する（民959条）。国庫とは，国のことを財産権の主体として表現するときに使う言葉である。

　上記第二や第三のケースには，こんな例がある。

〇裁判例①（大阪高決平 20・10・24 家月 61 巻 6 号 99 頁）

　被相続人Aの父の妹の孫娘 B₁ とその夫 B₂ の 2 人は，Aが老人ホームに入るまでは親しくなかったが，入所時の身元保証人や成年後見人となったほか，遠距離の旅程をものともせず，親身になってAの療養看護や財産管理に尽くした。さらに，相当額の費用を負担して，Aの葬儀を主宰したり，その供養を行った。以上から，B₁B₂ はAと通常の親族としての交際ないし成年後見人の一般的職務の程度を超える親しい関係にあるため，特別縁故者に該当するとされた。

〇裁判例②（名古屋高金沢支決平 28・11・28 判時 2342 号 41 頁）

　知的障害および身体障害を有し，意思疎通が困難であった被相続人Cが約35 年間入所した施設を運営する社会福祉法人Dが特別縁故者とされた。施設職員は，意思疎通が困難であったCとの間において地道に信頼関係を築くことに努めた上，食事，排泄，入浴等の日常的な介助のほか，カラオケ，祭り，買い物等の娯楽にCが参加できるように配慮するなどした。Dは，長年にわたり，Cが人間としての尊厳を保ち，なるべく快適な暮らしを送ることのできるように献身的な介護を続けていた上，低廉な利用料の負担で済んだことが，Cの資産形成に大きく寄与したとされた。

　裁判例①は，遠縁の者が親族後見人になった場合であっても，親身になって被相続人の療養看護や財産管理に尽くした場合には特別縁故者になりうるとした。また，裁判例②は，低廉な利用料による介護などによって被相続人の資産形成に寄与した場合には，法人であっても特別縁故者になりうるとした。

（佐藤啓子）

Ⅺ　相続財産の確定

1　相続できるもの・できないもの

1　相続財産の承継

　相続財産は，被相続人の死亡と同時に，すべて相続人に承継される。相続人は，相続開始のときから，被相続人の生前の財産所有関係・契約関係をすべて承継するのである。もちろん，借金も相続する。相続は，法律上認められている権利・義務を承継する仕組みであるから，プラスの財産（積極財産）もマイナスの財産（消極財産）もすべて承継するのである。ただし，劇場への出演契約等のように，契約者本人でなければ実現することができない契約関係（被相続人の一身専属権[(1)]）については，相続人に承継されない（896条）。

　このように相続人が被相続人のすべての財産を承継することを，包括承継という。相続は法体系によってその考え方が異なり，例えば，ローマ法においては，相続は死者の人格を承継するものであると考えられていたが，ゲルマン法では動産と不動産とで異なる承継方法があり，それぞれの法体系の原理は，ローマ法はやや形を変えてはいるがフランス法へ，ゲルマン法はイギリス法へと承継されている。なお，わが国においては包括承継の原則を採用しつつも，被相続人の一身専属権については相続されないとする。

2　相続可能な財産

(1)　占有権・借家権

　被相続人が土地を不法占有していたような場合，相続人がこれに対してどの

---

(1)　一身専属権とは，第1に，当事者の個人的信頼関係に基づく法律関係から発生する権利義務がある。具体的には保証契約に基づく保証人の地位・委任契約に基づく委任者または受任者の地位等がある。第2に家族関係に基づいて発生する権利義務があげられる。具体的には，同居協力の権利義務・夫婦間の契約取消権等がある。第3に，先に説明した劇場に出演する契約のように，契約内容が債務者自身の給付によることを予定しているものがある。

ように対応すればよいだろうか。被相続人は当該土地について所有権は持たないものの，実際に土地を利用しているのであれば占有権[2]を持っていることになる。したがって，被相続人が死亡すると，占有権は相続人に承継され，占有権は原則として当然に，相続人の支配の中に承継される。したがって，特別の事情のない限り，当然相続人の占有に移る（最判昭44・10・30民集23巻10号1881頁）。

　では，被相続人が一軒家を借りて住んでいたような場合，相続人はどのように対応すればよいであろうか。相続人がいる場合，借家権[3]は相続人に承継される。内縁配偶者（コラム⑤「内縁関係と離死別」）がいる場合，相続人がいる場合と相続人がいない場合でその考え方が分かれている。相続人がいない場合には，賃借権を承継する（借地借家法36条1項本文）。これに対し，相続人がいる場合には，賃借権は相続人が承継することとなる。そうすると，内縁配偶者は不法占拠の状態となり，家屋から退去しなければならないこととなってしまう。しかしながら，長年生活をともにした内縁配偶者を，被相続人の死亡という事情のみで退去させることは果たして妥当なのであろうか。この点裁判例では，法定相続人が内縁配偶者に対して家屋の明渡を請求することが権利の濫用とされ，賃貸人からの明渡請求に対して内縁配偶者は相続人の承継した賃借権を援用して拒むことができる（最判昭42・2・21民集21巻1号155頁（XI-3「特殊な相続財産(1)：配偶者の居住建物」））。

(2)　保証債務[3]

　他人の借金の保証人になっている場合，保証債務，連帯保証債務にかかわらず，すべての債務は相続される[4]。これに対し，特別養護老人ホーム入所の際に親族の一人が身元保証をしているような場合は，相続の考え方が少し異なる。

---

(2)　占有権とは，人が物に対して有する現実的な支配に対して認められる権利である。相続が開始すると，被相続人の占有権は消滅し当然に相続人の占有に移るものと解されている（最判昭44・10・30民集23巻10号1881頁）。建物所有を目的とする敷地の使用貸借については，借主の死亡によって終了するとするのは当事者の意思に反するとした判例がある（大阪高判昭55・1・30判タ414号95頁）。

(3)　借地権中，使用貸借については借主の死

亡によって終了する（599条）。この点，建物所有を目的とする敷地の使用貸借については，借主の死亡によって終了するとするのは当事者の意思に反するとした判例（大阪高判昭55・1・30判タ414号95頁）がある。

(4)　他人の借金につき，その借金が返済されなければ代わりに支払うとする義務（債務）を負担する旨の契約のことを保証契約という。このうち，連帯保証債務は，借金を他人と連帯して負担することをいい，他人の資産の有無にかかわらず借金を返済す

このような保証は，人的信頼関係に基づき契約されるものであるから，身元保証をした保証人が死亡した場合，保証人の相続人は債務を相続しない。ただし，具体的に債務が発生している場合には相続の対象となる。なお，限度額及び期間の定めのない信用保証契約を締結している場合（信用保証（根保証））については，特別の事情のない限り，保証人が生きている間負担していた債務を相続することになる。したがって，保証人の死後生じた債務について相続人は保証債務を負担しない（最判昭37・11・9民集16巻11号2270頁）。

(3) 慰　謝　料

被相続人が生前有していた慰謝料請求権は相続人が請求できるのか。これは，即死の場合とそうでない場合に分けて考える必要がある。本来，慰謝料は，被害者が事故により苦痛を感じているということを慰謝するために加害者に請求することが認められている権利である[5]。被害者は「苦痛」を感じる必要がある。かつて，この「苦痛」をめぐって様々な考え方（学説）があった。議論の争点は，即死の場合は「苦痛」を感じているかということであった。即死の場合は苦痛を感じないとすれば，慰謝料請求権は発生しないというものである。しかしながら，被害者が本当に苦痛を感じているかということが明確に判断できるものではないし，死に至る経緯によって加害者が負担する損害賠償額が異なるということでは，損害を公平に分担するということになってしまう。裁判例では，「残念残念」と被害者が言ったとするものや，黙示の意思表示があったとするものがあったが，現在では，相続人が当然に慰謝料請求権を相続するもの等がある（最判昭42・11・1民集21巻9号2249頁）。

る義務を負うこととなる。身元保証は，本人が損害を発生させた場合この損害を賠償する義務を負うことをいう。保証の内容は契約による。

[5]　最判昭42・11・1民集21巻9号2249頁は，慰謝料請求権の相続につき，「当該被害者が死亡したときは，その相続人は当然に慰謝料請求権を相続するものと解するのが相当である」とし，民法は，損害賠償発生時点で損害の内容（財産上・財産以外）の区別をしていないこと，慰謝料請求権は金銭債権であること，近親者は民法711条により固有の慰謝料請求権を有するが，これをもって慰謝料請求権が相続の対象とならないとは解されないことをあげる。

2　相続の対象とならない財産

1 年金：遺族（補償）給付

　年金の受給権者が死亡した場合，遺族は未支給の年金を請求することができる。未支給の年金請求は受給権者が生前有していた権利を遺族が代わりに行使するものであって，相続の対象となる権利ではない。受給権者の遺族には，遺族年金が支給される。代表的なところでいえば，遺族基礎年金，遺族厚生年金，遺族共済年金をあげることができる。例えば，遺族厚生年金の例をあげると，遺族の範囲は，厚生年金保険法59条1項により，被保険者又は被保険者であった者の配偶者，子，父母，孫又は祖父母であって，被保険者又は被保険者であった者の死亡の当時，その者によって生計を維持していた者とされている。なお，葬祭料[1]については，労災で死亡した場合とそうでない場合とで金額が異なる。健康保険法100条1項は，被保険者が死亡したときは，その者により生計を維持していた者に対し支給され，支給を受けるべき者がない場合には，埋葬を行った者に対し，埋葬に要した費用に相当する金額が支給される。遺族がなく施設が葬儀を行った場合であっても，現に埋葬を行った者に対し，埋葬に要した費用に相当する金額が支給される。

2 退職金：死亡退職金

　退職に関する事項については，就業規則や労働協約で定められている。死亡による退職の場合，死亡退職金[2]の受給権者がどのように定められているかによって請求方法が異なることになる。被相続人が受給権者であるとされている場合には，相続人が被相続人の有する受給権を相続する。これに対し，死亡退

---

(1)　健康保険法100条1項は，被保険者が死亡したときは，その者により生計を維持していた者であって，埋葬を行う者に対し，埋葬料として政令で定める金額を支給する。

(2)　退職金を賃金の後払いと考えると相続財産となりますが，遺族の生活補償と考えると遺族の固有財産となる。判例では，遺族の固有財産と考えるものが多い。退職金についてはこれを特別受益を考えるかが問題とされるが，遺族の固有財産と考えれば特別受益に当たらないが，賃金の後払いと考えると特別受益となる。判例は，特別受益とするものと特別受益としないものに分かれている。

233

職金の受給権者が具体的に定められている場合には，民法で決められている相続人の範囲とは異なり，具体的に定められている受給権者が支給されることとなる。裁判例では，死亡退職金は専ら職員の収入に依拠していた遺族の生活保障を目的とし，民法とは別の立場で受給権者を定めたもので，受給権者たる遺族は相続人としてではなく自己固有の権利として取得するとされ，相続財産には属さないとしたものをあげることができる（最判昭55・11・27民集34巻6号815頁）。

3 生活保護受給権

生活保護法は，憲法25条に基づき，生活に困窮するすべての国民に困窮の程度に応じ最低限度の生活を保障し自立を助長することを目的として制定されている（生活保護法1条）。生活保護受給者が生活保護法に基づき給付金などの支給を受ける権利は，譲渡禁止であり（生活保護法第59条），保護受給権は，被保護者の最低限度の生活を維持するために与られた一身専属権であるため，相続の対象とならない。（最判昭42・5・24民集21巻5号1043頁）。なお，生活保護受給者に預金がある場合には，相続人に相続される。

4 公営住宅

高齢の両親が公営住宅[3]に住んでいる場合，両親の死亡後，住宅はどのように相続されるだろうか。公営住宅は，文字通り「公」が住宅政策の一環として用意をしているものである。民間の住宅を借りることが困難な者のために提供される住居である。そのため，入居要件（同居親族要件・入居収入基準・住宅困窮要件）が厳格に定められている。入居要件を満たさなくなった場合には，住

---

[3] 公営住宅法は，住宅に困窮する低額所得者に対して低廉な家賃で住宅を賃貸することにより，国民生活の安定と社会福祉の増進に寄与することを目的とし（1条），入居者を一定の条件を具備する者に限定し（23条），入居者の収入が政令で定める基準を超えることになった場合にはその入居年数に応じて公営住宅を明け渡すよう努めなければならない（28条）とされる。また，「高齢者の居住の安定確保に関する法律」は，高齢者に適した良質な居住環境が確保され

た賃貸住宅を提供するための法律である。終身建物賃貸借契約を締結する。

み続けることは困難となる。公営住宅の入居者が死亡した場合，その相続人は，その使用権を当然に承継するものではないとする（最判平 2・10・18 民集 44 巻 7 号 1021 頁）。

5　ゴルフクラブ会員権

　ゴルフクラブ会員権(4)を購入している場合，当該権利は相続人に相続されるだろうか。ゴルフクラブ会員権は，入会資格審査を経て認められるものである。当該会員の属性を審査して与えられるものであるから一身専属的性格を有し，相続の対象とはならない（最判昭 53・6・16 判タ 368 号 216 頁）。

　会則に，死亡により会員資格を喪失する旨の記載がある場合には相続人が会員たる地位を相続することはできない。会則に会員契約上の地位の譲渡を認める規定がある場合には，会員たる地位の相続が認められ，理事会の入会承認を得ることを条件に会員たる地位を取得する。ゴルフクラブの品格を保つために，会員となる者を事前に審査し，会員としてふさわしくない者の入会を認めない趣旨である（最判平 9・3・25 民集 51 巻 3 号 1609 頁）。年会費などの未払いがあればこれについては相続の対象となる。なお，ゴルフクラブの会員が死亡した場合に，会則上，特に保証金（預託金返還請求権）の返還を求めることができる旨の規定がない場合には，会員の死亡を理由に直ちに保証金返還請求権だけを行使することはできないとした判例がある（最判平 9・12・16 判タ 964 号 95 頁）。

---

(4)　ゴルフクラブ会員権：ゴルフクラブ会員権の法的性格につき，最判平 9・3・25 民集 51 巻 3 号 1609 頁は，正会員が死亡した場合の地位の帰すうについて，定められていないとしても，会則の趣旨が正会員としての地位はゴルフクラブの理事会の承認によるものと解される場合には地位の承継についても理事会の承認をもってその地位を確定的に取得すると解すべきであると判示する。

3　特殊な相続財産(1)：配偶者の居住建物

1　配偶者居住権の新設

　　配偶者の一方が死亡した場合に，他方の配偶者は，それまで居住してきた建物に引き続き居住することを希望し，特にその配偶者が高齢者である場合には，これまで居住していた建物を離れ，新たに生活をすることは大きな環境の変化を伴うことになる。また，生活費を得ることも困難な場合もあり，このような点からも「配偶者については，その居住権を保護しつつ，将来の生活のために一定の財産を確保させる必要性」があるとされた。

2　配偶者短期居住権

(1)　内　　容

　　配偶者短期居住権[1]とは，被相続人が相続開始時に有していた不動産（以下「居住建物」という）に居住していた配偶者が，遺産分割が終了するまでの一定期間，無償で居住することができる権利のことをいう（1037条1項）。配偶者短期居住権が成立するためには，配偶者が，被相続人の財産に属した建物に相続開始の時に無償で居住していたことが必要となる。また，配偶者短期居住権[2][3]は使用貸借権類似の債権であり，相続又は遺贈により居住建物所有権を取得した者（以下，「居住建物取得者」という）に対してその権利を主張することができる。

　　配偶者居住権の存続期間は，①配偶者が居住建物の遺産分割に関与するときは，居住建物の帰属が確定する日までの間，②居住建物が第三者に遺贈された場合や，配偶者が相続放棄をした場合には居住建物の所有者から消滅請求を受

---

(1)　最判平8・12・17民集50巻10号2778頁：百選71は，配偶者が相続開始時に被相続人の建物に居住していた場合ににつき，「特段の事情のない限り，被相続人と右同居の相続人との間において，被相続人が死亡し相続が開始した後も，遺産分割により右建物の所有権関係が最終的に確定するまでの間は，引き続き右同居の相続人にこれを無償で使用させる旨の合意があったものと推認される」と判断していた。

(2)　配偶者居住権の評価方法については，

「建物敷地の評価額——配偶者居住権が設定された建物の所有権評価額」とされ，配偶者居住権の存続期間は配偶者の平均余命の年数をもって計算される。たとえば，相続人が配偶者及び子1名とし，建物敷地の評価額3000万円，配偶者居住権が設定された建物の所有権評価額が1500万円，預貯金が6000万円とすると，配偶者は居住の継続と同時に預貯金を3000万円相続することが可能となる。

(3)　民法400条は債権の目的物が特定物の引

けてから6か月とされる。

(2)　利 用 方 法

　配偶者短期居住権は，配偶者が賃借権類似の利用権を取得するものであり，居住建物の所有権は他の相続人等が取得することとなる。居住建物取得者は，第三者に対する居住建物の譲渡その他の方法により配偶者の居住建物の使用を妨げてはならない（1037条2項）。配偶者は従前の用法に従い善管注意義務[3]をもって居住建物を使用しなければならず（1038条1項），配偶者が居住建物につき配偶者居住権を取得した場合には，配偶者短期居住権は消滅し（1039条），他の理由で配偶者短期居住権が消滅した場合には，居住建物を返還しなければならない（1040条1項）。

③ 配偶者居住権

(1)　内　　　容

　相続開始時に，被相続人の所有していた建物に配偶者が居住していた場合，残された配偶者に終身又は一定期間，建物の使用を認める権利である。賃借権類似の債権であり一身専属権であるから，相続の対象とならない。配偶者居住権[4]は，①遺産の分割によって配偶者居住権を取得するものとされたとき，②配偶者居住権が遺贈の目的とされたときには，その居住していた建物を取得する（1028条1項）。ただし，被相続人が相続開始の時に居住建物を配偶者以外の者と共有していた場合は配偶者居住権を取得することができず（同条1項），居住建物が配偶者の財産に属することとなった場合であっても，他の者がその共有持分を有するときは，配偶者居住権は消滅しない（1048条2項）。共同相続人間に配偶者が配偶者居住権を取得することについて同意が成立していると

渡しであるときは，債務者はその引渡しをするまで，善良な管理者の注意義務をもって，その物を保存しなければならないとする。取引上の社会通念等により定められる注意義務の程度である。

(4)　配偶者居住権が設定されている場合，居住建物にかかる固定資産税は配偶者が負担することとなる。この点，最判昭36・1・27 集民48号179頁）は，「…建物の占有者が建物の敷地の地代及び建物の固定資産税を支払ったとしても，右のごとき地代及び

固定資産税はいずれも建物の維持保存のために当然に支出ぜらるべき費用ではあるが，右は民法595条1項の『通常の必要費』に属するものというべきである」と判示している。

き，配偶者が家庭裁判所に対して配偶者居住権の取得を希望する旨申し出た場合には家庭裁判所は配偶者が配偶者居住権を取得する旨を定めることができる（1029条）。後者の場合には，居住建物の所有者の受ける不利益の程度を考慮してもなお配偶者の生活を維持するために特に必要があると認めるときにされる（1029条2項）。配偶者居住権の存続期間は，配偶者の終身とされる。ただし，別段の定めをしたときにはそれに従う（1030条）。

(2) 利 用 方 法

居住建物所有者は，配偶者に対して，配偶者居住権の設定の登記を備えさせる義務を負い（1031条1項），配偶者は従前の用法に従い，善管注意義務をもって居住建物の使用及び収益をしなければならない（1032条）。配偶者居住権は譲渡することができず，居住建物を改築し若しくは増築し，第三者に居住建物使用若しくは収益をさせる場合には，建物所有者の承諾が必要である（1032条2項・3項）。配偶者は，居住建物の使用及び収益に必要な修繕をすることができ（1033条1項），配偶者が必要な修繕をしない場合には所有者がその修繕をすることができる（同条3項）。居住建物にかかる必要費は配偶者が負担し，配偶者居住権が消滅したときには配偶者は居住建物を返還しなければならない（1035条）。

4　特殊な相続財産⑵：遺産分割前に処分した財産

1　遺産分割前の遺産処分

　相続開始後の相続財産は相続人の共有である（898条）ところ，遺産分割前に共同相続人が共有持分を処分することは可能とされる。この点実務では相続財産の算定に際し，共同相続人が処分した財産を除いた財産を算定の基礎とし遺産分割を行うため，共同相続人間の不公平が発生する状態となっていた。改正法はこのような相続人間の不公平を解消するため，共同相続人のうち共有持分を処分した者以外の全員の同意があれば，処分された財産を遺産分割時に遺産として存在するものとみなすことができるとした（906条の2）[1]。

　判例においては，東京高決昭和39年10月21日（高民集17巻6号445頁）は，「相続財産につき相続人のうちのある者が遺産分割前に勝手にこれを処分したときは，その財産に代わり同人に対する代償請求権が相続財産に属することとなり，これが分割の対象となると解するのが相当である」と判示する。また最判昭和52年9月19日（集民121号247頁）は，「共同相続人が全員の同意によって遺産分割前に遺産を構成する特定不動産を第三者に売却したときは，その不動産は遺産分割の対象から逸出し，各相続人は第三者に対し持分に応じた代金債権を取得し，これを個々に請求することができるものと解すべき」と判示していたところである。

　なお，本条は，遺産分割時における相続財産算定の方法につき規定するものであるため，たとえば遺産分割前に相続財産の全てが処分されたような場合には，遺産分割手続きをおこなうことができないため，同条の適用はない（『一問一答』97頁）。

---

(1)　例えば，相続人が子2名（長男・次男）であり，相続財産が預金3000万円であるとして，次男が遺産分割前に1000万円を引き出した場合，改正前であれば相続財産は「3000万円－1000万円＝2000万円」となる。これを法定相続割合で分割すると各1000万円の相続となる。改正法によれば「3000万円×1／2」を基礎として算定することとなり，各相続人あたり1500万円を相続することとなる。

2　預貯金債権の払戻し(3)

　預貯金債権につき金融機関は，相続人が被相続人の銀行預金払戻請求権を行使する場合には，相続人が単独で自己の相続分に関する払戻しを請求することはできず，遺産分割が終了し，全相続人の同意があったことを証明する書面を提出しない限り，払戻請求には応じないとされていた。最大決平成28年12月19日（民集70巻8号2121頁）においても，共同相続された普通預金債権，通常貯金債権及び定期貯金債権は，いずれも，相続開始と同時に当然に相続分に応じて分割されることはなく，遺産分割の対象となると判断されているところである。改正法では，この点につき相続開始後の相続人の生活費や葬儀費用の支払い，相続債務の弁済等の必要がある場合には，払戻し請求をすることが可能となる制度を新設した(2)。

　民909条の2によれば，各共同相続人は，遺産に属する預貯金債権のうち相続開始の時の債権額の3分の1に第900条及び第901条の規定により算定した当該共同相続人の相続分を乗じた額については，単独でその権利を行使することができると規定する。また同条においては金融機関1か所に払戻請求をすることができる上限額についても，150万円と定められている（909条の2に規定する法務省令で定める額を定める省令）。また預貯金債権については他に，仮払いの必要があると認められる場合には，他の共同相続人の利益を害しない限度で，家庭裁判所における仮払いが認められる（家事事件手続法200条3項）。

3　相続開始前の遺産処分(4)

(1)　子どもが親の不動産を無断で売却していた場合(3)

　特殊な相続財産関係の一つとして，生前，子どもが親の不動産を無断で売却

---

(2)　例えば，銀行に預貯金が3000万円あり，相続人が子2人である場合，債権額の1/3である1000万円のうち法定相続分1/2に相当する500万円が請求額と算定されるが，上限が150万円となるため実際の払戻しは150万円となる。複数の金融機関に預貯金がある場合には，金融機関ごとに算定され，上限150万円まで払戻しを受けることができる。なお共同相続人が受けた仮払いは遺産の一部分割により取得したものとみなされる（民909条の2後段）。

(3)　ある人の代理人として契約をするためには，ある人（本人）から代理人として代理権を授与される必要がある。このような手続きがないにもかかわらず代理人と称する者を無権代理という。無権代理人が本人の名を使って契約をした場合，契約責任は第1次的には本人が負うこととなる。この場合，本人には契約を引き受ける（追認）か，拒絶するかどちらか一方を選択することができる。本人が追認しなかった場合には，無権代理人は相手方の選択に従い，履

していたような場合をあげることができる。子どもが親の不動産を無断で売却し，その契約が実現されないまま，親が死亡した場合，子ども（無権代理人）には，買主に不動産を引き渡す義務が発生する。つまり，子どもは，親（本人（他人））の不動産を取得して，買主に不動産を引き渡さなければならないのである。

　この点，単独相続の場合，無権代理人が本人を相続することとなるところ，無権代理人が追認を拒絶することは信義則上許されない（最判平10・7・17民集52巻5号1296頁）[4]。これに対し共同相続の場合には，無権代理行為を追認する権利は相続人全員に不可分的に帰属する。追認は共同相続人全員が共同してこれを行使する必要がある。また共同相続人全員が追認している場合には無権代理人が追認を拒絶することができない（最判平5・1・21民集47巻1号265頁）[5]。

(2)　親が子供の不動産を無断で売却した場合

　親が子どもの不動産を無断で売却した後に，親が死亡した場合，不動産の所有権者は子であるので，子が当該契約を承認すれば，契約が正式に成立することとなる。子が契約を追認しない場合，親が，子どもの不動産を取得し，契約の相手方に不動産を引き渡すか，それが難しいということであれば，履行又は損害賠償の責任を負わなければならないこととなる。無権代理人である親は，すでに死亡しているため，相続人である子が，無権代理人である親としての責任を負うべきであるかが問題となる。この点，相続人である子は，本人の立場をとって追認を拒絶しても信義則に反することはない。同時に無権代理人である親の相続人として，117条による無権代理人の責任を承継するため履行義務を負う（最判昭48・7・3民集27巻7号751頁）。

行又は損害賠償の責任を負う（117条1項）。
(4)　本人が無権代理行為の追認を拒絶した場合，無権代理人が本人を相続しても無権代理行為が有効になるものではない。本人の承認なく無権代理行為をしておきながら本人の立場を相続したことにより，本人の追認拒絶の効果を主張することは信義則に反するからである。
(5)　本判決は，相続人のうち1人が無権代理人であった場合には，共同相続人全員が共同して無権代理行為を追認しなければ，無権代理人の相続分に相当する部分を有効とすることはできないと判示したものである。

5　特殊な相続財産⑶：保険契約の受取人

1　生命保険契約

　生命保険契約[1]とは，保険契約者（被保険者）と保険会社（保険者）との間で保険事故が発生した場合には，保険契約者の指定する保険金受取人に対して生命保険金が支払われる契約（第三者のためにする契約）である。事前に金額が確定されていることと，受取人を指定することができることから，相続人間の紛争を回避するために利用されることが多いようである。

　⑴　受取人が「相続人」である場合

　保険金受取人については，①将来相続人となるであろう者（推定相続人）のうちから1名を指定する場合，②抽象的に「相続人」とする場合，③受取人の指定をあえて行わない場合などをあげることができる。

　①の場合，保険契約の効果として特定の相続人に保険金請求権が発生する。保険金は相続財産とはならず，相続の放棄・限定承認があった場合でも，保険金請求が可能となる。

　②の場合，「特段の事情のない限り，被保険者死亡の時におけるその相続人たるべき者のための契約であり，その保険金請求権は，保険契約の効力発生と同時に相続人たるべき者の固有財産となる」とする（最判昭和48年6月29日民集27巻6号737頁）。なお，相続人間での分割方法については，「特段の事情のない限り…相続人が保険金を受けるべき権利の割合を相続分の割合によるとする旨の指定も含まれ」ているとし，保険金受取人の分割割合は相続分の割合によるとする（最判平6・7・18民集48巻5号1233頁）。

　③の場合，「被保険者の相続人に支払います」旨の約款があれば，特段の事

---

(1)　保険金請求権につき判例には，右記の判決のほか，死亡保険金請求権は保険金受取人が自らの固有の権利として取得すると判断するもの（最判昭40・2・2民集19巻1号1頁），死亡保険金請求権は，被保険者が死亡したときに初めて発生するものであり，保険契約者の払い込んだ保険料と等価関係に立つものではなく，被保険者の稼働能力に代わる給付でもないのであるから，実質的に保険契約者又は被保険者の財産に属していたものとみることはできないとするもの

（最判平14・11・5民集56巻8号2069頁）等がある。

情のない限り，相続人の固有財産となる（上掲最判昭和 48 年）。

(2) 受取人が「被保険者」である場合

被保険者が保険金受取人を被保険者自身にしている場合，満期保険金請求権は，満期の到来により保険金請求権が被相続人に帰属するため，その後に被相続人が死亡した場合には，相続財産となるが，保険事故（死亡）により保険金を請求する場合には，被相続人の意思を考慮して保険金受取請求権の主体を決定することになる。

なお，遺言活用の一形態として，平成 22 年 4 月 1 日施行の保険法第 44 条 1 項において，遺言により保険金受取人を変更することが可能とされた。また，遺言による保険金受取人の変更は，その遺言が効力を生じた後，保険契約者の相続人がその旨を保険者に通知しなければ，これをもって保険者に対抗することができないとされる（保険法 44 条 2 項）。

2 祭祀財産の承継

(1) 祭祀財産の承継

祭祀財産とは，系譜・祭具・墳墓[2]のことをいう。墓地，埋葬等に関する法律によれば，墓地，納骨堂又は火葬場の管理及び埋葬等が，国民の宗教的感情に適合し，且つ公衆衛生その他公共の福祉の見地から，支障なく行われることを目的として制定され，埋葬又は焼骨の埋蔵は，墓地以外の区域にこれを行ってはならないとする（同法 4 条 1 項）。祭祀財産には，家系図・過去帳等（系譜），位牌・仏壇・仏具・神棚（祭具），墳墓及び墳墓と密接不可分な範囲（墳墓）がある。系譜，祭具及び墳墓の所有権は，慣習に従って祖先の祭祀を主宰すべき者が承継する（897 条 1 項）。

---

[2] 墓地は，墳墓と社会通念上一体の物ととらえてよい程度に密接不可分の関係にある範囲に限って墳墓に含まれるから，そのうち墓石等の墳墓が存在せず，祖先の祭祀と直接の関係が認められない部分を除いた範囲のみが祭祀財産に属するとした事例がある（広島高判平 12・8・25 判時 1743 号 79 頁）。

　戦前は，「本家の長男」が「跡取り（家督相続人）」となり，「次三男」は「分家」として新たな祭祀財産を築くとされていた。現行法は，「本家の長男」も「次三男」も平等に財産を相続するとなっているが，祭祀財産については，従来の慣行等から祭祀主宰者の相続を認めた。祭祀主宰者は第1に被相続人の指定，第2に指定がないときは地域の慣習，第3に指定も慣習もない場合には家庭裁判所の審判により定められる。祭祀主宰者の資格・人数には制限がなく，祭祀主宰者が2人いてもよい。判例では，家庭裁判所が指定する場合には，被相続人との関係・密接度，利害関係人の意見等を総合考慮して決定されるとする[3]。祭祀財産の承継には承認や放棄の規定がないため，祭祀主宰者の辞退はできない。祭祀主宰者には祭祀を行う義務が課せられるわけではなく，また，相続につき特典が認められるわけでもない。また，祭祀主宰者は祭祀財産に対して有する権利につき譲渡等も可能である。

(2)　遺体・遺骨の所有権

　遺体・遺骨の所有権につき，夫の死亡後姻族関係終了の届出をした生存配偶者が，夫の遺体ないし遺骨を承継することができるかが争われた事案において，祭祀のために遺体・遺骨を排他的に支配，管理する権利は，通常の遺産相続によることなく，その祭祀を主宰する生存配偶者に原始的に帰属し，ついでその子によって承継されていくべきものとした事案（東京高判昭和62年10月8日判時1254号70頁），慣習に従って祭祀を主宰すべき者に帰属するとする判例等がある（最判平元・7・18家月41巻10号128頁）。

---

(3)　祭祀財産の承継については，他に被相続人と申立人の生活状況（長期にわたる同居，法事等の補助），被相続人が申立人を祭祀承継者と考えていたこと等から申立人にも祭祀承継者にふさわしくない行為はあったものの，祭祀承継者に指定するのが相当であるとした事例（さいたま家審平26・6・30家判3号83頁）や，四女を祭祀承継者と指定した事例（東京高決平29・5・26家判20号65頁）等をあげることができる。

6　相続財産の共有

❶　相続財産の「共有」[(1)]

　相続人が数人あるときは，相続財産は，相続開始と同時に，相続人が共同で所有（＝共有）する（898条）。

　相続開始と同時に相続財産が相続人の共有となることについては，2つの考え方がある。1つは，相続開始と同時に相続人の相続分に応じて分割可能であるとする考え方（共有説），2つは，遺産分割という一定の目的のために分割は制限されるべきであるとする考え方（合有説）である。共有説は，ローマ法の系譜を引くフランス法で採用されている。これに対し，ゲルマン法の系譜を引くドイツ法は合有説を採用する。

　わが国の場合，最終的には相続財産は遺産分割協議の過程を経て分割相続されることから，共有説の考え方を採用する（909条但書）。これに対し，合有説の立場からは，遺産分割は遺産全体を遺産分割の目的に従って分割するものであることからすれば，相続財産に対する各相続人の持分は潜在的に存在するにしか過ぎないとして，分割の制限を主張している。

　例えば，不動産についていえば，共有説の考え方に従い，相続開始と同時に各相続人に相続割合に応じて権利が相続される。そのため，相続人各個人は，不動産に対する持分を不動産業者に譲渡することが可能となる。これに対し，銀行実務などにおいては，相続人が被相続人の銀行預金払戻し請求権を行使する場合には，相続人が単独で自己の相続分に関する払戻しを請求することはできない。共有説の考え方に従えば，相続人は自己の相続分に応じた払戻請求権を持つはずであるが，銀行実務は異なる考え方をとり，払戻請求にあたっては，

---

(1)　最判平4・4・10判時1421号77頁は，「相続人は，遺産の分割までの間は，相続開始時に存した金銭を相続財産として保管している他の相続人に対して，自己の相続分に相当する金銭の支払を求めることはできないと解するのが相当である」とした。

全相続人の戸籍謄本，遺産分割協議書など，遺産分割が終了し全相続人の同意があったことを証明する書面を提出する必要があるとする。この点，民909条の2は預貯金債権につき遺産分割前に相続人が払戻請求権を行使し，葬儀費用や生活費等，当座必要となる金銭の払戻しを受けることが可能である（➡XI 4「②預貯金債権の行使」）とした[1]。

2 契約に関する相続——債権（請求権）の相続[3]

例えばアパート経営をしている被相続人が死亡した場合，相続人はアパート経営をどのように承継するべきであろうか。被相続人（家主）は，賃借人に対して家賃を請求する権利（賃料債権）を有しており，相続人にはこの権利が承継される。いわゆる可分債権といわれるものであるが，法律上当然に分割され，各共同相続人がその相続分に応じて権利を承継する（最判昭29・4・8民集8巻4号819頁）[2]。

上記の事例のように，被相続人がマンション（アパート）経営をしている場合，被相続人の死後も発生する賃料債権は，遺産から生じた収益であり，遺産とは別個の財産となる。そのため，遺産分割終了時までに発生した賃料は，各共同相続人がその相続分に応じた分割単独債権として確定的に取得する（最判平17・9・8民集59巻7号1931頁）。遺産分割が終了すれば，アパートの権利を相続する相続人が相続開始時に遡って確定的に権利を取得する。

家賃の滞納者がいた場合は，どのように家賃（債権）を回収することになるのであろうか。相続財産は，すでに相続割合に応じて分割相続されていることから，本来であれば，各相続人が自己の相続割合の金銭分のみを，賃借人に請求することとなる。しかしながら，相続人の1人が滞納分をまとめて請求する

---

(2)　金銭債権の共同相続について，最判昭29・4・8民集8巻4号819頁は「相続人数人ある場合において，その相続財産中に金銭その他の可分債権あるときは，その債権は法律上当然分割され各共同相続人がその相続分に応じて権利を承継するものと解する」と判示する。また預貯金債権の共同相続につき最判平28・12・19民集70巻8号2121頁は「…共同相続された普通預金債権，通常貯金債権及び定期貯金債権は，いずれも，相続開始と同時に当然に相続分に応じて分割されることはなく，遺産分割の対象となるものと解するのが相当である」と判示する。

ことが多いのではないだろうか。その場合，他の相続人の承諾を得ている場合と，得ていない場合で考え方が異なることとなる。

　なお，共同相続人の1人が相続財産中の可分債権につき，法律上の権限なく自己の債権となった分以外の債権を行使した場合，その権利行使は，債権を取得したほかの共同相続人の財産に対する侵害となるから，その侵害を受けた共同相続人は，その侵害をした共同相続人に対して不法行為に基づく損害賠償請求または不当利得返還請求をすることができる（最判平成16年4月20日判時1859号61頁）。

　不可分債権[3]は共同相続人全員に債権が帰属し，債権者である共同相続人は共同して，または各債権者（各共同相続人）は総債権者のために履行を請求しうる（428条・429条）。

3　借金の相続 ── 債務（義務）の共同相続[4]

　可分債務は法律上当然に分割され，各共同相続人がその相続分に応じて承継する。連帯債務[4]については，連帯債務者の1人が死亡し，その相続人が数人ある場合，その相続人らは，被相続人の債務の分割されたものを承継し，各自その承継した範囲において本来の債務者とともに連帯債務者となる。不可分債務は，各共同相続人が全部について履行の責任を負う。特定の相続人に帰属させるとすると債権者を害しかねないからである。なお遺言で相続人分の指定がされた場合については，債権者が共同相続人の一人に対してその指定された相続分に応じた債務の承継を承認したときは，指定相続人について権利行使をすることができる（909条の2）。

---

(3)　不可分債権：不可分債権とは，債権の目的から，性質上不可分であるのことをいう（428条）。たとえば現金は可分債権のように思えるが，これは不可分債権とされている。また他には有価証券，定額郵便貯金などがあり，遺産分割協議等によって，相続することとなる。

(4)　連帯債務の相続につき最判昭34・6・19民集13巻6号757頁（百選62）は，「…債務者が死亡し，相続人が数人ある場合に，被相続人の金銭債務その他の可分債務は，法律上当然分割され，各共同相続人がその相続分に応じてこれを承継するものと解すべきである」とし，連帯債務についても「…相続人らは，被相続人の債務の分割されたものを承継し，各自その承継した範囲において，本来の債務者とともに連帯債務者となると解するのが相当である」とした。

7　相続財産は誰が「管理」するか

1　相続財産の管理：管理方法

　相続財産は，相続開始時と同時に共同相続人の共有となり，遺産分割協議の終了をもって確定的に各相続人に個別に帰属する。そのため，相続開始後遺産分割協議の終了まで，分割帰属が未確定な相続財産を管理する必要が発生する[(1)]。

　相続財産の管理が必要となる場合としては，第1に相続の承認・放棄を行うまでの間（熟慮期間）の相続財産の管理があげられる。相続人は，相続財産が逸出することのないように，相続財産を管理する。相続人の管理義務は，自己の財産管理と同一の注意義務とされる。一般的には，相続人の1人が相続財産を管理することが考えられるが，相続財産と相続人の財産とが混同することが予想されるような場合には，相続財産管理人の選任請求を行うことも可能である（918条2項・3項）。

　第2に数人の共同相続人が限定承認（XIII-1「相続の承認」）を行なった場合には，家庭裁判所は相続人の中から相続財産管理人を選任する（936条1項）。選任された相続財産管理人は，相続人に代わって相続財産の管理・清算を行う（同条2項）。訴訟上の地位については相続人全員の代理であるとされる（最判昭47・11・9民集26巻9号1566頁）。

　第3に相続財産管理人が相続放棄（XIII-2「『借金』の相続」）をした場合である。相続放棄者であっても，その放棄によって相続人となった者が相続財産の管理を始めることができるまで，自己の財産におけるのと同一の注意をもって，その財産の管理を継続しなければならない（940条1項）。この場合の管理義務

---

(1)　相続財産の管理には，保存行為・管理行為のほか，変更・処分行為をあげることができる。いずれも他の共有者の同意が必要である。また，共同相続人の1人が，相続対象の不動産を1人で占有・使用している場合には，相続分を超える部分については，他の相続人のために管理を行っているとされる（最判平8・12・17民集50巻10号2788頁）。

は自己の財産におけると同一の注意義務であり，保存行為のみ可能であり，処分行為は含まれない。

② 相続財産の管理：相続人が複数ある場合

　　単純承認後に相続財産管理をする場合，共同相続人の１人または第三者を相続財産管理人として選任し，その者に管理を委ねることが可能であるが，共同相続人全員の同意が必要である（東京地判昭47・12・22判時708号59頁）。共同相続人が共同管理する場合には，物権法上の規定に基づいて考える[2]。したがって，共有者が持分に対して持つ割合は平等である（250条）。共有者は自己の持分割合に応じた使用を行うことができる（249条）。共有物の管理に関する事項は，各共有者の持分の価格に従い，その過半数で決する。ただし，保存行為は，各共有者がすることができる（252条）[3]。各共有者は，他の共有者の同意を得なければ，共有物に変更を加えることができない（251条）。各共有者は，いつでも共有物の分割を請求することができる。ただし，五年を超えない期間内は分割をしない旨の契約をすることを妨げない（256条）。共有物の分割について共有者間に協議が調わないときは，その分割を裁判所に請求することができる（258条１項）。共有物の現物を分割することができないとき，又は分割によってその価格を著しく減少させるおそれがあるときは，裁判所は，その競売を命ずることができる（同条２項）。

③ 相続財産の譲渡と取戻し

　　共同相続人は相続財産の共有持分権を第三者に譲渡することができる（最判昭50・11・7民集29巻10号1525頁）[4]。共有持分権を譲り受けた第三者は，他

---

(2)　管理行為とは，相続財産について収益をはかる利用行為，経済的価値を増加させる管理行為をいう。具体的には賃貸借契約・使用貸借契約の解除（最判昭39・2・25民集18巻2号329頁）等をあげることができる。

(3)　保存行為には，相続財産を不法占有する第三者に対する引渡ないし妨害排除請求（広島高米子支判昭27・11・7高民集5巻13号645頁）等をあげることができる。

(4)　共同相続財産の持分権が共同相続人の1人から第三者に譲渡された場合につき，最判昭53・7・1判時908号41頁は，最判昭50・11・7民集29巻10号1525頁を引用し「共同相続人の1人が遺産を構成する特定の不動産について同人の有する共有持分権を第三者に譲り渡した場合については，民法905条の規定を適用または類推適用することができないものと解すべきである」と判示した。

(4)　相続財産の有効活用には，リバースモーゲージのほか，生前より家族の一員に被相

の共同相続人と共有の関係に立ち，共有関係を解消するためには，258条に基づく共有物分割訴訟によることとなる。また，共同相続人は，遺産分割前にその相続分を譲渡することができる。相続分は，相続財産全体に対する割合的な持分のことをさす。譲渡の相手方は905条の規定する第三者だけではなく共同相続人でもよいとされる。譲渡の対象は相続分の一部でも良い。譲渡を受けた譲受人は，遺産分割請求権を取得し，他の共同相続人とともに遺産分割に参加することになる。なお，共同相続人の1人が遺産の分割前にその相続分を第三者に譲り渡したときは，他の共同相続人は，その価額及び費用を償還して，その相続分を譲り受けることができる。取戻請求権は，譲受人に対する一方的意思表示で足り，相手方の承諾は不要である。相手方が反対しても効果が発生し，相続性もある。払戻請求権は，1か月以内に行使しなければならず，相手方は当然に相続分を喪失する（905条）。取戻請求権は，第三者と共同相続人が共同で遺産分割の手続きを行うため，管理・分割手続きが円滑に行われないおそれがあることから，他の共同相続人に認めたものである。

4　生前の「相続財産管理」：家族信託(4)，リバースモーゲージ

　契約時の年齢が満55歳以上，自宅に夫婦2人暮らし，または1人暮らし，金融資産を相応に保有し，安定かつ継続した収入が見込める等の条件に該当する場合，有料老人ホームへの入居保証金，自宅の増築・改装費用，医療費等，資金使途があらかじめ確認できる資金のために，自宅を担保とし，金融機関と根抵当権設定契約を締結することにより，資金を借入れることが可能である。

　返済は，原則として，担保物件の売却代金などにより，一括して返済することとなり，また，相続開始後，法定相続人が返済することも可能である。

続人が保有する資産の管理を信託する家族信託等の制度がある。前者は自宅に住み続けながら資金を確保する類型と，高齢者住宅への住み替えを行い，自宅は賃貸に出し，賃料を得ながらリバースモーゲージを活用し老後の資金を得る類型がある。後者は，特定の目的のために，家族の一員を受託者とし信託契約を締結し，受託者は被相続人が保有する信託財産を処分・管理する類型である。家族信託は，2次相続等，相続人死亡後の相続形態についても資産承継を考

慮することができたり，相続開始後に紛争発生が想定される不動産の共有形態などについても生前に考慮することができる等とされている（一般社団法人家族信託普及協会 https://kazokushintaku.org/whats/　参照）（Column 2「遺言信託と財産管理」）。

8　相続財産の名義を移す：相続登記

1　相続と登記：対抗要件主義

　被相続人Aの財産につき，子BCの2人が相続人となったところ，Bが単独名義で相続財産につき登記をし，第三者であるDに当該財産を譲渡した場合，Aの死亡と同時に理論上はBCが1／2ずつの持分割合を有することになる。しかしBが行った行為のうちCの持分についてはCの承諾なく勝手に処分したこととなる。この点改正前の判例では，登記には公信力がないため登記をしたからといって権利を取得できるわけではないが，Cは登記なくして自己の持分に付きDに対して対抗することができるとしていた（最判昭和38年2月22日民集17巻1号235頁）。しかし対抗要件である登記がなくとも自己の持分を主張することができるとすれば，遺言の存在を知らない相続債権者・債務者等にとってみれば，所有者が不明であることとなり，取引の安定が害されることとなる。改正法は899条の1第1項において，相続による権利の承継は，遺産の分割によるものかどうかにかかわらず，900条及び901条の規定により算定した相続分を超える部分については，登記，登録その他の対抗要件を備えなければ，第三者に対抗することができないとし登記を求めることとし，遺産分割・遺贈・特定承継遺言（相続させる旨の遺言）については法定相続分を超える部分につき，第三者対抗要件として登記を求めることとした。

(1)　遺産分割と登記

　被相続人Aの相続財産につき，子BCDが遺産分割を行いBが1／4，Cが0，残りはDが相続することとなったところ，Bの債権者Eが1／3の持分につき登記をしてしまったという場合につき，改正前の判例では，不動産に対する相

続人の共有持分の遺産分割による得喪変更については 177 条の適用があるとし，分割により相続分と異なる権利を取得した相続人は，その旨の登記を経なければ，分割後に当該不動産に付き権利を取得した第三者に対し，自己の権利の取得を対抗することができないとされていた（最判昭 46・1・26 民集 25 巻 1 号 90 頁）。これに対し被相続人 A が遺言中に第三者 B に C 不動産を贈与する旨の記載をしていたところ，A の唯一の相続人 D が C 不動産を E に譲渡し移転登記を済ませてしまった場合について改正前の判例は，遺贈は遺言によって受遺者に財産権を与える遺言者の意思表示であるから，「意思表示によって物権変更の効果を生ずる点においては贈与と異なるところはない」のであるから，「遺贈の場合においても不動産の二重譲渡等における場合と同様，登記をもって物権変動の対抗要件とする」と判示されていた（最判昭 39・3・6 民集 17 巻 3 号 437 頁）。改正後は 899 条の 1 第 1 項において，法定相続分を超える部分につき，第三者対抗要件として登記を求めることとされた。

(2) 特定財産承継遺言と登記[1]

被相続人 A の遺言中に「相続人 B に C 不動産を相続させる」旨の記載があった場合に，B は C 不動産に関する所有権を登記なくして第三者に対抗することができるかにつき，改正前の判例は，「当該遺言において相続による承継を当該相続人の受諾の意思表示にかからせたなどの特段の事情のない限り，何らの行為を要せずして，被相続人の死亡の時（遺言の効力の生じた時）に直ちに当該遺産が当該相続人に相続に因り承継される」としていた（最判平 3・4・19 民集 45 巻 4 号 477 頁）。改正後は 899 条の 1 第 1 項において，法定相続分を超える部分につき，第三者対抗要件として登記を求めることとした。

---

(1) 特定財産承継遺言については，改正前においては，最判平 3・4・19 民集 45 巻 4 号 477 頁において「…当該遺言において相続による承継を当該相続人の受諾の意思表示にかからせたなどの特段の事情のない限り，何らの行為を要せずして，被相続人の死亡の時に直ちに当該遺産が当該相続人に相続により承継されるものと解すべき」とし，登記についても最判平 14・6・10 集民 206 号 445 頁は特定財産承継遺言については登記なくして第三者に対抗することができる

とされていた。他方特定財産承継遺言があるにもかかわらず他の相続人が相続開始後に自己への所有権移転登記をなしたことにより遺言執行者が所有権移転登記を求めることができるかにつき，「…相続させる遺言が右のような即時の権利移転の効力を有するからといって，当該遺言の内容を具体的に実現するための執行行為が当然に不要になるというものではない」とした。

(3) 相続放棄と登記

　被相続人Ａの相続人である子ＢＣＤのうちＤが相続放棄の申述をしたところ，ＢＣが登記をしないでいる間，Ｄの債権者ＥがＤの相続分を差押えた場合，ＢＣは登記なくして自己の相続分をＥに対して対抗することが可能であろうか。この点，改正前の判例においては，「相続人は相続開始時に遡って相続開始がなかったと同じ地位に置かれることとなり，この効力は絶対的で，何人に対しても，登記等なくしてその効力を生ずると解すべきである」（最判昭42・1・20民集21巻1号16頁）と判示されていた。939条は，相続の放棄をした者はその相続に関しては，初めから相続人とならなかったものとみなすと規定し，改正後においても相続人は登記なくして第三者に自己の持分を対抗することができるとした。

2 債権の相続と対抗要件[2]

　債権が相続財産とされる場合の第三者に対する対抗要件につき，899条の2第1項は，同条1項の権利が債権である場合につき，900条及び901条の規定により算定した相続分を超えて当該債権を承継した共同相続人が当該債権に係る遺言の内容を明らかにして債務者にその承継の通知をしたときは，共同相続人の全員が債務者に通知をしたものとみなすとした。債権を相続した相続人が対抗要件を具備するためには，共同相続人全員の通知が必要であるところ，本条は債権にかかる遺言の内容を明らかにすることで，単独で債務者に通知をすることが可能となる旨定めたものである。なお債務者が承諾をした場合には，467条により対抗要件を具備したものとなる[3]。

（大杉麻美）

---

[2]　債権の対抗要件につき，467条第1項は，債権の譲渡は，譲渡人が債務者に通知をし，又は債務者が承諾をしなければ，債務者その他の第三者に対抗することができないとし，同条2項は，前項の通知又は承諾は，確定日付のある証書によってしなければ，債務者以外の第三者に対抗することができないと規定する。

Column 11

相続登記は義務化されるべきか

　土地所有者の死亡により複数の相続人が土地を共有している場合，遺産分割協議終了に伴い所有権移転登記を行うこととなるが，遺産分割協議が終了しない場合には，長期にわたり土地所有者が確定しないこととなる。また相続により土地所有者が確定した場合であっても登記名義が移転されない場合もあり，その結果，所有者の所在把握をすることができず，行政による用地取得が困難となる場合が発生し，いわゆる所有者不明土地問題が発生することとなった。

　国はこのような問題に伴う土地開発の便宜を向上させるため，2016（平成28）年3月に策定された「所有者の所在の把握が難しい土地への対応方策取りまとめ」において，所有者を確定し，相続登記を促進させるために，何らかの方策が講じられることを提言した。これに伴い，相続に伴う申請手続きも簡素化され，例えば除斥等が滅失している場合については相続人全員の証明書がない場合でも相続登記を可能とする等（2016（平成28）年3月11日付法務省民二第219号民事局長通達）の方策が講じられた。また翌年4月には「法定相続情報証明制度」が新設され，相続人が登記所に「法定相続情報一覧図」を提出すると，登記官が「法定相続情報一覧図」の写しを作成・交付し，上記一覧図をもって相続に関する手続きを行うことを可能とした。

　2019（平成31）年3月19日からは法制審議会が開催され，2020（令和2）年1月に示された中間試案では，相続登記の申請につき，「不動産の所有権の登記名義人が死亡した場合には，当該不動産を相続（特定財産承継遺言及び遺贈も含む）により取得した相続人は，自己のために相続の開始があったことを知り，かつ，当該不動産の取得の事実を知った日から一定の期間内に，当該不動産についての相続による所有権の移転の登記を申請しなければならな

い」ことが提案された。補足説明では国土審議会土地政策分科会特別部会における「国民の諸活動の基盤であり，その利用・管理が他の土地の利用と密接な関係を有する等の土地の有する特性に鑑みると，土地所有者には土地の適切な利用・管理に関する責務がある」とする考え方が示され，所有者においても不動産登記手続きを行う義務があると述べられた。

　906条における遺産分割は，あくまでも相続人の協議による意思を尊重する視点から述べられるものであり，長期にわたり遺産分割協議が終了しない場合であっても，本条によりそれは許容されるものであった。今般の改正により相続登記が義務化され，期間制限に服することとなれば，それまでに遺産分割協議を終了させなければならないこととなり，906条の本来の趣旨を没却することになりかねない。相続登記が義務化されるに伴い，遺産分割協議にも期間制限が設けられる試案が提示されており，今後，遺産分割協議における当事者の意思がどの程度尊重されるかについても注視する必要があろう。

　なお，相続財産の所有者が「不明」である場合には，他に，建物の所有者が不明であり取り壊しができない場合や，マンション建て替え決議がされたにもかかわらず，所有者不明の部屋があるため，建て替えが円滑に進まない場合などが想定される。

参考文献
　音田剛明「所有者不明土地問題の解消に向けた相続登記の促進策について」登記情報 689 号（2019 年）39 頁以下。
　宮﨑文康「相続登記の促進に向けた新たな取組み──法定相続情報証明制度」NBL 1094 号（2017 年）72 頁以下。

（大杉麻美）

XII 遺　言

1　遺言のスタイル：意義・性質

1　遺言とは：死後に遺す最終メッセージ

　遺言は，自分が亡くなった後にどのように自己財産の処分等をしたいかについて，その最終的な意思表示を生前に書面で残すものである。死後に自分の意思を残すことについては，「遺書」や「終活」等とも呼ばれるように，民法に法定されている遺言事項にかかわらず相続人に伝えたいことを自由に「エンディングノート」に記載するといったことが行われている。しかしながらこれらの取り組みには法的拘束力がなく，死後の資産承継を円滑に進めるためには民法に定める方式による遺言書を作成する必要がある。

　紛争を事前に予防するためにはもちろん，「生前の備え」が必要であることは言うまでもない。死後においても紛争の可能性が低い，有効な遺言書として「公正証書遺言」があげられるところ，公正証書遺言作成件数が，平成21年にひゃ7万7878件であったが，平成30年には11万471件と約1.5倍に増加しており，このスタイルの遺言書に対するニーズが高まっていることがわかる（日本公証人連合会統計 http://www.koshonin.gr.jp/news/nikkoren（2020年11月10日参照））。

2　遺言の方式：遺言の要式行為性

　遺言は，被相続人が生前自己の財産処分等につき，書面で自由な意思表示をすることをいう（遺言自由の原則▪）。大陸法系の国では法定相続を重視するの

▪遺言自由の原則：遺言書は，満15歳以上であれば誰でもいつでも単独で作成することができる。遺言をしない自由もある。また一度作成した場合であっても自由にその内容を撤回することが可能である。遺言撤回の権利は放棄することができない。そのため，遺言書の作成にあたり詐欺・強迫により遺言書作成の妨害をしたような場合には相続人となることができない。

に対し，英米法系の国では遺言が重視されている。また遺言は，民法に定める方式に従わなければすることができない（民960条）。言い換えれば，その方式に違反して作成された遺言書は無効である。遺言の効力が生ずること，すなわち遺言内容の実現は，遺言者の死亡後である。その時に遺言者の最終意思に関して疑義や混乱等が生じないように，遺言の作成にあたっては法律で厳格な方式が定められている。このことから，遺言は要式行為とされている。

　遺言は契約とは異なり，一方的な行為であるから相手方は不要であり，**単独行為**▪であるとされる。ただし代理による遺言書の作成は認められない。遺言者はいつでも遺言を撤回できる（民1022条）。

　なお贈与者の死亡によって効力を生ずる贈与（**死因贈与**▪）については，その性質に反しない限り，遺贈に関する規定が準用される（民554条）。

　また死後に遺言により死因贈与を撤回することが可能かが問題とされている。これについて判例は，死因贈与も贈与者死亡と同時に効力をもつ点で，遺贈と同様贈与者の最終意思を尊重すべきであるとする（最判昭和47年5月25日民集26巻4号805頁）。

③ 遺言事項：遺言でできること・できないこと

　法律上**遺言可能な事項**▪は条文で定められており，それ以外の文言については遺言の解釈の問題に委ねられる。相続は財産相続に関しての手法を定めた制度であることから，家族関係の調整等に関する文言（「兄弟仲良く」「母を大切に」）については，効果が発生しないこととなる（**表Ⅻ–1**）。

▪**単独行為**：遺言書は2人以上の者が同一の証書で作成することはできない（共同遺言の禁止，民975条）。これに関して，二人別々の遺言書が一つに合綴されている場合であっても，各別の用紙に記載され容易に切り離すことができるものであれば共同遺言にはあたらないとされている（最判平5・10・19民集46巻4号27頁）。

▪**死因贈与**：贈与者と受贈者との間で贈与に関する契約が締結されること。死因贈与契約の効力は贈与者の死亡の時に発生す

る。そのため遺贈に関する規定が準用される。死因贈与契約は贈与者の意思によりいつでも取消しをすることが可能である。ただし，負担付死因贈与の場合には，受贈者がすでにその負担を実行しているときは，取消しをすることができない。

▪**遺言可能な事項**：その他遺言によって一般財団法人を設立することが可能である（一般社団法人及び一般財団法人に関する法律152条2項）。また遺言方式による信託行為で信託を設定することも可能であ

表XII-1　法定の遺言可能な事項

(1) **身分上の事項**　任意認知（781条），未成年後見人（後見監督人）の指定（839条・849条）
(2) **相続に関する事項**　推定相続人の廃除および廃除の取消し（893条・894条），相続分の指定・指定の委託（902条），特別受益者に対する持戻しの免除（903条3項），遺産分割方法の指定・指定の委託（908条），遺産分割の禁止（908条），相続人の担保責任の指定（914条）
(3) **財産の処分に関する事項**　遺贈（964条）
(4) **遺言に関する事項**　遺言執行者の指定（1006条），遺言の撤回（1022条）
(5) その他　遺留分減殺の方法（1034条ただし書），祭祀主宰者の指定（897条1項ただし書）

4 遺言の解釈▫

　遺言書は，誰にもその内容を知られずに単独で作成することから，死後，遺言書を開封したところ，書かれていることの内容（意味）がわからないという場合が発生する。このような場合は，遺言者がどのような意思をもって遺言書を作成したかについて，確定させる必要がある。このようなことをしないと，誰にどのような権利を移転するのかが不明確になり，円滑な遺産相続の妨げになることもあるからである。

　遺言書は遺言者の死後，遺言書を開封しその遺言事項を実行する性質を有することから，死後遺言書の内容について疑義が発生するような場合には，遺言を解釈し，死者の意思を推定する必要がある。判例は，「遺言書の文言を形式的に判断するだけではなく，遺言者の真意を探求すべきであり……単に遺言書の中から当該条項のみを他から切り離して抽出し，その文言を形式的に解釈するだけでは十分ではなく，遺言書の全記載との関連，遺言書作成当時の事情および遺言者の置かれていた状況等を考慮して遺言者の真意を探求し当該条項の趣旨を確定すべき」とする（最判昭58・3・18判時1075号115頁）。

る（信託法3条第2号）。なお，最近では，遺言の方式をとらずに，生前に契約により財産を受託者に移転させる，遺言代用信託がある。

▫**遺言の解釈**：最高裁平成17年判決においても，遺言の解釈につき「……単に遺言書の中から当該条項のみを他から切り離して抽出し，その文言を形式的に解釈するだけでは十分でなく，遺言書の全記載との関連，遺言書作成当時の事情及び遺言者のおかれていた状況等を考慮して遺言者の真意を探究し，当該条項の趣旨を確定すべきである」とする（最判平17・7・22家月58巻1号83頁）。

2 「遺言書」を書く：自筆証書遺言

1 遺言の種類

　民法に定められた遺言は複数の種類があり，普通方式によるものと特別方式によるものとに分類される。いずれも「遺言書」の書面作成を要件とする。

　普通方式の遺言には①自筆証書遺言（民 968 条），②公正証書遺言（民 969 条），③秘密証書遺言（民 970 条）の 3 種類があり，通常はこの①〜③のいずれかにより遺言書が作成される。普通方式による遺言が困難な場合や緊急状態の時に，普通方式よりも緩和された要件ですることができる遺言が特別方式の遺言である。特別方式の遺言としては，①死亡危急者遺言▪（民 976 条），②一般隔絶地遺言▪（伝染病隔離者遺言：民 977 条），③船舶隔絶地遺言▪（在船者遺言：民 978 条），④船舶遭難者遺言▪（民 979 条）の 4 種類がある。この②と③の隔絶地遺言は，①と④の遺言と異なり，遺言者が死亡の危急に迫っていることを要しない。

　自筆証書遺言以外の普通方式の遺言と特別方式の遺言においては，遺言の種類に応じて一定数の証人または立会人の立会いを必要とする。また，普通方式の遺言に関して定められた①遺言の加除・変更（民 968 条 3 項），②成年被後見人の遺言（民 973 条），③証人及び立会人の欠格事由（民 974 条），④共同遺言の禁止（民 975 条）の各規定は，特別方式の遺言にも準用される（民 982 条）。

2 自筆証書遺言（普通方式の遺言①）

　自筆証書遺言は，遺言者が遺言の全文・日付・氏名を自書し，押印することで完成する（民 968 条 1 項）。遺言者が文字を書くことができれば，誰にも知ら

▪ **死亡危急者遺言**：疾病等の事由で死期が迫っている者がなす遺言で，証人 3 人以上の立会い，証人の 1 人に対しての遺言趣旨の口授，口授を受けた者による遺言趣旨の筆記，遺言者および他の証人への読み聞かせまたは閲覧，⑤各証人による筆記内容の正確さの承認と署名・押印が必要である（口がきけない者，耳が聞こえない者については通訳人の通訳によって行う）遺言の日から 20 日以内に証人の 1 人または利害関係人が家庭裁判所に請

求して「遺言者の真意によるもの」との確認を得なければならない。

▪ **一般隔絶地遺言（伝染病隔離者遺言）**：民法 977 条は「伝染病隔離者」の規定となっているが，伝染病に限らず，受刑中や自然災害の被害等により交通遮断の状態にある者等「隔絶地に在る者」がなす遺言である（民 981 条）。

▪ **船舶隔絶地遺言（在船者遺言）**：在船中の者がなす遺言である。①船長または事務員 1 人および証人 2 人以上の立会いがある

れないまま費用もかからずに単独で自由に作成することができるというメリットがある。他方で，自筆証書遺言には後述の①〜⑤に挙げた厳格な方式に一つでも違反していれば無効となるほか，保管場所によっては遺言書の紛失や第三者による偽造・変造，遺言者の死後に遺言書が発見されない等のリスクもある。遺言書の存在や内容が明らかになるのは遺言者の死後であるから，相続人間で遺言の有効性をめぐる争いが生じる可能性がある。

　そこで，制度を見直した2018(平成30)年の法改正により，「(自筆証書に添付する)財産目録の自書要件」が緩和され，また「法務局における自筆証書遺言書の保管制度」(XII-3参照)が新設された。

　自筆証書遺言の作成にあたっては，以下の(1)〜(5)の方式要件に留意する。

(1)　自書：本人による遺言であることの確認

　自書要件の目的は，筆跡によって遺言者本人が書いたものであることと，その遺言が遺言者の真意に基づくものであることを確認するためである。ワープロ・パソコン等を使用したもの，テープやビデオ等に録音・録画したものなど，遺言者本人の手書きによらない場合は自筆証書遺言とすることができない。自分ひとりでは十分に力を入れて文字が書けない状態で他人に「添え手」をしてもらいながら作成した遺言書については，その他人の意思が介在した形跡のないことが判定できる場合には自書の要件を満たすとされる（最判昭62・10・8民集41巻7号1471頁）。カーボン複写による自筆証書遺言は認められる（最判平5・10・19民集46巻4号27頁）。なお，自筆証書と一体のものとして相続財産の全部または一部について財産目録を添付する場合(1)には，その目録は自書でなくともワープロ等による作成や遺言者以外の者による代筆等が可能である。ただし，その目録の毎葉に遺言者の署名・押印が必要である（民968条2項）。

こと，②遺言者，筆者，立会人および証人が各自署名・押印すること（民980条）が必要である。②の署名・押印ができない場合は，立会人または証人がその事由を付記しなければならない（民981条）。
■ 船舶遭難者遺言：在船中の船舶が遭難し死期が迫っている者がなす遺言である（民981条）。口がきけない遺言者の場合は，②口頭の代わりに通訳人の通訳により遺言をする。署名・押印ができない場合は，立会人または証人がその事由を付記しな

ければならない。

(1)　自筆証書に添付する財産目録であるから，自筆証書の本体と同じ用紙に目録を自書したりワープロ編集したものを印刷したりすることはできない。財産目録は必ず別紙で作成しワープロ等で作成した場合には，片面でも両面でも記載のある面すべてに署名・押印しなければならない（民968条2項）。
※自筆証書遺言は，作成した後，自らで保管することも可能であるが，遺言保管所において保管することも可能である。遺言保管

(2)　日付：遺言書作成日の特定

　日付は必ずしも暦日である必要はなく，遺言完成の年月日が客観的に特定されればよいとされている。言い換えれば，「吉日」など日にちが特定できないものは無効となる（最判昭54・5・31民集33巻4号445頁）。遺言書が複数枚にわたっていても1通のものとして作成しているのであればそのうちの1枚に日付があれば足り（最判昭36・6・22民集15巻6号1622頁），遺言書が封入されている封筒に日付を記載しても有効である（福岡高判昭27・2・27高民集5巻2号70頁）。

(3)　氏名：遺言者の特定

　署名は遺言者を特定するものであるから，戸籍上の氏名でなくとも，旧姓や通称，芸名，ペンネーム，雅号等の記載でもよい。遺言者が特定できるのであれば，氏名の一部でも有効である。

(4)　押印：遺言者の真意確保と遺言書の完成

　遺言者の同一性を確認するために必要とされているので，印章を用いなくとも拇印や捺印でもよく（最判平1・2・16民集43巻2号45頁），外国人についてはサインでもよいとされている（最判昭49・12・24民集28巻10号2152頁）。ただし，いわゆる花押を書くことは押印の要件を満たさない（最判平28・6・3民集70巻5号1263頁）。

(5)　加除・変更：遺言者自身による修正の確認

　遺言書に記載されている文言を修正する場合には，遺言者が，その場所を指示し，これを変更した旨を付記して特にこれに署名し，かつ，その変更の場所に印を押さなければ，その効力を生じない（民968条3項）。これは遺言書の本体だけでなく添付する財産目録においても同じである。

所において保管する場合には，「法務局における遺言書の保管等に関する法律（平成30年法律第73号）（以下「保管法」という。）」が適用される。遺言書の保管に関する事務は，遺言書保管所にて行われるとされ（保管法2条），遺言書保管官が事務を取り扱う（同3条），遺言者は，遺言保管者に対し，作成した遺言書を無封で申請する（同4条）。遺言保管を申請するためには，遺言書のほか申請書を提出する必要があり（同4条4項），自ら出頭して申請しなければならない

（同4条6項）。
　遺言保管官は，本人確認を行い（同第5条），遺言書は遺言書保管所にて磁気ディスクによって保管される（同6条）。遺言者は，いつでも遺言書の閲覧を請求することができ（同6条2項），また申請を撤回することも可能である（同8条）。遺言者が死亡した際には，関係相続人等が遺言保管官に対し，遺言書情報証明書の交付を申請することとなる（同第9条）。

261

資料⑬　自筆証書遺言

２

平成二六年四月一七日

東京都千代田区永田町二丁目三番一号
遺言者　鈴木太郎　㊞

五、遺言者は、本件遺言の遺言執行者に対し、
　左の権限を授与する。
　①不動産、預貯金、その他一切の相続財産の
　　名義変更、その他本件遺言書の執行に必要
　②その他本件遺言書の執行するにあたり必要
　　な一切の添付行行為

四、遺言者は、本件遺言の執行者として、弁護士〇〇
　（東京都千代田区神田駿河台〇番地）を指定する。

１

遺　言　書

遺言者鈴木太郎は、次のとおり遺言する。

一、妻花子には次の財産を相続させる。
　東京都千代田区永田町二丁目三番小字
　宅地　〇〇平方メートル
　　　　　　　この付一字削除　一字四入　㊞五

二、長男太一には、家業承継のため、残りの財産を
　すべて相続させる。

三、遺言者は、祭祀承継者を長男太一に指定する。

遺　言　書

（印）

平成二六年四月一七日
鈴木太郎

（印）

○自筆証書遺言の詳細については，XII−2「『遺言書』を書く：自筆証書遺言」参照。

3　誰にも知られたくない「遺言書」

1 自筆証書遺言の保管制度

　自筆証書遺言には，遺言書の全文・日付・氏名を自書できればいつでも遺言書本人のみで作成できるという手軽さや自由度の高さという利点がある。他方で，遺言者の紛失・亡失や相続人等による遺言書の廃棄・隠匿・改ざん等が行われるリスクもあり，その結果，相続をめぐる紛争につながる可能性がある。このような問題を解消するために，自筆証書遺言書を法務局の遺言書保管所において保管する制度が創設され，2020（令和2）年7月10日より施行されている。

　この制度を利用することで自筆証書遺言は遺言者の死亡後まで誰にも知られることなく安全に保管され，遺言者の「最終意思」の実現や相続手続きの円滑化につながるといえる。**自筆証書遺言書保管制度**の主な手続きには遺言者が行うものと遺言者の死亡後に相続人等が行うものとがある（以下の図参照）。

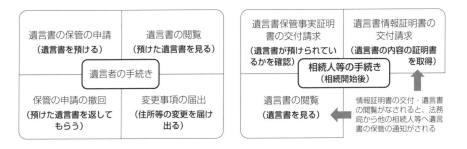

　なお，遺言書保管所に保管されていた自筆証書遺言書については，相続開始

後の家庭裁判所における検認が不要である（法務局における遺言書の保管等に関する法律 11 条）。

2 公正証書遺言（普通方式の遺言②）

公正証書とは公証人がその権限において作成する公文書であり，遺言者が公証人の前で遺言内容を口授し，それに基づいて公証人が書面の作成をするのが公正証書遺言である。公正証書遺言は公証役場で作成され，その原本が公証役場で保管されるため，遺言書の方式に欠けることや遺言書の偽造・変造や破棄のおそれ等を防止することができる。また，家庭裁判所の検認手続きを経る必要がなく（民 1004 条 2 項），迅速な遺言執行が可能である。このような利点がある反面，遺言書を作成する公証人だけでなく**遺言の証人**￭も必要となるため，遺言書の存在や内容の秘密保持に欠ける可能性がある（ただし，公証人には法律上の守秘義務が課されている）。また，公証人とのやり取りや手続きに時間を要するほか，遺言の目的となる財産の価額に応じた手数料などの費用もかかる。

3 公正証書遺言の作成要件

公正証書により遺言をするには，法律で定められる方式に従わなければならない[1][2]。作成にあたっては，①証人 2 人以上の立会（民 969 条 1 号），②遺言者が公証人に遺言の趣旨を口授すること（民 969 条 2 号），③公証人による遺言者の口述筆記，これを遺言者および証人に読み聞かせるか閲覧させること（民 969 条 3 号），④遺言者および証人が筆記の正確なことを承認した後，各自これに署名・押印すること（民 969 条 4 号），⑤公証人が，その証書は上記①〜④の方式に従って作成されたものである旨を付記して，これに署名・押印すること

￭ 遺言の証人：自筆証書遺言の場合以外は遺言の証人の立会いを要件とする。証人は遺言に立ち会い，遺言書が遺言者の真意に基づいて作成されたこととその内容が真意に合致していることを確認・証明する。遺言者による指名もある。

(1) 公正証書作成の作成要件の 1 つである証人は，遺言の内容が遺言者の真意に基づくものであること，筆記内容が正確であることを証明する立場にある。したがって，遺言の証人は，遺言書の内容を理解すること

ができなければならない。遺言作成中は終始立ち会い，証人の 1 人が途中から立ち会ったり中座したりした場合は，その遺言は無効と解されている。

(2) 判例では，口授と筆記が前後したり口授が筆記と読み聞かせ／閲覧の後になったりしても，全体として方式を踏んでいれば順序が逆の遺言でも有効とされている（大判昭 6・11・27 民集 10 巻 1125 頁，最判昭 43・12・20 民集 22 巻 13 号 3017 頁）。

（民969条5号）の要件が必要となる。口授のできない者は，通訳人の通訳による申述または自書によって遺言をすることができる（民969条の2の1項）。

　遺言者または証人が耳の聞こえない者である場合には，公証人は筆記した内容を遺言者または証人に通訳人の通訳による伝達とすることができ（民969条の2の2項），遺言者が署名することができない場合は，公証人がその事由を付記して署名に代えることができる（民969条4号）。②や③の要件においてそれぞれ口授・読み聞かせの代わりの方式で遺言が作成された場合にも，公証人はその旨を遺言証書に付記しなければならない（民969条の2の3項）。

4　秘密証書遺言（普通方式の遺言③）

　秘密証書遺言は，遺言者が，①遺言の証書に署名・押印し，②証書を封じ，証書に用いた印章で封印し，③公証人1人および証人2人以上の前に封書を提出して，自己の遺言書である旨ならびにその筆者の氏名および住所を申述した上で，④公証人が，証書提出の日付および遺言者の申述を封紙に記載した後，遺言者および証人とともにこれに署名・押印することによって成立する（民970条）(3)。口がきけない者は，③の申述に代えて通訳人の通訳による申述または封紙への自書し，その旨を公証人が封紙に記載する（民972条）。秘密証書遺言の加除・変更については，自筆証書遺言の方式が準用される（民970条2項）。秘密証書遺言には，遺言内容を秘密にしながら遺言書を作成でき，封印により偽造・改ざんのおそれがないという利点がある。公証人の前に提出する際に秘密証書遺言の存在について記録され，遺言書の保管・管理は遺言者側で行う。

---

(3)　秘密証書遺言は，遺言書の本文を自書によらずパソコン等で作成することができ，日付の記載も遺言書本体には特に要しないが，署名だけは遺言者が自書する必要がある。相続開始後は家庭裁判所の検認が必要であり（民1004条1項），遺言書の開封は，家庭裁判所において，相続人またはその代理人の立会いのもとで行わなくてはならない（同条3項）。秘密証書遺言が民法970条に規定する方式を欠いて無効であっても，民法968条の自筆証書遺言の方式を備えていれば，自筆証書遺言として有効となる（民971条：無効行為の転換）。

　公証人とは国の公務である公証事務を行う公務員であり，法務大臣が任命し法務局に所属する（公証人法10条，11条）。公証事務は国民の権利義務に関して公証人が提供する法的サービスである。日本公証人連合会ウェブサイトによると，全国で公証人は約500名で公証人が執務する公証役場は約300箇所ある（http://www.koshonin.gr.jp/

資料⑭　公正証書遺言の方式

遺言公正証書

　本公証人は，遺言者○○○○の嘱託により，証人△△△，証人×××の立会いをもって次の遺言の趣旨の口述を筆記し，この証書を作成する。
（遺言・不動産）
第○条　遺言者○○○○は，遺言者の有する下記の不動産を遺言者の長男□□（昭和○○年○月○日生）及び遺言者の二男■■（昭和○○年○月○日生）に，各々2分の1の共有持分割合で相続させる。

記

（不動産表示）
　　土　　地
　　所　在　○○市○町○丁目
　　地　番　○○番○○
　　地　目　○○
　　地　積　○○．○○平方メートル
（遺言・その他の財産）
第○条　遺言者は，遺言者の有する下記の財産を，遺言者の長女▽▽（昭和○○年○月○日生）に相続させる。

記

　　前条で記載の不動産を除く，相続開始時において有する動産，現金，預金，
　　貯金，有価証券，家財家具，その他一切の財産
（債務）
第○条　遺言者は，遺言者の債務（入院費用，葬儀費用，未払い租税公課，日常家事債務その他一切の債務）及びこの遺言の執行に要する費用を，前記□□に負担・承継させる。

（中略）

（祭祀）
第○条　遺言者は，遺言者の祭祀の主宰者として，前記□□を指定し，同人に祭祀用財産の一切を承継・管理させる。
（執行者）
第○条　遺言者は，この遺言の執行者として，前記▽▽を指定する。
2　遺言執行者は，遺言者の不動産，預貯金，有価証券その他の債権等遺言者名義の遺産のすべてについて，遺言執行者の名において名義変更，解約等の手続をし，また，貸金庫を開扉し，内容物の収受を行い，本遺言を執行するため必要な一切の権限を有するものとする。なお，この権限の行使に当たり，他の相続人の同意は不要である。
3　遺言執行者は，必要なとき，他の者に対してその任務の全部又は一部を行わせることができる。

出所：松戸公証役場 HP（https://www.matsudo-koshonin.jp/yuigon/yuigon01.html）
　　　2020 年 9 月 1 日参照（一部削除，修正）
公証人の原本保管期間，手数料等については日本公証人連合会ウェブサイトにおける説明
（http://www.koshonin.gr.jp/business/b01/q12　2020 年 9 月 1 日アクセス）参照。

---

system/s02/s02_02 2020 年 9 月 1 日参照）。公正証書の原本保管期間は，原則として 20 年と定められている（公証人法施行規則 27 条 1 項 1 号）。遺言の対象となる財産の価額に対応する形で基準となる手数料が定められている（公証人手数料令第 9 条別表）。これを基に①各相続人・受贈者ごとの財産価額に対する手数料額を合算して全体の手数料を算出し，②全体の財産が 1 億円以下の場合は 1 万 1 千円，③遺言書の原本枚数が所定枚数を超えるときは 1 枚ごとに 250 円の手数料等とされている（詳細については上記日本公証人連合会ウェブサイト参照）。

4　遺言ができる人・できない人

① 高齢者の遺言能力と認知症

　今日（2020〔令和2〕年9月15日現在推計），わが国における65歳以上の高齢者は3,617万人おり，前年から30万人増加して過去最高となっている。総人口自体は前年から29万人減少しているものの，総人口に占める高齢者人口の割合も28.7％と，前年より0.3ポイント上昇して過去最高を更新し続けている。男女別の高齢者人口は，男性は1573万人（男性人口の25.7％），女性は2,044万人（女性人口の31.6％）と，女性が男性より471万人多くなっている。

　このような超高齢社会において，遺産処理を考える年齢の高齢化や高齢者の資産状況が比較的豊かな傾向であることに鑑み，遺言を作成する者の多くは高齢者と考えられる。高齢者が遺言を作成した場合に，その時点での遺言能力の有無や程度が問題となり，遺言者の死後にその遺言を無効とする相続人からの相談は後を絶たない。遺言の無効が争われる典型例の一つとして，遺言者が認知症にり患しているために遺言を作成する能力が疑われる場合がある。日本における認知症の高齢者人口の将来推計に関する研究」[1]の推計によれば，2020年の65歳以上の高齢者の認知症有病率は16.7％（約602万人）で，6人に1人程度が認知症高齢者であるといえる。

　2015（平成27）年以降をみても増加の一途を辿っており，特に65歳代以上が全体の相談の27％を占めることが特徴の一つとしてあげられる。販売購入形態はデジタルコンテンツが最も多く約18万件である。「インターネット接続回線」についての相談も増加傾向にある。特に認知症に関しては，「生後いったん正常に発達した種々の精神機能が慢性的に減退・消失することで，日常生

(1)　平成26年度厚生労働科学研究費補助金特別研究事業「日本における認知症の高齢者人口の将来推計に関する研究」（研究代表・二宮利治九州大学大学院教授）https://mhlw-grants.niph.go.jp/niph/search/NIDD00.do?resrchNum=201405037A（2020年9月1日アクセス）参照。

活・社会生活を営めない状態」にあることをいい，認知機能障害等が中心的な障害であるとされている。遺言能力は遺言者の死後に争われるため，遺言者が遺言作成当時，遺言能力を有していたか否かについては個別の事案ごとに判断することとなる[(2)(3)]。

② 遺言能力に関する判例

遺言者の能力と遺言書の有効・無効をめぐる争いとして，他人の「添え手」により遺言者が作成した自筆証書遺言が果たして「自書」であるか，その遺言の有効性が争われた事例をあげることができる。「自書」のためには，遺言者が文字を知っており，かつ，自らの意思にしたがって筆記する能力を有することが前提とされる。

判例では，自筆証書遺言における「自書」要件が(1)遺言者本人が書いたものであることと(2)遺言内容が本人の真意に基づくことを確認する目的で定められていることから，本来読み書きのできた者が，病気，事故その他の原因により視力を失いまたは手が震えるなどのために筆記について他人の補助を要することになったとしても，特段の事情がない限り，自書能力は失われないと解されている（最判昭 62・10・8 民集 41 巻 7 号 1471 頁）。その上で，他人の添え手による補助を受けた自筆証書遺言が「自書」要件を満たして有効に成立するためには，(1)遺言者が，証書作成時に自書能力を有し，(2)他人の添え手が遺言者の手を用紙の正しい位置に導くにとどまるか，または遺言者の手の動きが自身の望みに任されていて単に筆記を容易にするための支えを借りただけであり，(3)添え手を他人の意思が介入した形跡のないことが，筆跡の上で判定できることを要件とする（再掲最判昭 62・10・8）[(4)]。本判決後，遺言書のほとんどがひらが

---

(2)　遺言をするためには，遺言時に「最終的な意思表示」をすることができるという能力（遺言能力）を有していることが必要である（民 963 条）。満 15 歳に達した者には遺言能力がある（民 961 条）。意思能力を有しなかった者がした法律行為は無効である（民 3 条の 2）。成年被後見人は事理弁識能力を一時的に回復することが必要であるが（民 982 条），被保佐人・被補助人は単独で有効な遺言をすることができる。

(3)　証人の欠格者は民 974 条に規定され，未成年者（同条 1 号），推定相続人および受遺者ならびにこれらの配偶者および直系血族（同条 2 号）などが該当する。遺言の任意性・公平性を確保する観点から欠格者とされることもある。事実上の欠格者としては意思能力のない者・遺言の言語や文字を理解できない者等がある（目の見えないものの証人適格につき，最判昭 55・12・4 民集 34 巻 7 号 835 頁）。

(4)　東京高判平 21・8・6 判タ 1320 号 228 頁は，遺言者が自筆証書遺言作成当時に遺言

なで作成されているといった筆跡から判定し，遺言者が手を支えてもらいなが
ら最後まで自分で書き上げたとの鑑定結果も踏まえて上記(1)〜(3)の自書要件を
満たすと判断された事例（東京高判平5・9・14家月47巻9号61頁）がある一方
で，特に「ぽ」の字など概ね整った字が書かれている筆跡から判定して，添え
手をした他人の意思が介入した形跡のないとは判定できず(1)〜(3)の要件を満た
さないとして遺言無効と判断された事例（東京地判平18・12・26判タ1255号
307頁）がある。

　遺言能力について近時の裁判例では「遺言能力とは，遺言事項を具体的に決
定し，その法律効果を弁識するに必要な判断能力すなわち意思能力と解される
ところ，このような遺言能力の欠如について，遺言時を基準として（民法963
条），当該遺言の意味内容を理解する能力を欠如しているかどうか，すなわち，
本件各対象遺言の各時点における遺言者である被相続人の病状，精神状態，遺
言の内容，遺言をするに至った経緯等をふまえ，遺言能力を喪失するに至って
いたかどうかを判断することになる」と判示されている（東京地判平28・12・7
判例集未登載）[5]。

　遺言能力の有無が裁判で争われた場合は，医師の医学的判断を尊重しつつ，
最終的には裁判官が個別の事情や様々な事項を考慮して判断する。そのため，
医師により遺言者が認知症と診断されていても，そのことだけをもって直ちに
遺言能力を否定するものではなく，実際には事案ごとに遺言能力の有無が判断
される。上記判決で示されているように，遺言能力の有無を判断する上では，
その遺言がなされた時点における遺言者の「病状，精神状態」が重要な要素と
され，また「遺言の内容」および「遺言をするに至った経緯」について確認す
ることが必要である。

能力があったかにつき，鑑定人の鑑定結果，
遺言者の病状の経過，CT検査等の客観的
所見をもとに遺言能力が欠けていたと判断
した。本件においては，遺言者はアルツハ
イマー型認知症と左脳梗塞の合併症により
痴呆が重症化しているとして，遺言者には
遺言当時，遺言能力が欠けていたとして，
遺言を無効とした。
(5)　最判昭62・10・8の事例においては，添
え手の程度が「単に筆記を容易にするため
の支えを借りただけ」に当てはまらず「自
書」についての(1)〜(3)の要件のうち(2)の要
件を欠いているため無効と判断された。ま
た，同判決において，こうした遺言無効確
認の訴えにおける遺言の成立要件に対する
主張・立証責任が，「遺言が有効であると主
張する側」にあることが明示されている。

5 遺言内容の実現：遺言の効力

1 遺言が有効となる時期：効力発生時期

　遺言は，いずれかの方式に従って遺言書が完成された時点で成立する（法的に意味を成す）が，その遺言の効力が生ずるのは，遺言者の死亡のときからである（民985条1項）。ただし，「孫Aが大学に進学したら300万円を相続させる」といった停止条件が付されている遺言の場合には，遺言者の死亡後にその条件が成就するまで遺言の効力発生は停止され，この事例では「孫Aが大学に進学したとき」から効力を生ずる（民985条2項）。もし遺言者が死亡する前に停止条件が成就された場合は，その遺言は無条件のものとなる（民131条1項）[1]。

2 遺言の無効と取消し

　遺言は，①方式違反の遺言（民960条・民975条）・②遺言能力のない者の遺言（民961条〜963条・民972条〜973条）・③被後見人による後見の計算終了前の後見人またはその配偶者・直系卑属の利益となるべき遺言（民966条1項）・④公序良俗に反する遺言（民90条）・⑤錯誤無効に基づく遺言（民95条），この他，民法で規定されている以外の事項を遺言書に記載した場合，その部分については無効とされる。遺言時＝意思表示をした時に意思能力を欠いていた場合はその遺言は無効となる（民3条の2）。有効に遺言が作成された後に意思能力を失ったとしても，その遺言の効力には影響しない[2]。いったん作成した遺言を取り消す場合は，将来に向かってその効力を否定することとなるので，「撤回」と考えられている。遺言の財産処分に関する事項について，詐欺・強迫により遺言書を作成した場合は取消し（民96条）が認められている。

---

(1)　遺言には停止条件だけでなく解除条件や期限を付けることもできる。たとえば，「甥Bに○○の不動産を遺贈するが，Bが家業を辞めて他の職に就いた場合にはその遺贈の効力を失う。」といった解除条件が付された遺言は，遺言者の死亡によって遺言の効力が発生するが，解除条件が成就すればその効力が失われる（民127条2項）。遺言者が死亡する前に解除条件が成就した場合には，その遺言は無効となる（民131条1項）。また，「遺言者の死亡後○年経過したら○○

を遺贈する」や「遺言者の死亡後○年間だけ○○を遺贈する」など，始期や期間を付した遺言をすることが可能である。
(2)　しかしながら，特に認知症の事例のように，遺言作成時における遺言者の意思能力の有無をめぐり，相続人が遺言無効確認の訴えが起こすケースが増えている。➡XII−4「遺言ができる人・できない人」参照。遺言者が受贈者との間で，遺言を撤回しないという契約を締結した場合であっても，当該契約は無効となる。

3　遺言の撤回の自由

　遺言は，いつでも遺言の方式に従って，既にした遺言の全部または一部を撤回することができる（民 1022 条：遺言の撤回の自由）[3]。遺言者はその遺言の撤回権を放棄することができない（民 1026 条）。撤回が「いつでも」可能というのは，遺言者の生前中はいつでも何度でもという意味であり，その際に撤回前の遺言とその後の遺言の方式が同じである必要はない。前にした遺言と後の遺言の内容に矛盾があるなど前に作成した遺言書では「不動産○○をCに遺贈する」とされているのに対し，後に作成した遺言書では「不動産○○をDに遺贈する」として，受遺者が異なっているときは，前の遺言と後の遺言とで抵触する部分について，後の遺言で前の遺言を撤回したものとみなす（民 1023 条 1 項）。

　遺言者が故意に遺言書を破棄したときは，その破棄した部分について遺言を撤回したものとみなされる。遺言者が故意に遺贈の目的物を破棄したときも，同様である（民 1024 条）。

　撤回された遺言は，その撤回の行為が，撤回され，取り消され，または効力を生じなくなるに至ったときであっても，効力を回復しない（民 1025 条本文）。その撤回の行為が，錯誤，詐欺または強迫により取り消されたた場合は，効力が復活する（民 1025 条ただし書）。

4　「相続させる」旨の遺言

　被相続人は遺言で分割の方法を定めることができることから（民 908 条），特定の財産を特定の相続人に承継させる場合に「不動産○○を相続人Aに相続させる」という遺言書が作成されることがある。このような「相続させる」旨の遺言は，かつて登記原因が相続か遺贈かによって登録免許税に差があり（前

---

(3)　最高裁は，1 年前に作成した第 1 遺言を遺言の方式に従って撤回し，さらにその遺言を遺言の方式に従って撤回した場合，遺言書の記載に照らし，遺言者の意思が第 1 遺言の復活を希望するものが明らかであるときには，遺言者の真意を尊重して第 1 遺言の効力の復活を認めるのが相当であるとした（最判平 9・11・13 民集 51 巻 10 号 4144 頁）。遺言者が故意に遺言書を破棄したときは，その破棄した部分については遺言を撤回したものとみなす（民 1024 条）。

者が後者の4分の1以下。ただし2003(平成15)年4月以降は遺贈が相続に揃えられて同じ税率)、節税と登記手続きの利便性の理由から、公正証書実務の慣行により一般化されてきたものである。それにより、遺贈として作成されるべき遺言書についても、「相続させる」旨の遺言書が作成されてきた。

　「相続させる」旨の遺言については、その文言の法的性質をめぐり、遺贈とする考え方と遺産分割方法の指定とする考え方が対立していた。遺贈と考えれば、遺産分割の手続きを必要とせず、遺言者の死亡後直ちに遺贈の名宛人に権利が移転する。他方、遺産分割方法の指定と考えれば、指定された名宛人に対して遺言書どおりの遺産分割が完了するまでは、その名宛人に権利が移転しない。したがって、名宛人の権利帰属を早期に確定するためには、遺贈とするほうがよいということになる。

　このような「相続させる」旨の遺言[4]について、判例では、遺言書の記載から遺贈と解すべき特段の事情がない限り遺贈ではなく、民法908条の「遺産分割方法の指定である」と解されている（最判平3・4・19民集45巻号477頁「香川判決」）。したがって、「相続させる」旨の遺言がある場合は、受遺者は遺産分割協議を経ることなく、単独で所有権移転登記を行うことが可能である。裁判所はまた、対象とされる特定財産の価格が法定相続分を超えるときは「(民法902条の)相続分の指定を含む遺産分割方法の指定である」としている（最判平14・6・10家月55巻1号7頁、最判平21・3・24民集63巻3号427頁）。

　なお、「相続させる」旨の遺言については、平成30年法改正（2019(平31)年7月1日施行）において「特定財産承継遺言」として明文化された（民1014条2項、1046条、1047条）。

---

[4] 「相続させる」旨の遺言は、遺言書の記載から、その趣旨が遺贈であることが明らかであるかまたは遺贈と解すべき特段の事情がない限り、遺贈と解すべきではなく、遺産の分割方法を定めた遺言であり、当該遺言において相続による承継を当該相続人の受諾の意思表示にかからせたなどの特段の事情のない限り、何らの行為を要せずして、被相続人の死亡の時にただちに当該遺産が当該相続人に相続により承継される（上記の最高裁平成3年「香川判決」）。

6　遺言による贈与(1)：遺贈・包括遺贈

1　遺贈とは

　遺言者は遺言によってその財産の全部または一部を処分することができる（民964条）。このことを「遺贈」といい，被相続人が遺言によって他者（相続人あるいは第三者）に無償で自己の財産を贈与する行為をいう。この財産処分において遺贈をする者を遺贈者，遺贈の相手として指定された者を受遺者と呼ぶ。受遺者は自然人のほか法人でもなることができるが，遺言の効力発生時（被相続人の死亡時）にそれぞれ生存・存在していることが必要である。また受遺者は，相続人以外の者でも，相続人でもでもよい（民965条による同886条の準用）。一方で，相続欠格者は受遺者となることができない（民965条による同891条の準用）。遺贈は，「遺贈者→受遺者」の一方的な意思表示で成立する単独行為であり，民法上の贈与▪のように当事者双方の意思表示で成立する契約とは異なる。死因贈与▪については，その性質に反しない限り，遺贈に関する規定が準用される（民554条）。

2　受遺者による遺贈の承認・放棄

　遺贈は，遺言者の死亡によってその効力が発生する（民985条）。受遺者は財産をもらう側であるからといって必ずその遺贈に従う必要はなく，自由意思で「もらう（承認）・もらわない（放棄）」を選択することができる。遺贈者の死亡後は，受遺者はいつでも遺贈の放棄をすることができる（民986条1項）。遺贈が放棄された場合には，遺言者の死亡時に遡ってその遺贈はなかったことになるが（民986条1項），特定遺贈の受遺者に限られ，包括受遺者は相続人と

▪遺贈：遺贈には包括遺贈と特定遺贈の2種類がある。包括遺贈とは，遺産の全部または一定割合（半分，1／3など）を受遺者に与える遺贈である。他方，特定遺贈とは，個々の財産を具体的に特定して受遺者に与える遺贈であり，その財産は特定の物である必要はなく，一定額の金銭（「150万円を…」）や一定量の種類物（「不動産○○を…」）であってもよい。遺贈の履行は，遺言執行者（注1）がある場合にはその遺言執行者のみが行うことがで

きる（民1012条2項）。
▪贈与：民法で定める贈与とは，一方の当事者がある財産を無償で相手方に与える契約のことである（民549条）。契約であるから，お互いの〈与える⇔受け取る〉意思表示が必要となる。これに対し，遺言による「贈与」である遺贈は，遺言者の〈与える〉という一方的な意思表示のみで成立するもので，契約とは異なることに留意する必要がある。
▪死因贈与：贈与者の死亡の時に効力を発生

同一の権利義務を有するため，遺贈の放棄についても法定相続における相続人の承認・放棄の規定が適用されると考えられる（民990条，同915〜940条）。したがって，包括遺贈の放棄をするには，民法986条の規定ではなく民法915条の規定により，自分に対して遺贈があることを知った時から三か月という熟慮期間内に，家庭裁判所に放棄の申述をしなければならない（民938条の準用）。

遺贈の承認・放棄について受遺者が意思表示をしない場合には，遺贈義務者やその他の利害関係人が，相当の期間を定めて，その期間内に遺贈の承認・放棄をすべき旨の催告をすることができる（民987条）。この期間内に受遺者の意思表示がなされなければ，受遺者が遺贈を承認したものとみなされる（同条）。また，受遺者が遺贈の承認または放棄をしないで死亡したときは，その受遺者の相続人は，自己の相続権の範囲内で，遺贈の承認または放棄をすることができる（民988条）[1]。ただしその場合でも，遺言者が別段の意思表示をしている場合はそれにしたがう。ひとたびなされた遺贈の承認および放棄は，撤回することができない（民989条。また同919条2項・3項が準用される）。

3 遺贈の無効・取消し

遺贈は遺言により行われることから，遺言が方式に違反している場合や遺言者の意思無能力により無効となる場合には，遺贈も無効となる。

遺贈は，(1)遺言者の死亡以前に受遺者が死亡したとき，(2)停止条件付き遺贈で受遺者がその条件の成就前に死亡したとき（遺言者がその遺言に別段の意思を表示したときを除く）には無効となる（民944条）。遺言者の死亡時において，遺贈の目的物（権利）が相続財産に属しなかったときは，遺贈は効力を生じない（民996条）。これは，他人の権利を目的とした場合の特定遺贈（他人物遺

させるものを「死因贈与」という。死因贈与契約は，贈与者が「自己の財産を，自分の死後，相手方に無償で与える」という意思表示をし，受贈者（相手方）が「それを受諾する」という意思表示をすることで成立する。死因贈与は，贈与者の死亡によって効力が発生する点で遺贈と似ており，ゆえに遺贈に関する規定に従うとされている（民554条）。

[1] ➡ XII-8「遺言内容の実現：遺言の執行」参照。遺贈された不動産の所有権名義を移転するためには，包括遺贈の場合であっても特定遺贈の場合であっても，受遺者を登記権利者，遺贈者を登記義務者として共同申請をすることとなる。遺贈者はすでに死亡していることから，遺言執行者が代理人として行う。遺言執行者がいない場合には相続人全員が登記義務者となる。

贈）において，原則として無効であることを意味している。ただし，その権利が相続財産に属するかどうかにかかわらず，これが遺贈の目的と認められるときは，他人の権利であっても遺贈として有効である[2]。

遺言者が詐欺・強迫により遺贈をした場合には，遺贈は取消し可能である。また，負担付遺贈を受けた者が義務を履行しないとき，相続人は，相当の期間を定めて履行の催告をすることができる。期間内に履行がないときは，その遺言の取消しを家庭裁判所に請求することができる（民1027条）。

遺贈の無効や放棄で失効となった場合に，受遺者が受けるべきであったものは，遺言に別段の意思表示がなければ相続人に帰属する（民995条）。

4 財産をまるごと贈与する包括遺贈

包括遺贈は，遺産の全部を遺贈する「全部包括遺贈」と，一定の割合を示して遺贈する「割合的包括遺贈」とに分けられる。包括受遺者は相続人と同一の権利義務を有し[3]，相続人同様に遺産を包括かつ当然に承継する。すなわち，遺産の中でも積極財産のみならず，遺言者（非相続人）の負債など相続債務も承継することになる。通説によれば，包括受遺者は相続人と同じ地位に立ち，相続開始と同時に他の相続人とともに遺産を共有し，遺産分割手続を通して共有状態を解消することとなる。その他の点についても相続人と同様で，相続の放棄・限定承認も可能であり，そうでなければ単純承認をしたものとみなされる。なお，共有状態にある相続人が相続の放棄をした場合であっても，包括受遺者の持分は増加しない。相続人ではないので遺留分も認められない。また，遺贈は遺言による「贈与」であるから，不動産の場合，登記がなければ第三者に所有権の取得を対抗することができない。

---

(2) 受遺者の地位は受遺者の相続人には承継されない。また，遺言者の死亡以前に受遺者が死亡した時は遺贈の効力が生じないため（民994条），死亡した受遺者の代襲相続は発生しない。

(3) 包括受遺者は相続人と同一の権利義務を有するとしても，相続人と全く同じではなく，いくつか相違点はある。

7 遺言による贈与(2)：その他の遺贈

1 財産を特定して贈与する特定遺贈

　包括遺贈とは異なり，受遺者に贈与する財産を特定して行う遺贈のことを「特定遺贈」という。特定遺贈には，**負担付遺贈**▪，**後継ぎ遺贈（事業執行）**▪，**裾分け遺贈**▪，**補充遺贈**▪など(1)の種類がある。

　特定遺贈は遺言者の死亡によって効力が発生し（民 985 条 1 項），効力発生と同時に遺言の内容である権利が特定受遺者に当然に移転する（物権的効力説：最判昭 39・3・6 民集 18 巻 3 号 437 頁）。特定受遺者は遺贈義務者に対して遺贈を遺言の内容に従って履行するように請求することができるのに対し，不特定物が遺贈の対象とされている場合には，受遺者は遺贈義務者に，遺贈の目的物を特定し，または取得して引き渡すよう請求することができる（民 998 条）。

　特定遺贈の受遺者は贈与契約における受贈者と同じ地位に立つ。特定受遺者はいつでも遺贈を放棄することができ（民 986 条 1 項），特定受遺者が遺贈義務者に対して放棄の意思表示をすると，遺言者の死亡時にさかのぼって遺贈の効力は消滅する（同条 2 項）。また，特定受遺者が承認・放棄の意思表示をしない場合，遺贈義務者その他の利害関係人は，相当の期間を定めて，その期間内に遺贈の承認または放棄をすべき旨の催告をすることができる（民 987 条）。この場合，受遺者がその期間内に遺贈義務者に対してその意思を表示しないときは，遺贈を承認したものとみなされる（同条）。

　受遺者が遺贈の承認または放棄をしないで死亡したときは，その相続人は，自己の相続権の範囲内で，遺贈の承認または放棄をすることができる。ただし，遺言者がその遺言に別段の意思を表示したときは，その意思に従う（民 988 条）。

▪**負担付遺贈**：遺言書中に「○○の面倒をみる代わりに全財産を贈与する」といった文言がある場合のことをいう。受遺者は相続人でなくともよい。受遺者は遺贈の目的の価値を超えない限度においてのみ，負担した義務を履行する（民 1002 条 1 項）。また，受遺者は遺贈を放棄することができる（民 986 条）。負担付遺贈を受けた者が義務を履行しないときは，相続人または遺言執行者は，相当の期間を定めて履行を催告することができる。履行をしな

い場合には，遺言の取消しを家庭裁判所に請求することができる（民 1027 条）。

▪**後継ぎ遺贈（事業執行）**：「○○会社を子△△に贈与し，子△△が死亡した場合には孫××に贈与する」旨の遺言書は無効となる。営業を将来にわたり存続させるためには，孫の代まで財産が承継されることを，生前に意思表示しておく必要がある。「後継ぎ遺贈型受益者連続信託」は，このような弊害を避けるため，現在の受益者が死亡した場合には，指定された新

遺贈の承認および放棄は，撤回することができない（民989条）。

2　遺贈の目的物に問題がある場合

　特定遺贈において，遺贈の目的物に問題が発生する場合には，それぞれ以下のように対処することになる。

　⑴　**遺贈の弁済期が到来していない場合**

　受遺者は遺贈義務者に対して，相当の担保を請求することができる（民991条前段）。

　⑵　**遺贈目的物の果実▪**

　受遺者は，遺贈の履行を請求することができるときから，遺贈の目的物についての果実を取得する（民992条）。遺贈目的物受遺者は原則として遺贈が効力を発生したときから果実を取得する。ただし，遺言書に別段の意思表示があった場合には，遺言書の記載に従う（民992条）。

　⑶　**遺贈の目的物について費用を支出した場合**

　遺贈義務者が，遺贈の目的物に関して受遺者の死亡後に費用を支出した場合，受遺者は遺贈義務者が遺贈目的物に関して支出した費用を償還する必要がある（民993条）。通常の必要費は，果実の価格を超えない限度で，償還を請求することができる。

　⑷　**相続財産に属しない権利の遺贈**

　遺贈の目的物が遺言者の死亡時に相続財産に属していない場合には無効とされる（民996条）。ただし，遺贈の目的物ではなく，その権利が遺贈の目的とされる場合には当該遺贈は有効となる（民996条ただし書）。その場合，遺贈義務者はその権利を取得して受贈者に移転する義務を負い（997条1項），権利を

たな受益者が受益権を順次取得する信託をいう。信託は遺言または契約により行われる。

▪**裾分け遺贈・補充遺贈**：裾分け遺贈とは，「受遺者○○は財産の半分を△△に与えること」というように遺贈の一部を第三者に分けるよう指定した遺贈のこと。補充遺贈とは，「受遺者○○が遺言者□□より先に死亡した場合には，××に△△を遺贈する」のように，第一の遺贈の効力が発生しなかったことを停止条件とする遺贈のことをいう。

⑴　**公益法人への遺贈**

　その他の遺贈としては，個人の他，地方自治体等・NPO法人・一般公益社団法人・一般公益財団法人などをあげることができる。その他最近では，身寄りのない者が，介護担当者への遺贈を申し出る場合がある。この場合，遺言書に，「○○（介護担当者）に全財産を遺贈する」旨の記載があれば，相続の開始と同時に，財産を贈与することが可能となる。ただし，市区町村などの自

取得することができないとき，また移転するために過分の費用が必要な場合には，その価額を弁償しなければならない（民997条2項）。

(5) 遺贈義務者の引渡し義務

遺贈義務者は，遺贈の目的物または権利を，相続開始時（その後に不特定物→遺贈の目的として特定した場合は，その特定した時点）の状態で引渡す・移転する義務を負う（998条，平成30年法改正により特定物と不特定物を区別しない形に全部改正）。

(6) 遺贈の物上代位性

遺贈の目的物が火災等によって滅失し，遺言者が償金請求権を取得している場合には，償金請求権が遺贈されたものと推定する（物上代位性，民999条1項）。

3 遺贈と公序良俗違反

婚外関係の愛人などへの遺贈について，これが公序良俗違反（民90条）に該当するかどうか問われることがある。こうした遺贈について争われた下級審の裁判例において公序良俗違反を理由として遺言を無効とした事例がある（東京地判昭63・11・14判時1318号78頁）が，公序良俗に反しないとした事例もある。後者の一例として，最高裁判所は，不倫関係にある女性に対して遺産の3分の1を贈与する旨の遺言について，それが不倫関係の維持継続または強化を目的とするものではなく，もっぱら生計を被相続人に頼っていた女性の生活を保全するためにされたものであり，相続人ら（被相続人の妻と娘）の生活の基盤を脅かすものとはいえないことから，遺贈は有効であるとした（最判昭61・11・20民集40巻7号1167頁）。

治体のガイドラインや多くの事業者の就業規則は，介護担当者が被保険者から金品を受けたり，遺贈を受けたりすることを禁止している。

■ **果実**：物の用法に従い収取する産出物を天然果実，物の使用の対価として受けるべき金銭その他の物を法定果実とする（民88条）。天然果実の具体例としては，果物の果実をあげることができる。これに対して，法定果実とは，アパートの「家賃」等をあげることができる。

8　遺言内容の実現：遺言の執行

1　遺言執行の意義・趣旨

　遺言の執行とは，遺言者の死亡によって遺言の効力が生じた後で，遺言者の意図していたとおりにその内容を実現させる手続きのことをいう。(1)遺言の執行なしにその内容が実現するものと，(2)遺言の執行を必要とするものとがある[1]。

　遺言の執行を必要とする事項の中でも，「認知」と「推定相続人の廃除・取消し」に関する場合と遺言に遺言執行者を定める旨の記載がある場合は，必ず遺言執行者を設けて執行しなければならない[2]。

2　遺言書の検認・開封

　遺言執行の準備手続きとして，法務局に保管した自筆証書遺言と公正証書遺言以外のすべての方式の遺言において，**遺言書の検認**▪が必要である。ただし，公正証書遺言および遺言保管制度により保管されていた自筆証書遺言は，検認手続きが不要である（民1004条2項，遺言書保管法11条）。検認は，遺言書の現状を調査・確認して改変を防止し，その保存を確実にするために行われる手続きであり，遺言内容を審査したり遺言の有効・無効を判定したりするものではない。検認の後で，その遺言書が，遺言者によって作られた真正のものであるかどうかを争うことは可能である。封印のある**遺言書**▪は，家庭裁判所において相続人またはその代理人の立会いがなければ，開封することができない（民1004条3項）。

---

(1)　遺言の執行を必要としないものとしては，未成年者の後見人・後見監督人の指定（民839条，民848条），相続分の指定・指定の委託（民902条）など，遺言の執行を必要とするものとしては，認知（民781条2項），推定相続人の廃除・取消し（民893条，民894条），遺贈（民964条）などをあげることができる。

(2)　遺言執行者は次の遺言内容の執行を行う。①遺言による認知の場合には，遺言執行者の就職の日から10日以内に戸籍上の認知届出を行う（戸64条）。認知に際し，成年の子の場合にはその子の承諾（民782条），胎児の場合には母の承諾（民783条1項）がそれぞれ必要である。②相続人の廃除および廃除の取消しについては家庭裁判所に請求をし確定後に戸籍上の届出を行う。③相続分の指定およびその委託，特別受益者の相続分に関する意思表示，遺産分割方法の指定またはその委託，遺産分割の禁止，後見人に関することについては執行の必要はない。

3 遺言執行者の指定・選任

　遺言の内容を実現する者としては，遺言執行者がいるときは，原則としてその遺言執行者[3]が，いないときは相続人が，それぞれ該当する。遺言者は，遺言で1人または複数人の遺言執行者を指定し，またはその指定を第三者に委託することができる（指定遺言執行者：民1006条）。後者の場合に指定の委託を受けた者は，遅延なく，遺言執行者を指定して相続人に通知するか，指定の委託を辞退する旨を相続人に通知しなければならない（民1006条2項・3項）。

　遺言執行者の指定や指定の委託がないとき，または指定された遺言執行者がいなくなったときは，利害関係人の申立てにより，家庭裁判所が遺言執行者を選任することができる（選定遺言執行者：民1010条，家事39条および別表第一の104項）。この利害関係人とは，相続人や受遺者，これらの者の債権者，相続財産管理人等である。なお，遺言の内容が複雑である場合など，必要があれば，複数人の遺言執行者を選任することができる（民1017条）。

4 遺言執行者の就職と任務の執行

　遺言執行者が就職を承諾したときは，直ちにその任務を行わなければならず，任務開始後は遅延なく遺言の内容を相続人に通知しなければならない（民1007条）。遺言執行者の承諾が不明の場合に，相続人等の利害関係人は，相当の期間を定めて，その期間内に就職の承諾をするかどうかを確答すべき旨の催告を遺言執行者に対してすることができ，この場合において，遺言執行者がその期間内に相続人に対して確答をしないときは，就職を承諾したものとみなされる（民1008条）。

　遺言執行者の任務[4]は，第一に，遅滞なく相続財産の目録を作成して，相続

- **遺言書の検認**：遺言執行の準備として，家庭裁判所に遺言書を提出して，遺言書の方式や形状等を調査し確認する手続きを検認という。検認はあくまでも遺言書の証拠保全手続にすぎないことから，検認を受けずに遺言を執行した場合であっても遺言は無効にはならない。検認を経た遺言書に関しても，遺言書の無効確認訴訟を提起することが可能である。
- **封印のある遺言書**：封印のある遺言書とは，封に押印されているものをいい，単に封

筒に入れられているものはこれに含まれない。秘密遺言証書は，証書を封じ，かつ，証書に用いた印章で封印しているので，常に封印のある遺言書に該当する。

(3)　遺言執行者の欠格事由は未成年者および破産者である（民1009条）。婚姻により成年擬制された未成年者（民753条）を遺言執行者とすることについては，肯定・否定の両説がある。このほかに遺言執行者となることが適さない例として，執行の対象となる公正証書遺言を作成した公証人は遺言

人に交付することである（民1011条1項）。相続人の請求があるときは，その立ち会いにより目録を作成し，または公証人にこれを作成させる（民1011条2項）。第二に，遺言執行者は相続財産の管理その他遺言の執行に必要な一切の行為をする権利義務を有するため（民1012条1項），その執行が挙げられる。

遺言執行者の権利義務については，2018(平成30)年の法改正により，次のように明確化がはかられた。まず，(1)かつて遺言執行者を相続人の代理人とみなすとしていた規定は，「遺言執行者がその権限内において遺言執行者であることを示してした行為は，相続人に対して直接その効力を生ずる」と改められた（民1015条1項）。また，(2)上記の遺言執行者が有する権利義務規定に「遺言内容を実現するため」という文言が追加され，「遺言執行者の職務＝遺言内容の実現」が明示された。なお，遺言執行者に対しては善管注意義務等の委任契約の受任者に対する諸規定が準用される（民1012条3項）。

遺言執行者が複数いる場合に，その任務の執行にあたっては過半数で決するが，遺言者による別段の意思表示がある場合はそれにしたがう（民1017条1項）。ただし，保存行為については各自で行うことができる（民1017条2項）。遺言執行者がある場合には，相続人は，相続財産の処分や遺言の執行を妨害する行為をすることができない（民1013条1項）。そのような行為がなされた場合は無効となるが，これをもって善意の第三者に対抗することはできない（同条2項）。また，遺言執行者は，遺言に別段の意思表示がある場合を除き，自己の責任で第三者にその任務を行わせることができる（復代理人：民1016条1項）。このような復任についてやむを得ない事由があるときは，遺言執行者は，相続人に対して復代理人の選任および監督についての責任のみを負う（民1016条2項）。

（田巻帝子）

執行者の指定を拒絶すべきとされる（公証22条4号）。また，遺言執行者の欠格事由に該当するかどうかの判断は，その就職承諾時とされている。
(4)　遺言執行者は報酬を受けとることができる。遺言執行者の報酬について定めのない場合は，家庭裁判所が相続財産の状況その他の事情によって定めることができる（民1018条1項）。遺言執行者の任務は(1)遺言執行の終了，(2)遺言執行者の死亡，(3)遺言執行者の破産，(4)遺言執行者の解任，(5)遺言執行者の辞任により終了する。遺言執行者は利害関係人より解任を請求される場合もあるが（民1019条1項），正当な事由があれば家庭裁判所の許可を得て，辞任することができる（民1019条2項）。

Column 12

遺言信託と財産管理

⑴　高齢期の財産管理

　わが国における高齢期の財産管理については，成年後見制度や任意後見制度，日常生活自立支援事業による財産管理等があるが，利用目的を設定したうえで財産の管理運用を信託する財産制度は高齢者にとっては活用可能性があるとされていた。2006 年の信託法改正は，信託法を「①設定方法の柔軟化，②信託の類型の多様化，③規律内容の現代化と任意規定化」の趣旨のもと改正し，家族内で信託契約を締結し，高齢期になり生活に不安がある場合でも，信託目的を「毎月の生活費支払い」と指定し，毎月の生活費を受領することを円滑に行うことが可能となった（家族信託※）。

⑵　信託のしくみ

　信託とは，特定の者が一定の目的に従い財産の管理又は処分及びその他の当該目的の達成のために必要な行為をすべきものとすることをいう（信託法2条1号）。

　信託をする者（委託者）は，特定の者（受託者）との間で信託契約を締結し，財産を信託する。受託者は，信託財産に属する信託行為の定めに従い，信託財産に属する財産の管理又は処分及びその他の信託の目的の達成のために必要な行為をすべき義務を負う（信託法2条5号）。受託者は財産の管理等から発生する利益を受益者に引き渡す（信託受益権）。信託財産は受託者の名義となることから委託者の倒産の影響を受けず，受託者の相続財産とならず，受託者の債権者から強制執行を受けることもない。

　信託では，「誰に」「何を」「何の目的で」信託するかにつき，個人の意思が尊重される。そのため死後の事務委任契約についての信託契約の内容に含めることができるなど，いわゆる「終活」に関連して死後の事務委託を行うことも可能である。

(3) 遺 言 信 託

信託法 3 条 2 号は遺言によって受託者を指定し，意思表示をすることができる旨を規定する（遺言信託）。信託銀行等が取扱う遺言信託は，遺言書作成，遺言書の保管，遺言書執行まで相続に関する手続きをサポートするものであり，信託法上の信託とは性質が異なる。

遺言信託は遺言の効力発生時に効力を生ずる（信託法 4 条 2 項）。信託の効力発生に際し，受託者の意思表示は不要である。ただし受託者になるためには受託者となる者の承諾が必要であり，意思表示がされない場合には利害関係人には催告権がある（信託 5 条 1 項）。遺言信託を設定した場合であっても，遺留分侵害額請求権の行使は可能であることに注意する必要がある（なお遺留分制度を潜脱する目的で信託を利用した場合は，公序良俗に反して無効となるとする判例につき，東京地判平 30・9・12 金法 2104 号 78 頁）。

※家族信託

家族信託とは，自己の財産を家族の誰かを受託者として財産管理を信託し名義を移転することによって行われる。財産は信託の目的に従って管理運用され，運用益等は委託者あるいは特定の受益者に給付される。家族信託は死後の財産活用を「信託の目的」として設定することが可能であるため，死後の家族の生活保障のための制度として機能することが期待されている。

参考文献
・道垣内弘人『信託法』（有斐閣，2017 年）
・信託協会「信託の基本について」https://www.shintaku-kyokai.or.jp/trust/
（2020 年 11 月 15 日参照）
・遠藤英嗣『全訂 新しい家族信託──遺言相続，後見に代替する信託の実際の活用法と文例』（日本加除出版株式会社，2019 年）

（大杉麻美）

XIII 遺産分割

1 相続の承認：単純承認と限定承認

1 相続の承認：単純承認

　相続人は，相続財産を「無限に」相続するか，「全く相続しない」か，あるいは「プラスの財産が残った場合」のみ相続するかの，いずれかの選択をすることとなる。相続財産を「無限に」相続することを単純承認という[1]。相続人が単純承認をしたときは，無限に被相続人の権利義務を承継する（920条）。単純承認は相続人の意思表示であると考えられているので（意思表示説），単純承認を取消すことができる。ただし，(i)　相続人が相続財産の全部又は一部を処分したとき，(ii)　熟慮期間の徒過，(iii)　相続財産の全部若しくは一部を隠匿し，私にこれを消費し，又は悪意での行為をした場合には，法定単純承認とみなされる（民921条）。

　これを相続財産の目録中に記載しなかったとき

　(i)の「処分」には相続財産を壊すことも含まれる。(iii)の「隠匿」は詐害的意図をもって財産を隠す行為をいう。「私にこれを消費した場合」は詐害的意図をもって私的な利益をために消費することが必要である。「悪意」についても同様であり詐害的意図をもって財産を隠匿することをいう。

2 相続の承認：限定承認

(1)　限定承認の意義

　被相続人の相続財産を確定する過程で，消極財産の内訳が不明であったり，

---

(1)　単純承認には，被相続人名義の銀行預金を引き出して相続人が自らのために費消する場合（相続財産の処分），相続開始後3ヶ月間が経過してしまった場合（熟慮期間の経過），いったん相続放棄をした者が，被相続人の遺言書を隠匿したり，あるいは相続人が自己のために相続が開始した事実を知りながら，相続財産を処分した場合（最判昭42・4・27民集21巻3号741頁）などの具体例をあげることができる。また本条3号の「相続財産」には消極財産（相続債務）も含まれる（最判昭61・3・20民集40巻2号450頁）。

被相続人の生前の債務が不明であるような場合，後に消極財産が多く残されていたことが判明すれば，単純承認すれば相続人が自己の財産をもって負債を負うこととなり，相続放棄すれば相続人は積極財産も含めて相続しないこととなる。この点，限定承認は，このように，「0 か 100 か」という選択を相続人に迫るものではなく，相続財産が流動的な状況にある場合，相続財産を確定する過程の中で，相続の態様を決定する余地を与えるものである[2]。

相続人は，相続財産の範囲でのみ被相続人の債務および遺贈を弁済すべきことを留保して，相続を承認することができる（922 条）。

(2) 限定承認の手続き

① 申立権者

相続人が数人あるときは，限定承認は，共同相続人の全員が共同してのみこれをすることができる（923 条）。相続人の 1 人が相続放棄をした場合には，相続放棄をした相続人を除く他の相続人全員で限定承認を行う。相続人は，限定承認をしようとするときは，熟慮期間内に，相続財産の目録を作成して家庭裁判所に提出し，限定承認をする旨を申述しなければならない（924 条）。

② 公告

限定承認者は，限定承認をした後 5 日以内に，すべての相続債権者及び受遺者に対し，限定承認をしたこと及び 2 か月を下らない期間内にその請求の申出をすべき旨を官報に公告しなければならない。限定承認者は，知れている相続債権者及び受遺者には，各別にその申出の催告をする（927 条）。

③ 弁済

②の期間が満了した後は，限定承認者は，それぞれその債権額の割合に応じて弁済をしなければならない[3]。ただし，優先権を有する債権者の権利を害す

---

[2]　相続財産中のマイナス財産の割合が不明の場合，限定承認の他に財産分離の手続きをとることも可能である。相続は包括承継が原則であるため，相続財産と相続人の固有財産の混合を防ぐために財産分離制度がある。財産分離は熟慮期間内に家庭裁判所に申し立てることによって行う。相続人が債務超過の場合に被相続人の債権者が申し立てる場合（第 1 種財産分離）と，相続財産が債務超過の場合に，相続人の債権者が申し立てる場合（第 2 種財産分離）がある

[3]　限定承認者は，期間満了前には，相続債権者及び受遺者に対して弁済を拒むことができる（928 条）。公告期間満了前に弁済したことにより他の相続債権者，受遺者に損害を与えた場合，限定承認者には損害賠償責任が発生する（934 条）。相続財産に不動産がある場合には，競売により換価されるが，限定承認をした相続人が不動産の取得を望む場合には，家庭裁判所の選任した鑑定人の評価額により買い受けることができ

（941 条）。

ることはできない（928条）。弁済をするにつき相続財産を売却する必要があるときは，限定承認者は，これを競売に付さなければならない。ただし，家庭裁判所が選任した鑑定人の評価に従い相続財産の全部又は一部の価額を弁済して，その競売を止めることができる（932条）。 限定承認者は，公告若しくは催告をすることを怠り，又は相続債権者若しくは受遺者に弁済をしたことによって他の相続債権者若しくは受遺者に弁済をすることができなくなったときは，これによって生じた損害を賠償する責任を負う。情を知って不当に弁済を受けた相続債権者又は受遺者に対する他の相続債権者又は受遺者の求償を妨げない（934条）。 期間内に同項の申出をしなかった相続債権者及び受遺者で限定承認者に知れなかったものは，残余財産についてのみその権利を行使することができる。ただし，相続財産について特別担保を有する者は，この限りでない（935条）。

図XIII-1　限定承認の流れ

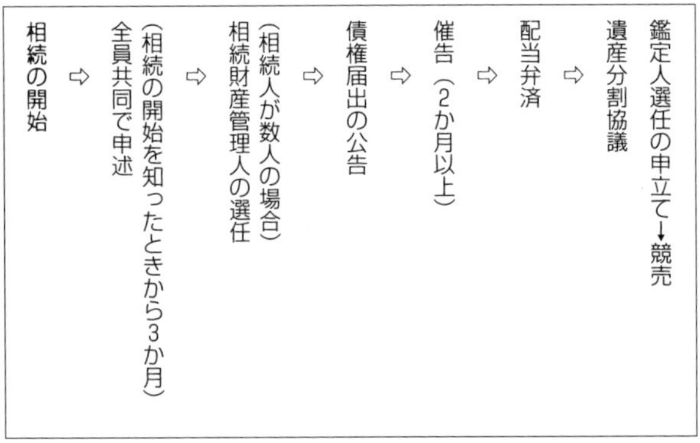

相続の開始 ⇒ （相続の開始を知ったときから3か月）全員共同で申述 ⇒ （相続人が数人の場合）相続財産管理人の選任 ⇒ 債権届出の公告 ⇒ 催告（2か月以上）⇒ 配当弁済 ⇒ 遺産分割協議　鑑定人選任の申立て→競売

る（932条但書）。

2 「借金」の相続：相続放棄と第2次相続人

1 相続放棄

(1) 熟慮期間

被相続人の死亡とともに相続が開始し，相続財産は相続人の共有となる。ところで，この段階では，被相続人の全財産の概要が不明なこともある。仮に被相続人の財産が負債のみということであれば，相続人には債務履行の負担のみが発生することとなる。このような事態を回避するためには，相続人には，相続を「するか」「しないか」の選択権が与えられる。これにより，被相続人の消極財産の存在等による不測の損害を被るおそれがある場合にこれを回避することが可能となる。

相続人には，自己のために相続の開始があったことを知った時から3か月の期間を設け相続の承認・放棄について考える，いわゆる熟慮期間が設けられている（917条1項）[1]。「自己のために相続があったことを知ったとき」とは，相続人が相続開始の原因となる被相続人の死亡を知りかつ，自己が相続人となったことを覚知したときである。具体的に，「いつから」3ヶ月になるかは，場合によって異なる。

(2) 相続放棄の手続き

被相続人の財産が借金のみであったり，相続人間の紛争に巻き込まれたくない場合，被相続人の財産承継を「拒否」することが考えられる。この場合，手続きとしては，「相続放棄」を行うこととなる。相続放棄を行うためには，放棄をしようとする相続人が，自ら，915条1項の熟慮期間内に相続放棄の申述を家庭裁判所に行なわなければならない。

---

(1) 最判昭59・4・27民集38巻6号698頁は，「…熟慮期間は，原則として相続人が前記の各事実を知った時から起算すべきものであるが，相続人が，右各事実を知った場合であっても右各事実を知った時から3か月以内に限定承認または相続放棄をしなかったのが，被相続人に相続財産が全く存在しないと信じたためであり，かつ，被相続人の生活歴，被相続人と相続人との間の交際状態その他諸般の状況から見て当該相続人に対し相続財産の有無の調査を期待することが著しく困難な事情があって，相続人において右の様に信ずるについて相当な理由があると認められるときには，相続人が前記の各事実を知った時から熟慮期間を起算すべきであるとすることは相当でないものというべきであり…」と判示している。

相続放棄の申述は，放棄を希望する相続人が「各別に」これを行う。そのため，熟慮期間についても各相続人ごとに進行することとなる。

相続放棄をすると，その相続人は始めから相続人とならなかったものとみなされる（939条）。相続人から外れるのであるから，代襲相続も発生しない。

未成年者等の制限行為能力者の相続放棄を法定代理人が行う場合には，利益相反行為に該当することから特別代理人を選任する必要がある。

相続放棄がなされた場合，相続財産は他の共同相続人が管理するか，あるいは相続人がない場合には相続財産管理人が管理することとなる。

2 再転相続における熟慮期間

再転相続とは，相続開始後，相続人が相続放棄をせず死亡したため，相続人の子どもが相続人の地位を承継する相続のことをいう。この場合，本来であれば相続人が有している相続放棄の権利を，相続人の地位を相続した相続人（以下「再転相続人」という）が行使することができるかが問題となる。例えば，Aが死亡し，Aの相続人B・CのうちBのみが相続放棄をしたとする。Cは自己が相続人となったことを知らずに死亡し，Cの相続人D・EがCの立場を相続したとする。この場合，D・Eは再転相続人とされ，相続放棄をしなければ，Cが相続するはずであったAの相続財産を相続することとなる[2]。この場合，熟慮期間の起算点は，Cについて定められるのか，あるいはD・Eについて各別に進行するのかが問題となる。この点，最判令和元年8月9日（家判28号69頁，以下「令和元年判決」という）は再転相続の事例につき，916条にいう「『その者の相続人が自己のために相続の開始があったことを知った時』とは，相続の承認または放棄をしないで死亡した者の相続人が，当該死亡した者から

---

[2]　最判昭63・6・21家月41巻9号101頁は，「民法916条の規定は，甲の相続につきその法定相続人である乙が承認または放棄をしないで死亡した場合には，乙の法定相続人である丙のために，甲の相続についての熟慮期間を乙の相続についての熟慮期間と同一にまで延長し，甲の相続につき必要な熟慮期間を付与する趣旨にとどまるのではなく，右のような丙の再転相続人たる地位そのものに基づき，甲の相続と乙の相続のそれぞれにつき承認または放棄の選択に関し て，各別に熟慮し，かつ，承認または放棄をする機会を保証する趣旨をも有するものと解すべきである。」と判示している。

の相続により，当該死亡した者が承認または放棄をしなかった相続における相続人としての地位を，自己が承継した事実を知った時をいうものと解すべきである」と判示し，再転相続人の熟慮期間の起算点は，相続人が有していた熟慮期間を承継するのではなく，再転相続人自身において，相続人が被相続人の財産を承継しており，その財産を自らが承継したことを知ったときから起算するとした。

これまでの通説においても，再転相続の場合の起算点については，再転相続にかかる再転相続人の熟慮期間が進行を開始するときとされていた。本判決により，再転相続人には，いずれの相続においても3か月の熟慮期間があることとなる。

この点，令和元年判決では，「再転相続人である丙は，自己のために乙からの相続が開始したことを知ったからといって，当然に乙が甲の相続人であったことを知りうるわけではない。…丙自身において，乙が甲の相続人であったことを知らなければ，甲からの相続について承認または放棄のいずれかを選択することはできない」「丙のために乙からの相続が開始したことを知ったことをもって，甲からの相続にかかる熟慮期間が起算されるとすることは，丙に対し，甲からの相続について承認または放棄のいずれかを選択する機会を保証する民法916条の趣旨に反する」と判示していた[3]。

---

(3) 相続開始後，遺産分割が終了しない間に相続人が死亡した場合につき，第2次相続人から特別受益を受けた者がいる場合につき，最決平17・10・11民集59巻8号2243頁は，「…B（相続人）は，A（被相続人）の相続の開始と同時に，Aの遺産について相続分に応じた共有持分権を取得しており，これはBの遺産を構成するものであるから，これをBの共同相続人…らに分属させることは，遺産分割手続きを経る必要があり，共同相続人の中にBから特別受益に当たる贈与を受けた者があるときは，その持戻しをして各共同相続人の具体的相続分を算定しなければならない」と判示した。

3　親からの援助：特別受益

1　特別受益とは

　生前に被相続人の介護を主に担当した相続人は，他の相続人より相続財産を多く相続することが妥当であろうか。あるいは，若い頃，親から嫁入り道具で現金を持たされた娘は，相続に当たって，その現金を差し引いた額を相続することが妥当であろうか。

　このような問題は，いずれも，生前の相続人と被相続人の関係を重要視する制度として考えられている。すなわち，生前の相続人と被相続人との関係を考慮して，相続分を算定する必要があると考えているのである。

　特別受益は，相続人間の公平を図る制度であり，生前すでに他の相続人より多くの利益を受けている場合には相続分の前渡しと考え，相続分算定に当たり特別受益額が控除されることとなる[1]。

2　特別受益の意義・範囲

　共同相続人中に，被相続人から，遺贈を受け，又は婚姻若しくは養子縁組のため若しくは生計の資本として贈与を受けた者があるときは，被相続人が相続開始の時において有した財産の価額にその贈与の価額を加えたものを相続財産とみなす（903条）[2]。特別受益財産の範囲としては，第1に遺贈がある。第2に婚姻・養子縁組のための贈与がある。子の家屋購入に際して頭金を負担する等，相続の前渡しとみられる行為が該当する。第3に生計の資本としての贈与がある。子が独立して自営業を始める際に資金を援助するような行為が当たる。なお高等教育費用の負担については，被相続人の資産状態，社会状態に照らし，

---

[1]　相続人間で，生前に他の相続人より多くの財産を取得している相続人に対して「特別受益証明書」を作成することがある。特別受益証明書は，不動産の登記名義を移転するための書類として必要であり，特別受益証明書があれば，相続放棄や遺産分割協議の手続きがなくとも相続の登記をすることが可能であることから，事実上の相続放棄として利用されている。

[2]　特別受益者に相続人の近親者が該当するかにつき，「贈与の経緯，贈与された物の価値，性質これにより相続人の受けている利益などを考慮し，実質的には相続人に直接贈与されたのと異ならないと認められる場合には，たとえ相続人の配偶者に対してなされた贈与であってもこれを相続人の特別受益とみて，遺産の分割をすべきである」（福島家白川支審昭55・5・24家月33巻4号75頁）とされている。

その扶養義務の範囲内に属すると認められる場合には，特別受益には当たらない（福井家審昭40・8・17家月18巻1号87頁）。第4に生命保険金請求権（➡Ⅺ－5「特殊な相続財産(3)：保険契約の受取人」）である。保険料を被相続人が支払った結果として相続人の1人が保険金請求権を取得することは相続人間の「公平」に反するとして，特段の事情がある場合には903条の類推適用により持戻しの対象となる（最判平16・10・29民集58巻7号1979頁）[3]。第5に死亡退職金等（➡Ⅺ－2「相続の対象とならない財産」）の遺族給付がある。学説の多くは死亡退職金等の遺族給付が賃金の後払い的性格を有することから相続人の公平を図るため，特別受益性を認める。第6に被相続人と同居した相続人の居住利益である。相続人の1人が被相続人と同居している場合には，当該相続人の介護による寄与と，居住利益の特別受益性が問題となる（➡「Ⅺ－3 特殊な相続財産(1)：配偶者の居住建物」「Ⅻ－4 親の介護と相続：寄与分，相続人以外の者の貢献」）。

3 特別受益の算定方法

　特別受益は，算定した相続分の中からその遺贈又は贈与の価額を控除した残額をもってその者の相続分とする（903条）。特別受益者は共同相続人に限られ，相続放棄をした者ははじめから相続人にならなかったものとみなされるので持ち戻しの必要がない。代襲相続人（➡Ⅹ－4「子どもはどれくらい相続できるのか」）は代襲原因発生「後」に得た特別受益が持ち戻しの対象となる。持戻しについては意思表示により免除をすることが可能である。特別の方式はなく，明示・黙示，生前行為・遺言によるとを問わない。なお，持ち戻し免除の意思表示は自由に撤回することができる。特別受益の対象となる行為は，死亡時よりも数年あるいは数十年前になされることもあるため，相続分算定に際し，当該行為

(3)　本判決は，特段の事情の有無につき「保険金の額，この額の遺産の総額に対する比率のほか，同居の有無，被相続人の介護等に対する貢献の度合いなどの保険金受取人である相続人及び他の共同相続人と被相続人との関係，各相続人の生活実態などの諸般の事情を総合考慮して判断すべきである」と判示する。

をどのように数字で評価するかが問題とされる。この点，贈与の価額は，受贈
者の行為によって，その目的である財産が滅失し，又はその価格の増減があっ
たときであっても，相続開始の時においてなお原状のままであるものとみなし
てこれを定める（904条）。基準時については，遺産分割時とすると相続開始後
遺産分割までの間に物価の変動などにより変化してしまうことから，904条に
より相続開始時であるとされる。

> （相続時の相続財産額＋特別受益額）×相続割合－特別受益額＝具体的相続分額

4　特別受益と遺留分

　特別受益の「贈与」が遺留分侵害額請求権の対象になるかにつき，最判平成
10年3月24日（民集52巻2号433頁）は，「民法903条1項の定める相続人に
対する贈与は，右贈与が相続開始よりも相当以前にされたものであって，その
後の時の経過に伴う社会経済事情や相続人など関係人の個人的事情の変化をも
考慮するとき，減殺請求を認めることが右相続人に酷であるなどの特段の事情
のない限り，民法1030条の定める要件を満たさないものであっても，遺留分
減殺請求の対象となるものと解するのが相当である」と判示した[4]。また最判
平成24年1月26日（家月64巻7号100頁）においても，「…持戻し免除の意
思表示は，遺留分を侵害する限度で失効し，当該贈与に係る財産の価額は，上
記の限度で，遺留分権利者である相続人の相続分に加算され，当該贈与を受け
た相続人の相続分から控除されるものと解するのが相当である」と判示した
（XⅢ-8「相続財産がなくなったら⑵：遺留分侵害額請求権」）。

---

(4)　最判平12・2・24集民196号971頁は，
「…具体的相続分は，このように遺産分割手
続きにおける分配の前提となるべき計算上
の価額又はその価額の遺産の総額に対する
割合を意味するものであって，それ自体を
実体法上の権利関係であるということはで
きず，遺産分割侵犯事件における遺産の分
割や遺留分減殺請求に関する訴訟事件にお
ける遺留分の確定などのための前提問題と
して審理判断される事項である」と判示し
た。

4　親の介護と相続：寄与分，相続人以外の者の貢献

1 寄 与 分

(1)　寄与分とは

　介護を必要とする老親がある場合，第1に直系血族である子に扶養義務が課せられる。子が複数ある場合は，協議により扶養の程度・方法が決定される。しかしながら，子のうちの1人が主に介護を担う場合，実際には介護を負担する者が介護をし，必要な費用を負担する場合も発生する。

　共同相続人中に，被相続人の事業に関する労務の提供又は財産上の給付，被相続人の療養看護その他の方法により被相続人の財産の維持又は増加について特別の寄与をした者があるときは，被相続人が相続開始の時において有した財産の価額から共同相続人の協議で定めたその者の寄与分を控除したものを相続財産とみなし，900条から902条までの規定により算定した相続分に寄与分を加えた額をもってその者の相続分とする（904条の2）。

> （相続開始時の財産－寄与分額）×相続割合＋寄与分額＝具体的相続額

(2)　「特別の寄与」

　寄与分は，被相続人の財産の維持又は増加に特別の寄与をした者がいる場合につき，他の相続人との実質的公平を図るために設けられている制度である。では，被相続人に対する「特別の寄与」とはどのようなものをいうのであろうか[1]。寄与の内容は第1に被相続人の事業に関する労務の提供又は財産上の給付がある。第2に被相続人の療養看護がある。第3にその他，家事労働，夫婦

---

(1)　「特別の寄与」は，身分関係にもとづいて通常認められる協力義務を超えて被相続人に貢献する場合である。たとえば，夫婦間の協力扶助義務，直系血族・兄弟姉妹間の扶養義務，助け合い義務の範囲内と認められる貢献については，「特別の寄与」とは認められない。

としての資産形成，扶養等があげられる。民法で定められる扶養義務の範囲内
での貢献は寄与分としては評価されない。「特別」の寄与であることが必要で
ある。また無償でなされ，相続財産の維持又は増加に貢献する必要がある⁽²⁾。

　⑶　寄与分の定め方

　寄与分とは，まずは共同相続人の協議により決定されるところ，協議が調わ
ないとき，または協議をすることができないときは，家庭裁判所の調停または
審判の手続きを利用することができる。

　最近の判例では，被相続人の要介護度に応じた要介護認定など基準時間の訪
問介護費に，被相続人が要介護認定を受けた期間からショートステイの利用日
数を控除し，デイサービスの利用日数を半日として算出した療養監護の日数を
乗じたものに裁量的割合として 0.7 を乗じて寄与分を算定した原審を相当とし
た事例（東京高決平 29・9・22 家判 21 号 97 頁），被相続人の経営する郵便局に
約 8 年にわたり勤務し業務のほとんどを行っていた事例につき，夫婦 2 人の給与
が月 25 万円から 35 万円（通常推定される給与は年間 500 万円から 600 万円）で
あったこと等から，被相続人の 40％の寄与分を認めた事例（札幌高決平 27・7・
28 判タ 1423 号 193 頁）等をあげることができる。

　⑷　過去の扶養料と「特別の寄与」

　過去の扶養料を寄与分として算定することにつき，大阪家岸和田支審平成
15 年 2 月 28 日（家月 56 巻 1 号 121 頁）は，過去の扶養料の求償権は，具体的
な財産の権利であって，扶養審判を通じて行使が可能な権利であるから，その
求償権をあえて具体的な財産上の権利ではない「寄与分」とみた上で，寄与分
に関する審判を通じて行使させる必要は原則として認められないとした。

⑵　寄与分を主張することができる相続人が
相続開始前に死亡した場合には代襲相続人
が寄与分を主張することができる。寄与分
を主張することができる相続人が，相続欠
格・相続廃除により相続権を失った場合に
ついても，代襲相続人は，相続人が主張す
るであろう寄与分を自己の相続分として主
張することができる（東京高決平元・12・
28 家月 42 巻 8 号 45 頁）。

⑶　「長男の嫁」は，長男が義理の両親より
も先に死亡した場合には，姻族関係終了届

を提出し，実質的な介護の負担を免れるこ
とが可能であるが，義理の両親の介護を負
担した場合は，無償でその介護の負担を負
うこととなる。1980 年の寄与分創設時に，
相続人以外の寄与分が検討されたが，認め
られず，判例では夫の履行補助者であると
する他，事務管理，不当利得，介護契約等
の方法により長男の嫁の貢献をはかってき
た。

2 相続人以外の者の貢献

　改正法は，長男の嫁問題などを解決するため，共同相続人以外の親族が無償で被相続人の介護等を行った場合には，特別寄与料の支払いをすることができる旨を定めた。民法1050条1項は，被相続人に対して無償で療養看護その他の労務の提供をしたことにより被相続人の財産の維持または増価について特別の寄与をした被相続人の親族は，相続の開始後，相続人に対し，特別寄与者の寄与に応じた額の金銭の支払いを請求することができるとしている。

(1)　特別寄与者

　特別寄与者は民法725条に定める親族であり，六親等内の血族・配偶者・三親等内の親族が対象となる。そのため従来無償の介護労働が問題とされていた長男の嫁についても，本条にもとづき，相続人に対し特別寄与料の請求をすることが可能となる。協議が調わないとき，又は協議をすることができないときは，家庭裁判所に対して協議に変わる処分を請求することができる（民1050条2項）。

(2)　特別寄与料

　特別寄与料は当事者間の協議によるところ，被相続人が相続開始の時において有した財産の額から遺贈（XII-6「遺言による贈与(1)：遺贈・包括遺贈」）の価額を控除した残額を超えることができず（民1050条4項），特別寄与料を請求された相続人は，900条から902条までの規定により算定した当該相続人の相続分を乗じた額を負担する（民1050条5項）。また家庭裁判所が定める場合には，寄与の時期，方法及び程度，相続財産の額その他一切の事情が考慮される（1050条3項）。

(3)　請　求　期　間

　特別寄与料は，特別寄与者が相続の開始及び相続人を知った時から6か月以内，又は相続開始の時から1年以内に請求する必要がある（1050条2項）。

Column **13**

配偶者保護のための方策

　相続法改正は法制審議会総会第 174 回会議において，諮問第 100 号「高齢化社会の進展や家族の在り方に関する国民意識の変化等の社会情勢に鑑み，配偶者の死亡により残された他方配偶者の生活への配慮等の観点から，相続に関する規律を見直す必要があると思われるので，その要綱を示されたい。」と示されたことに伴い，審議が始められた。このうち配偶者の相続については，①相続人となる配偶者の中には長期にわたり被相続人の財産の形成又は維持に貢献している者もいること，②高齢者同士の再婚で婚姻期間が短い者もいることがあげられるところ，現行法では，配偶者の相続分は 2 分の 1 とされており，これらの配偶者の貢献が反映されていなことが指摘された。相続財産の中には，配偶者の実質的共有持分が存在する場合もあり，そのような場合には，相続分の 2 分の 1 は配偶者の持分を取戻したものであり，被相続人の実質的な持分を相続することができないとも指摘されるところである。

　そのため遺産分割において，配偶者の実質的な貢献を考慮した算出がなされるべきであると主張されたのである（法制審議会民法（相続関係）部会第 1 回会議（平成 27 年 4 月 21 日，http://www.moj.go.jp/shingi1/shingi04900255.html）。

　2018 年改正民法 903 条 4 項は，上記の点を考慮し特別受益の算定時に際し，婚姻期間が 20 年以上の夫婦の一方である被相続人が，他の一方に対し，その居住の用に供する建物又はその敷地について遺贈又は贈与をしたときは，当該被相続人は，その遺贈又は贈与について特別受益の持戻しを免除する意思表示をしたと推定すると改正された。本条はとくに，「婚姻期間 20 年以上の夫婦」が「居住の用に供する建物又はその敷地」を遺贈又は贈与した場合を対象とし，「配偶者の長年にわたる貢献に報いる」とともに配偶者の老後の生活を保障する（『一問一答』57 頁）。改正前の特別受益の算出と比較すると，改正後の条文を適用することにより配偶者の相続分が増加することがわかる。

［具体例］
　相続人：配偶者（妻）及び子が 2 人
　相続財産：居住用不動産（夫の持分が 1／2，評価額 2000 万円）
　　　　　　　預貯金（2000 万円）
　生前贈与：生前配偶者に対し，居住用不動産を 1／2 贈与（評価額 2000 万円）。
［改正前］※居住用不動産が特別受益として持戻しの対象となる。
　（2000万円＋2000万円）×1／2（法定相続割合）－2000万円（特別受益）＝ 0 円
［改正後］
　2000万円＋2000万円＝4000万円
　4000万円×1／2（法定相続割合）＝2000万円

　婚姻期間 20 年以上の夫婦に限定されたのは，長期にわたる婚姻関係にある場合には，「通常，一方配偶者が行った財産形成における他方配偶者の貢献・協力の度合いが高いものと考えられ，そのような状況にある夫婦が行った贈与については，類型的に，当該配偶者の老後の生活保障を考慮して行われる場合が多い」と考えられたからである。この点パブリックコメントにおいては，長期にわたる婚姻関係の実質面を考慮するべきではないかとの意見も出されたところである。また，配偶者の老後の生活保障を考慮すれば，居住用不動産に限定されることが適当であり，このことにより配偶者には，居住と生活費の両面にわたる保障がなされることとなる（『一問一答』60 頁）。

　なお，配偶者保護のための方策については，遺産分割時での配偶者の生活保障の配慮のほか，配偶者の相続分を引き上げることも考慮されたが，パブリックコメントでは否定的な意見が多数を占めた。諮問の趣旨である配偶者の生活保障の観点からすれば，配偶者保護のための方策を検討することについては必要かつ有益であり，生前贈与を促進する方向での検討がされるべきであると指摘されたところであった（法制審議会民法（相続関係）部会第 15 回会議（2016（平成 28）年 11 月 22 日）開催，http://www.moj.go.jp/content/001263484.pdf）。

（大杉麻美）

5　遺産分割の流れ

1　遺産分割の流れ：一部分割

　906 条は，遺産の分割は，遺産に属する物または権利の種類および性質，各相続人の年齢，職業，心身の状態および生活の状況その他一切の事情を考慮してすると規定する。遺言がある場合には遺言に従って遺産が分割されるが，遺言書がない場合には，まずは，話し合いにより遺産を分割し（協議分割），協議が調わないときまたは協議ができない場合には，家庭裁判所に遺産分割の調停を申し立てる（調停分割）。遺産分割調停が不成立となった場合には，審判手続きに移行する（審判分割）。

　相続財産は多岐にわたるため，これを分割する方法として，遺産をそのまま相続分に応じて分割する方法（現物分割），遺産を売却して得られた金銭を分割する方法（換価分割），相続人の 1 人が全ての相続財産を取得し，他の相続人に相続分に相当する金銭を支払う方法（代償分割），相続財産を相続人が共有する方法（共有分割）がある[1]。

　また 907 条 1 項において，共同相続人は被相続人が遺言で禁じた場合を除き，いつでもその協議で，遺産の全部又は一部の分割をすることができると規定している。その結果，可分債権については相続財産の一部分割をすることができるようになった。また同条 2 項においては遺産の分割につき共同相続人間に協議が調わないとき，又は協議をすることができないときは，各共同相続人は，その全部又は一部の分割を家庭裁判所に請求することができると規定した。本条は，共同相続人が遺産分割を早期に分割することを希望する場合や，遺産分割協議が調わないために，分割可能な遺産から分割をすることがあるなどの理

---

(1)　現物分割は財産ごとに権利の帰属主体が確定するため，手続が簡単であるが，相続人間の公平が損なわれる危険性がある。換価分割は相続人の合意が得られる場合には有効な方法となる。代償分割は代償金を用意できない場合には利用が難しいとされる。

由から新設されたものである。また他には「他の共同相続人の利益を害するおそれがある場合」とは，遺産の一部分割をすることにより「最終的に適正な分割を達成しうるという明確な見通しが立たない場合」が該当する（『一問一答』90頁)[2]。

2　遺産分割の期間制限

　遺産分割には期間制限が設けられていない。そのため，共同相続人はいつでも遺産分割協議を行うことができ，時効にもかからない。被相続人は，遺言で，その方法を定め，またはこれを定めることを第三者に委託すること，あるいは相続開始後5年を越えない期間内で遺産分割を禁じることができる（908条）。なお遺産分割の期間制限については，民法・不動産登記法（所有者不明土地関係）等の改正に関する中間試案の補足説明（法務省民事局参事官室・民事第二課（令和2年1月))においても，遺産分割手続きの申し立てなどがされないまま長期間が経過した場合に遺産を合理的に分割することを可能とするため，次のような規律を設けることについて，引き続き検討するとされた。具体的には，遺産分割の合意がされてない場合において，遺産分割手続きの申し立てがないまま相続開始時から10年を経過したときは，共同相続人は，具体的相続分の主張（具体的相続分の算定の基礎となる特別受益及び寄与分等の主張）をすることができないとの制度を検討することが提案されている。被相続人の死亡後遺産分割の紛争が長期にわたれば，特別受益や寄与分に関する証拠が散逸し，他の相続人が反証等をすることが困難となることを考慮し，遺産分割の促進の観点から検討されている。

---

(2)　相続人の中に行方不明者がいる場合は，「不在者財産管理人の選任」を行う。あるいは7年以上行方不明の場合には失踪宣告を申立てる。相続人の中に判断能力の低下している者がある場合には，成年後見審判を申し立てる（Ⅸ「後見と看取り」）。相続人に未成年者がある場合には，親権者が法定代理人として遺産分割手続きを行う。あるいは相続人と親権者が共同相続する場合には，特別代理人を選任する。

3 遺産分割の前提問題

　遺産分割を行うためには，「相続人は誰か」「遺言書は有効か」「遺言書の内容に争いはないか」「遺産分割協議書は有効に成立しているか」「被相続人の財産は相続財産か」が確定していなければならない。判例では，遺産確認の訴えは，「当該財産が現に被相続人の遺産に属すること，換言すれば，当該財産が現に共同相続人による遺産分割前の共有関係にあることの確認を求める訴え」（最判昭61・3・13民集40巻2号389頁）である。自己の相続分の全部を譲渡した者の当事者適格については，「積極財産と消極財産とを包括した遺産全体に対する割合的な持分をすべて失うことになり，遺産分割審判の手続きなどにおいて遺産に属する財産につきその分割を求めることはできないのであるから，その者との間で遺産分割の前提問題である当該財産の遺産帰属性を確定すべき必要性はない」から，遺産確認の訴えの当事者適格を有しないとした判例（最判平26・2・14民集68巻2号113頁）等をあげることができる。

4 遺産分割の効力

　遺産分割の効力は，相続開始の時にさかのぼる。ただし，第三者の権利を害することはできない（909条）。遺産分割が終了すれば，個々の相続人は当該相続財産に対して，相続開始のときより権利を有していたこととなる。既に相続財産について権利を取得した第三者がある場合には，すでに遺産分割の対象ではないので，共有物分割訴訟を提起することとなる（最判昭50・11・7民集29巻10号1525頁）。なお，遺産分割によって相続人が相続した財産に瑕疵がある場合，あるいは債権回収を図ることができなかった場合には，各共同相続人がその相続分に応じて担保責任を負う（911条）[3][4]。

---

(3)　相続人が債権（請求権）を相続し債権を回収することができなかった場合には，他の相続人は回収できなかった部分につき負担する（912条）。担保責任を負う相続人に無資力の者がある場合には，他の共同相続人が相続分の割合に応じて負担をする（913条）。遺言書中で担保責任を免除することができる（914条）。

(4)　遺産分割協議と詐害行為取消権につき最二判平11・6・11民集53巻5号898頁は「共同相続人の間で成立した遺産分割協議は，詐害行為取消権行使の対象となり得るものと解するのが相当である。」として「遺産分割協議は，相続の開始によって共同相続人の共有となった相続財産について，その全部または一部を，各相続人の単独所有とし，又は新たな共有関係に移行させることによって，相続財産の帰属を確定させるものであり，その性質上，財産権を目的とする法律行為であるということができるから」であると判示する。

資料⑮-1　遺産分割協議書

遺産分割協議書

　令和2年8月10日，東京都○○区○番地鈴木太郎の死亡によって開始した相続の共同相続人である鈴木花子，鈴木太一は，本日，その相続財産について，次のとおり遺産分割の協議を行った。

1　相続財産のうち，下記の不動産は，鈴木花子（持分2分の1）及び鈴木太一（持分2分の1）が相続する。
2　相続財産のうち，株式会社○○銀行○○支店の定期預金（口座番号○○○○）500万円の債権者及び○○株式会社の株式○○株（株券番号○○○○）は，鈴木花子が相続する。

　この協議を証するため，本協議書を2通作成して，それぞれに署名，押印し，各自1通を保有するものとする。

令和2年9月10日

○○市○○町○丁目○番地　鈴木花子　印
東京都○区○○町○番地　　鈴木太一　印

記

不動産
　　所在　　　○○市○○町一丁目
　　地番　　　23番
　　地目　　　宅地
　　地積　　　123・45平方メートル

　　所在　　　○○市○○町一丁目23番地
　　家屋番号　23番
　　種類　　　居宅
　　構造　　　木造かわらぶき2階建
　　床面積　　1階　43・00平方メートル
　　　　　　　2階　21・34平方メートル

出所：法務省 HP．http://www.moj.go.jp/MINJI/MINJI79/minji79.html を一部改変。

資料⑮-2　登記申請書

登記申請書

登記の目的　　　所有権移転
原因　　　　　　令和 2 年 8 月 10 日相続
相続人 (被相続人　鈴木太郎)
　　　　　　東京都　○○区　○○町　○番地
　　　　　　(住民票コード　12345678901)
(申請人)　　　持分 2 分の 1　鈴木花子　　　印
　　　　　　○○市　○○町　○丁目　○番地
　　　　　　　　2 分の 1　鈴木太一　　　印
　　　　　　連絡先の電話番号　00-0000-0000
添付情報
　　　　　登記原因証明情報　　　住所証明情報

□ 登記識別情報の通知を希望しません。

令和 2 年 9 月 15 日申請　　○○法務局　○○支局 (出張所)

課税価格　金　　　　　円

登録免許税　金　　　　　円

不動産の表示
　　　　不動産番号　1234567890123
　　　　所在　　　　○○市　○○町一丁目
　　　　地番　　　　23 番
　　　　地目　　　　宅地
　　　　地積　　　　123・45 平方メートル
　　　　不動産番号　0987654321012
　　　　所在　　　　○○市　○○町一丁目 23 番地
　　　　家屋番号　　23 番
　　　　種類　　　　居宅
　　　　構造　　　　木造かわらぶき 2 階建
　　　　床面積　　　1 階　43・00 平方メートル
　　　　　　　　　　2 階　21・34 平方メートル

6　遺産分割の種類・方法

1　遺産分割：協議分割

(1)　分割当事者

　協議分割は共同相続人全員で行われるが，いくつかの場合には異なる考え方が必要となる。第1に，胎児がいる場合には胎児の出生を待つこととなるが，異なる考え方もある。第2に，行方不明者がある場合には，財産管理人を選任し，家庭裁判所の許可を得て遺産分割を行う。第3に，制限行為能力者がある場合には，法定代理人が代わりに遺産分割協議に参加する。第4に，包括受遺者・相続分の譲受人は当事者になる。第5に，共同相続人が全員揃わないで遺産分割協議が行われた場合には，原則として無効となり再分割協議を行うこととなる。第6に，遺産分割協議終了後に死後認知・遺言認知により相続人となった者がある場合には，価額のみによる支払請求権を行使することとなる（910条）[1]。第7に，相続開始後に欠格者があることが判明した場合には，欠格者が取得した財産を返還することとなる。

(2)　遺産分割協議の解除

　いったん成立した遺産分割協議を解除する場合，共同相続人の全員が「既に成立している遺産分割協議の全部又は一部を合意により解除した上で，改めて遺産分割協議をする」ことは「共同相続人全員による遺産分割協議の合意解除と再分割協議を指すものと解される」とする判例がある（最判平2・9・27民集44巻6号995頁）。なお母の扶養等の負担を条件に遺産分割協議を成立させたところ，負担者がその負担を履行しなかったことから，負担付贈与又は負担付使用貸借の解除，遺産分割協議の無効・取消し・解除が争われた事案につき，

---

(1)　民法910条の価格弁償の算定額につき最判令元・8・27民集73巻3号374頁は，相続開始後に認知された者の価額支払につき，「…遺産の分割は，遺産のうち積極財産のみを対象とするものであって，消極財産である相続債務は，認知されたものを含む各共同相続人に当然に承継され，遺産の分割の対象とならない」としている。また，価額支払請求時につき最判平28・2・26民集70巻2号195頁は，「…認知されたものが価額の支払を請求した時点までの遺産の価額の　変動を他の共同相続人が支払うべき金額に反映させるとともに，その時点で直ちに当該金額を算定しうるものとすることが，当事者間の公平の観点から相当であるといえる」として，価額の支払を請求した日が価額算定の基準時であると判示した。

「遺産分割はその性質上協議の成立とともに終了し，その後は右協議において
右債務を負担した相続人とその債権を取得した相続人間の債権債務関係が残る
だけと解すべきであり，しかも，このように解さなければ民法909条本文によ
り遡及効を有する遺産の再分割を余儀なくされ，法的安定性が著しく害され
る」ことから，541条による遺産分割協議の解除をすることはできないとした
判例（最判平元・2・9民集43巻2号1頁）がある。

② 遺産分割：調停分割・審判分割

　遺産分割協議が調わない場合，各共同相続人は家庭裁判所に遺産分割の調停
を申し立てることができる（907条2項）。調停が成立すると，確定した審判と
同一の効力が発生する（家事268条）。調停が不成立の場合には，審判に移行す
ることとなる。

　調停分割は，遺産分割協議について疑義を有する相続人（申立人）が，他の
相続人を相手方として調停を申立てる。当事者の一部を除外した調停分割は無
効となり，共同相続人全員で再分割を行う。利害関係人も調停に参加すること
ができる。これに対し，審判分割は，申立人となる相続人は，その他すべての
相続人を相手方として審判を申し立てる。利害関係人も審判に参加することが
できる（家事事件手続法42条）。

③ 遺産分割の方法

　相続財産を分割するためには，協議による場合，調停・審判による場合があ
る。それでは，実際に相続財産を分割するためには，どのような方法があるの
であろうか。民法では，現物分割（258条），相続財産を売却してその代金を相

続人間で分割する換価分割（家事 194 条），相続人の 1 人が相続財産を取得する代わりに他の相続人にその持分割合に応じて債務を負担する代償分割（家事 195 条），相続財産が不動産である場合には，不動産を相続人の共有とし，賃貸借契約（使用貸借契約）を締結し相続人の 1 人が全体を利用する方法などがあげられる。代償分割は，家業を存続させる場合に用いられることが多いが，裁判例では，特別の事由がある場合には，相続人の 1 人または数人に金銭債務を負担させる代償分割が認められるとしつつ，このような代償分割を認めるためには，金銭債務を負担する相続人に支払い能力がある必要があるとしている（最判平 12・9・7 家月 54 巻 6 号 66 頁）。

④　遺産分割の内容

　協議分割や調停分割の場合は，遺産分割の内容は相続人間で決定することも可能である。これに対して審判分割の場合は，遺産分割は，被相続人が生前有したすべての財産を対象として行われる。相続財産には，不動産・現金・預貯金・動産等をあげることができる。

　可分債権・可分債務は，相続開始と同時に各共同相続人にその相続分に応じて当然に分割される（最判昭 29・4・8 民集 8 巻 4 号 819 頁等）が，相続人間の協議により異なる分割を行うことは差し支えない[2]。ただし，可分債務については，相続人の 1 人が不当に債務を負担することとなる場合もあるため，債権者の同意がない限り，遺産分割の対象とすることができないとする裁判例がある（盛岡家審昭 40・6・5 家月 17 巻 11 号 119 頁）[注]。

---

(2)　判例によれば「遺産分割の対象となるものは，被相続人の有していた積極財産だけであり，被相続人の負担していた消極財産たる金銭債務は相続開始と同時に共同相続人にその相続分に応じて当然分割継承されるものであり，遺産分割によって分配されるものではない」とされる（東京高決昭 37・4・13 家月 14 巻 11 号 115 頁）。

7　最低限は保障されるか⑴：遺留分

1 意義・趣旨

　遺産相続は，遺言書がある場合には遺言書に指定された相続割合により相続され（指定相続），遺言書がない場合には 900 条により相続される（法定相続）。遺言書中に，「全財産を○○（相続人以外の者）に贈与する」とされた場合は，被相続人の全財産を，指定された者が相続することとなり，法定相続人の相続分は「0 円」となる。ところで，法定相続人がその生活の殆どを被相続人の収入に依拠していたような場合は，法定相続人の相続分がないことになれば，たちまち生活に困窮することとなるだろう（遺族の生活保障）。また，法定相続人である配偶者の相続分がないとすれば，生前に離婚届を提出し財産分与を受けた方が潜在的持分の清算を得ることができるだろう（潜在的持分の清算）。

　このような矛盾を解消するための制度が，遺留分制度である。

2 法的性質

　被相続人が，遺言書中に「○○に全財産を贈与する」といった場合，法定相続人の相続分は「0 円」となる。このような事態を避けるために，法定相続人に遺留分権を有する者（遺留分権利者）が定められている。遺留分権利者は，相続財産が第三者に逸出した場合であっても，遺留分額については取得することが可能である。

　遺留分額を取得するためには遺留分侵害額請求権を行使する必要がある[1]。2018 年改正前は，遺留分権利者が遺留分侵害額請求権を行使すると，法律上当然に減殺の効力が発生し，その限度で贈与・遺贈の効力が失われる（最判昭

---

[1]　遺留分権利者が受遺者等に対して行使する遺留分侵害額請求権は形成権であるところ，「形成権の行使によって発生した金銭債務については，期限の定めのない債務となり，遺留分権利者が受遺者等に対して具体的な金額を示してその履行を請求した時点で初めて履行遅滞に陥る」と考えられることとなる（412 条 3 項）（『一問一答』124 頁）。

41・7・14 民集 20 巻 6 号 1183 頁）とされていた。遺贈等の目的財産は，遺留分権利者と遺贈等を受けた者との共有となるため，事業用財産等が遺留分侵害額請求権の対象とされるような場合には，事業の継続が困難となる場合も想定されるとともに，共有状態の解消に際して新たな紛争を発生させるおそれもある。明治民法下での家督相続制度では，家産の承継がされていたため，物権的請求権を行使する必要があったが，改正法では遺留分制度の本来の趣旨に沿い，遺留分権利者が遺留分侵害額を請求することが可能であるとし，遺留分権は金銭債権であるとされた（『一問一答』122 頁以下）。

3　遺留分権利者

被相続人に対する遺留分権を有するのは，配偶者および子（またはその代襲者），直系尊属である（1042 条）[2]。兄弟姉妹は遺留分権を持たない。配偶者は常に遺留分を持ち，子がある場合には，直系尊属は遺留分権を持たない。胎児は，生きて産まれれば遺留分権を持つこととなる。相続欠格・廃除・相続放棄により相続人でなくなった者は遺留分権も持たない。包括受遺者も遺留分権を持たない[3]。

4　遺 留 分 率

遺留分権を有する者は，どの程度の遺留分侵害額を請求することが可能だろうか。遺留分には，遺留分を有する相続人が全体として請求することができる割合として「総体的遺留分（率）」，総体的遺留分に各共同相続人が各別に請求可能な割合をして「個別的遺留分（率）」が定められている。

総体的遺留分（率）は，直系尊属のみが相続人の場合には被相続人の財産の

---

[2]　減殺請求の相手方は，遺贈・贈与等の受遺者，悪意の譲受人である。悪意の譲受人とは，譲受人が譲渡の時において遺留分権利者に損害を与えることを知っていたことをいう（1040 条 1 項但書）。遺留分（侵害額）請求権を遺言執行者に対し行使することができるかにつき，包括遺贈の場合は相手方となるが，特定遺贈の場合には受遺者又はその相続人に対して行使すべきであるとして，遺言執行者に対しては遺留分減殺請求権を行使することができないとした判例がある（大判昭 13・2・26 民集 17 巻 275 頁）。

3分の1，その他の場合には被相続人の財産の2分の1である。

　個別的遺留分（率）は，上記の総体的遺留分（率）に各自の法定相続の割合を乗じて算出される。例えば，妻と子1人が相続人である場合，総体的遺留分（率）は2分の1，個別的遺留分率は，妻が$1／2 × 1／2 ＝ 1／4$，子が$1／2 × 1／2 ＝ 1／4$となる[3]。

5 事 前 放 棄

　相続開始後であれば，遺留分の放棄は各共同相続人が自由に行うことができる。相続開始前の場合には，家庭裁判所の許可を得なければ遺留分を放棄することができない（1049条1項）。遺留分の放棄をした場合であっても，他の相続人の遺留分が増えるわけではない。また，遺留分権を放棄するというのは，単に，遺言等により相続が少なくなっている場合に，遺留分を侵害している者に対して遺留分侵害額を請求できる権利を放棄するということを意味するにすぎないことに注意する必要がある。

　中小企業が会社を存続させようとする場合，生前の相続対策を行う必要があるが，中小企業の財産は個人名義のことも多く，相続対策をせず相続が開始されれば，会社を解体せざるを得ない。中小企業における経営の承継の円滑化に関する法律では，相続人全員で，自社株式につき遺留分算定の基礎財産から除外するとの合意をし，経済産業大臣の確認をうけ，家庭裁判所の許可を得た場合には，自社株式を除外して遺留分算定を行うことができるとされている[4]。

---

(3) 遺留分権利者が行使することのできる遺留分侵害額請求権の時効は，金銭債権の同様の消滅時効の規定が適用される。債権法改正施行後は5年間の消滅時効にかかる（166条1項1号）。なお債権法改正前は167条1項により10年間の消滅時効にかかるとされていた（『一問一答』125頁）。

(4) 中小企業における経営の承継の円滑化に関する法律は，代表者の死亡等により経営の承継事業活動の継続に影響を及ぼすことから，第5条において，旧代表者の推定相続人及び会社事業後継者，旧個人事業者の推定相続人及び個人事業後継者は，全員の合意をもって，書面により，財産の全部又は一部について，その価額を遺留分を算定するための財産の価額に算入しない旨の定めをすることができると規定し，遺留分に関し民法の特例を定めている。

8　最低限は保障されるか⑵：遺留分侵害額請求権

1 遺留分侵害額の算定

⑴　基 礎 財 産

　遺留分算定の基礎財産は，被相続人が相続開始の時において有した財産の価額にその贈与した財産の価額を加えた額から債務の全額を控除した額である（1043 条 1 項）。

> 相続開始時に有していた財産＋贈与財産－相続債務＝みなし相続財産

　「被相続人が相続開始時に有していた財産」とは，被相続人の財産から祭祀財産を除いたものが該当する。遺贈の対象となる財産も含まれる[1]。

　「贈与財産」は，相続開始前の 1 年間にしたものに限り価額を算入する（1044 条 1 項）。当事者双方が遺留分権利者に損害を加えることを知って贈与をしたときは，1 年前の日より前になされた贈与であってもその価額を算入する（1044 条 1 項）。この点判例においては，当事者双方において贈与財産の価額が残存財産の価額を超えることを知っているということのみならず，将来被相続人の財産に何らの変動がないこと，財産の増加がないことを予見し贈与を行った事実が必要であると判示する（大判昭 11・6・17 民集 15 輯 1246 頁）。条件付の額または存続期間の不確定な権利は，家庭裁判所が選任した鑑定人の評価に従って，価格を定める（1043 条 2 項）。なお相続人に対する贈与について婚姻若しくは養子縁組のため又は生計の資本として受けた贈与（特別受益（XⅢ－3「親からの援助：特別受益」））については 10 年間につき基礎財産に参入することがで

---

[1]　最 判 平 8・11・26 民 集 50 巻 10 号 2747 頁は「…遺留分の侵害額は，このようにして算定した遺留分の額から，遺留分権利者が相続によって得た財産がある場合はその額を控除し，同人が負担すべき相続債務がある場合はその額を加算して算定する」と判示し，最判平 21・3・24 民集 63 巻 3 号 427 頁は，相続人のうちの 1 人が特定承継遺言によって相続債務をも含むすべての財産を承継した場合には「遺留分権利者の法定相続分に応じた相続債務の額を遺留分の 額に加算することは許されないものと解するのが相当である」とする。

きるとされる（1044条3項）[(2)]。

　負担付贈与[(3)]がされた場合には，目的の価額から負担の価額を控除した額とし，不相当な対価を以てした有償行為は，当事者双方が遺留分権利者に損害を加えることを知ってしたものに限り，当該対価を負担の価額とする負担付き贈与とみなす（1045条）。

（2）　遺留分侵害額の算定

　遺留分侵害額は，1042条の規定による遺留分から，1046条1号及び2号に掲げる額を控除し，これに3号に掲げる額を加算して算定する（1046条）。加算されるのは，①遺留分権利者が受けた遺贈又は第903条第1項（特別受益）に規定する贈与の価額（同条1号），②第900条から第902条まで，903条及び904条の規定により算定した相続分に応じて遺留分権利者が取得すべき遺産の価額（同条2号）であり，控除されるのは被相続人が相続開始の時において有した債務のうち，899条の規定により遺留分権利者が承継する債務の額（同条3号）である。なお，受遺者等の請求により，裁判所が金銭債務の全部又は一部の支払いにつき，相当の期限を付することができる（1047条5項）。

2　遺留分侵害額請求権

（1）　請 求 権 者

　遺留分侵害額請求権者は，遺留分権利者とその承継人である。承継人には，相続人・包括受遺者・相続分の譲受人（包括承継人）と，個々の相続財産の譲受人（特定承継人）がある。

（2）　請求の相手方

　請求の相手方は，遺贈・贈与等の受遺者，悪意の譲受人である。受遺者とは

---

(2)　共同相続人間においてされた無償による相続分の譲渡と民法903条1項に規定する贈与につき，判例では「共同相続人間においてされた無償による相続分の譲渡は，譲渡に係る相続分に含まれる積極財産及び消極財産の価額等を考慮して算定した当該相続分に財産的価値があるとは言えない場合を除き，上記譲渡をした者の相続において，民法903条1項に規定する『贈与』に当たる」と判断している（最判平30・10・19民集72巻5号900頁）。

(3)　例えば子のうちの1人に，両親の扶養を行うという負担付の財産贈与契約が行われる場合などがある。553条によれば，契約の性質に反しない限り，双務契約に関する規定を準用することができるとされている。

「特定財産承継遺言により財産を承継し又は相続分の指定を受けた相続人を含む」とされる（民1046条1項）。悪意の譲受人とは，譲受人が譲渡の時において遺留分権利者に損害を与えることを知っていたことをいう（1045条2項）。

3　請求権行使

(1)　受遺者又は受贈者の負担額

受遺者又は受贈者は一定の限度で遺留分侵害額を負担すると定められるところ，①受遺者と受贈者とがあるときは，受遺者が先に負担し（1047条1項1号），②受遺者が複数あるとき，又は受贈者が複数ある場合においてその贈与が同時にされたものであるときは，受遺者又は受贈者がその目的の価額の割合に応じて負担し（ただし，遺言者がその遺言に別段の意思を表示したときは，その意思に従う）（同項2号），③受贈者が複数あるときは，後の贈与にかかる受贈者から順次前の贈与にかかる受贈者が負担する（同項3号）とされる。

(2)　効　　果

贈与又は遺贈は，遺留分を侵害する限度において失効し，受贈者又は受遺者が取得した権利は，その限度で遺留分権利者に帰属する（最判昭51・8・30民集30巻7号768頁）。受贈者・受遺者は，現物の返還に加え，遺留分減殺請求後に生じた果実も返還しなければならない（1036条）。遺留分侵害額請求権は，遺留分権利者が，相続の開始及び遺留分を侵害する贈与又は遺贈があったことを知った時から1年間行使しないときは時効によって消滅し，相続開始の時から10年を経過したときも消滅する（1048条）。なお，相続の開始前における遺留分の放棄は，家庭裁判所の許可を受けたときに限り効力を生じ，共同相続人の一人のした遺留分の放棄は，他の各共同相続人の遺留分に影響を及ぼさない（1049条）。

（大杉麻美）

事 項 索 引

313

判例索引

執筆者紹介 （掲載順，＊は編者）

【担当項目】

＊本澤巳代子（もとざわみよこ）　筑波大学名誉教授，筑波大学医学医療系客員教授　I-1〜2，II（Column 除く）V，VIII

石嶋　舞（いしじままい）　ヨハネス・グーテンベルク大学マインツ客員研究員・日本学術振興会海外特別研究員　I-3〜4，Column 1

髙橋大輔（たかはしだいすけ）　茨城大学人文社会科学部准教授　III，IV，41 頁

生駒俊英（いこまとしひで）　福井大学国際地域学部准教授　VI

付　月（ふうゆえ）　茨城大学人文社会科学部准教授　Column 2，VII

冷水登紀代（しみずときよ）　甲南大学法学研究科教授　IX

佐藤啓子（さとうひろこ）　愛知学院大学法学部教授　X

＊大杉麻美（おおすぎまみ）　日本大学法学部教授　XI，Column 12，XIII

田巻帝子（たまきていこ）　新潟大学法学部教授　XII（Column 除く）

みんなの 家族法入門

2021（令和3）年3月25日　第1版第1刷発行

8684-7 P344　￥2800E：012-012-003

編　者　本澤巳代子
　　　　大杉麻美
発行者　今井貴　稲葉文子
発行所　株式会社 信山社
〒113-0033　東京都文京区本郷 6-2-9-102
Tel 03-3818-1019　Fax 03-3818-0344
henshu@shinzansha.co.jp
笠間才木支店 〒309-1611 茨城県笠間市笠間 515-3
Tel 0296-71-9081　Fax 0296-71-9082
笠間来栖支店 〒309-1625 茨城県笠間市来栖 2345-1
Tel 0296-71-0215　Fax 0296-72-5410
出版契約 No.2021-8684-7-01011　Printed in Japan

©著者，2021　印刷・製本／ワイズ書籍M・牧製本
ISBN978-4-7972-8684-7 C3332　分類324.602

トピック社会保障法〔2021 第15版〕

本沢巳代子・新田秀樹 編著

1 医療保障〔原田啓一郎〕
2 介護保障〔本沢巳代子〕
3 年金保険〔田中秀一郎〕
4 労災補償〔小西啓文〕
5 雇用保険〔根岸忠〕
6 子ども支援〔橘爪幸代〕
7 家族支援〔増田幸弘〕
8 障害者福祉〔新田秀樹〕
9 社会福祉〔三輪まどか〕
10 生活保護〔脇野幸太郎〕
11 社会保障〔本沢巳代子〕
補論 留学生の皆さんに知って
もらいたい日本の社会保障制度〔付月〕

変わる福祉社会の論点 (第2版)

増田幸弘・三輪まどか・根岸忠 編著

◇Ⅰ 地域が変わる

◇Ⅱ 家族が変わる

◇Ⅲ 働き方が変わる

◇Ⅳ 「中流」が変わる?

◇Ⅴ 医療が変わる

◇Ⅵ 福祉現場が変わる

【執筆者(掲載順)】
根岸忠/新田秀樹/増田幸弘/橘爪幸代/高橋大輔/付月/三輪まどか/
小西啓文/原田啓一郎/田中秀一郎/本澤巳代子/脇野幸太郎

【プロセス講義】民法Ⅵ 家族

後藤巻則・滝沢昌彦・片山直也 編

信山社